해방공간의 교육자 강성갑
잊힌 이름, 기억할 어른

해방공간의 교육자 강성갑
잊힌 이름, 기억할 어른

초판 1쇄 인쇄 2025년 8월 5일
초판 1쇄 발행 2025년 8월 20일

저 자 | 홍성표

발행인 | 윤관백
발행처 | 선인
등 록 | 제5-77호(1998.11.4)
주 소 | 서울시 양천구 남부순환로 48길 1(신월동163-1)
전 화 | 02)718-6252/6257
팩 스 | 02)718-6253
E-mail | suninbook@naver.com

정가 21,000원
ISBN 979-11-6068-089-8 03190

· 저자와의 협의에 의해 인지 생략.
· 잘못된 책은 바꿔 드립니다.

해방공간의 교육자 강성갑
잊힌 이름, 기억할 어른

홍성표

일러두기

1. 이 책은 지난 2020년, 도서출판 선인에서 출간한 『한얼의 밀알이 땅에 떨어져』를 바탕으로 하고, 이후의 연구 내용을 보완하여 교양서로 새롭게 쓴 강성갑 선생의 평전(評傳)입니다.
2. 본문에 사용된 사진은 출처를 따로 밝히지 않았으나, 강성갑 선생의 유족 및 기념사업회, 마산 용마고등학교 총동창회, 연세대학교 기록관, 한얼중학교, 국제신문사, 국가기록원 등에서 제공받았습니다.
3. 인용문은 현대문체로 바꾸어 독자의 가독성을 높였으며, 출처는 표기하였으나 참고문헌은 따로 정리하지 않았습니다.
4. 표지 그림 및 본문의 삽화는 연세대학교에 재학 중인 강지우 학생이 강성갑 선생의 삶과 실천을 접하고 느낀 점을 직접 그려 주었습니다.
5. 추천의 글은 소중한 제자들인 이선형, 이현민·채명준, 하연안이 정성껏 써주었습니다.

추천사

이선형

    이 책을 쓰신 홍성표 교수님을 처음 만난 것은 8년 전, 「기독교와 현대사회」수업에서였습니다. "신은 왜 침묵하시나요?" 스무 살이던 제가 교수님의 첫 강의에서 던진 첫 질문이었습니다. 누구도 답해주지 않던 청년의 삶에, 신마저 침묵한다고 느꼈던 시기였는지도 모르겠습니다.

    오늘날 청년들은 사람답게 잘 살고자 애쓰지만, 정작 어떻게 살아야 잘 사는 것인지 혼란스러워합니다. 교수님은 그런 청년들에게 특별한 관심을 갖고 질문을 던지는, 보기 드문 어른입니다. 제 물음에 교수님은 "글쎄? 같이 커피 마시면서 선형이 생각을 이야기해 주면 좋을 것 같은데."라고 답하셨습니다. 혼란에 빠진 청년들에게 자신의 정답을 제시하려는 어른은 많지만, 오히려 질문을 던지고 청년의 목소리에 귀 기울이는 어른은 드뭅니다.

    강성갑 선생님 또한 그런 어른이셨습니다. 청년들이 자신만의 고유한 목소리를 갖기를 바라셨고, "어떻게 살아야 사람답게 잘 살 수 있을까?"라는 물음에는 자신의 삶으로 답하셨습니다. 선생님은 청년들이 타인의 아픔에 공감할 줄 아는 사람으로 자라나길 바라셨지만, 그보다 먼저 스스로 행복하고 자신을 존중하는 법을 배워야 한다고 강조하셨습니다.

강성갑 선생님은 고통받는 이들을 외면하지 않으셨고, 끝내 자신을 해하려는 이들조차 축복하며 떠나셨습니다. 진정한 공감으로 다가가 더 나은 신뢰를 만들어가는 삶은, 홍성표 교수님이 강성갑 선생님의 삶을 통해 전하고자 하는 가치이자, 자신의 삶으로도 보여주고자 애쓰는 가치입니다.
 그러니 이 책은 단지 한 사람의 전기를 넘어, 길 잃은 청년들에게 좋은 어른이 건네는 따뜻한 공감의 편지입니다.

추천사

이현민 · 채명준

부푼 꿈을 안고 연세대학교에 입학했습니다. 훌륭한 교수님들의 가르침을 기대했지만, 막상 마주한 현실은 생각과는 많이 달랐습니다. 훌륭하시기에 너무 바쁘신 탓일까요? 학생은 우선순위가 아니었습니다. 어느 순간부터는 '원래 어른은 그런가 보다' 하고 넘기게 되었고, 체념했다고 표현하는 것이 더 적절할 것 같습니다.

하지만 교양수업을 통해 만나게 된 홍성표 교수님은 달랐습니다. 교수님은 저에게 '손에 닿는 어른'이셨습니다. 만남을 요청드리면 기꺼이 응해주셨고, 먼저 연락을 주시기도 하셨습니다. 위계는 존재하지 않았습니다. 조언을 아끼지 않으시면서도 "성장하고 성숙해 나갈 여러분은 저보다 뛰어납니다"라고 말씀하시며, 주체적인 결정을 응원해 주셨습니다. 교내에 몇 안 되는 귀한 어른이셨기에, 국적을 불문하고 따르는 학생들이 많았던 기억이 납니다.

'강성갑 선생님'께서 그런 교수님의 롤 모델이셨던 걸까요? 종교는 인간의 행복을 위한 수단이라는 철학, 자신의 행복이 우선이라는 가르침, 지행합일(知行合一)을 강조하시는 태도까지 강성갑 선생님의 삶 곳곳에서 교수님의 모습이 얼핏 보여 반가웠습니다.

'어른이 고픈 시대'에 저는 운 좋게 교수님을 만나 성장할 수 있었고, 이제는 어느덧 어른의 길에 들어서고 있습니다. 많은 청년들이 이 책을 통해 간접적으로나마 '진짜 어른'을 만나 성장할 수 있기를 기대합니다.

추천사

하연안

이 책의 저자인 홍성표 교수님을 처음 만난 것은 2017년 2학기, 대학 1학년 시절이었습니다. 졸업 요건을 채우기 위해 「기독교의 이해」 강의를 수강하게 되었고, 당시에는 큰 기대 없이 신청했던 수업이었습니다. 기독교에 특별한 관심이 없던 저에게 이 강의는 단순한 의무였지만, 첫 수업부터 교수님의 열린 태도와 따뜻한 분위기는 제 생각을 완전히 바꾸어 놓았습니다. 학생들을 진심으로 존중하고 배려하는 교수님의 모습은 다른 수업들과는 확연히 달랐고, 저는 자연스럽게 수업에 몰입하게 되었습니다.

강성갑 선생님의 이름은 교수님의 수업을 통해 처음 접했습니다. 그분의 삶은 제게 깊은 감동을 주었고, 학기 말 조별 발표 주제로 강성갑 선생님을 선택하게 되었습니다. 친구들과 발표를 준비하며 교수님께 여러 차례 조언을 구했고, 그 과정에서 교수님과의 유대감도 더욱 깊어졌습니다. 교수님의 박사학위 연구 주제이기도 했던 강성갑 선생님의 삶은, 교수님의 교육 철학과도 닮아 있었습니다.

그로부터 8년이 지난 지금, 저는 대학원생이 되었고 여전히 교수님과 좋은 관계를 이어오고 있습니다. 이제 교수님의 강의는 신입생들 사이에서 가장 수강 신청 경쟁이 치열한 과목 중 하나로 알려져 있으며, 학생들의 강의 평가 또한 거의 만점에 가까울 정도로 압도적입니다. 이는 교수님의 강의가 학생들에게 얼마나 깊은 울림과 만족을 주었는지를 보여주는 대목입니다.

강성갑 선생님께서 농촌의 아이들을 사랑으로 품으셨듯, 교수님께서도 학생들을 진심으로 존중하고 이해해 주셨습니다. 이 책의 주인공인 강성갑 선생님의 삶과 태도는 교수님의 삶과도 닮아 있다고 생각합니다.

　처음 교수님께 추천의 글을 부탁받았을 때, 감사한 마음과 함께 어떻게 써야 할지 걱정도 되었습니다. 하지만 교수님께서는 솔직한 저의 마음을 담아주면 좋겠다고 말씀해 주셨고, 그 말씀 속에서도 저를 신뢰하고 존중해 주시는 교수님의 태도를 다시금 느낄 수 있었습니다.

　제가 교수님의 수업을 통해 강성갑 선생님의 삶을 알게 되었고, 그로 인해 제 가치관을 형성하고 미래를 다짐할 수 있었던 것처럼, 이 책이 더 많은 청년·학생들에게 삶의 방향과 가치관을 세우는 데 도움이 될 수 있으리라 확신합니다. 훗날 저 역시 주변의 많은 사람을 포용하고 배려하며 이해하는 삶을 살아가고자 합니다. 대학원 졸업 이후, 연구소에서든 강단에서든 어디에서든 모든 사람을 존중하고 사랑할 수 있는 사람이 되어, 두 분의 좋은 제자로 기억될 수 있도록 노력하겠습니다.

차례

일러두기 · 5
추천사 · 6

1장 프롤로그(Prologue)   17

광복 80주년 - 압축성장의 영광, 압축소멸의 그림자   18
변화를 이야기하지만, 놓치고 있는 것들   22
우리에겐 '대안'에 앞선, '공감'이 더욱 필요하다.   28
우리 사회에 가득 찬 불안(anxiety) - 좋은 어른이 필요하다   34
해방공간의 따뜻한 어른, 강성갑 선생님   40

2장 실천의 '씨앗'을 품다 - '질문'하는 삶   47

깨어나는 자의식, 청소년기의 질문   48

마산 창신학교 - '생각하는 힘'을 기르다(1923. 4 ~ 1927. 3)   48
마산상업학교 - 시대를 읽고 실력을 기르다(1927. 4 ~ 1930. 3)   57
독립마산예수교회 - 신앙과 삶의 방향을 묻다   62

식민지 조선 농촌의 현실과 민중에 눈뜨다   70

장유금융조합 - 일제 식민정책의 민낯을 체험하다
(1932. 1 ~ 1937. 2)   70
기독교 농촌운동 - 덴마크 그룬트비 실천에서 길을 찾다   77
오중은과의 만남 - 함께 실천하는 삶의 시작   86

연희전문에서 길을 묻다 - 민족, 학문, 신앙(1937. 4~1941. 3)　90

억지 입학이 아닌, 간절함으로 들어선 배움의 문　90
연희전문의 '기독교주의(Christian principles)'　95
신사참배를 강요받던 시대, 원한경 교장의 고뇌어린 결단　101
일제의 탄압에도 멈출 수 없었던 배움의 열정　106
두 스승, 한 제자 - 원한경·최현배가 길러낸 사람　111
'조선'의 기독교인으로 산다는 것 - 윤동주·송몽규와의 만남　119

신학과 함께 실천의 뿌리를 내리다　125

도시샤대학에서의 질문 - 참된 믿음을 향하여
(1941. 4~1943. 9)　125
창씨명 거부 - 말 없는 저항의 신앙고백　129
초량교회에서의 첫 목회 - 믿음으로 어둠을 건너다
(1943. 9~1945. 8)　134

3장 한 알의 '밀알'이 되다 - '실천'의 삶　139

밀알의 싹 - 해방된 나라, 새로운 실천을 준비하다　140

교회 안의 일제 잔재 청산 - 좌절 속에 뿌려진 밀알　140
실천의 땅을 찾아 농촌으로 - 진영으로 향한 발걸음　144
덴마크 그룬트비의 사상을 우리나라에 심다 - 농촌운동의 새 길　150

진영에서 밀알이 되다 - 교육으로 실천을 시작하다   156

    복음중등공민학교 설립 - 지역을 깨우는 첫 걸음(1946. 8)   156
    부산대 교수직을 내려놓다 - 밀알이 되기로 한 선택(1947. 8)   161
    정식학교 설립의 꿈 - 제도교육을 향한 도전   164
    제자와 스승 - 함께 세워나간 우리들의 미래   167
    해방공간의 교육 현실, 오늘날 우리의 교육   175

밀알의 철학 - 삼애(三愛)주의와 기독교 교육관   185

    오늘 우리에게 필요한 한알의 밀알   185
    전문 지식과 기술로 먼저 일어선 사람   190
    애토(愛土)의 정신 - 우리 땅과 얼을 사랑하라   193
    애린(愛隣)의 정신 - 이웃을 사랑하는 실천   195
    애천(愛天)의 정신 - 인간의 한계를 받아들이는 겸손과 성찰   199
    지역사회와 함께하는 학교   202

함께 세운 우리 모두의 학교 - 한얼중학교   211

    재단법인 3·1학원과 한얼중학교 설립인가(1948. 1)   211
    뜻 있는 사람은 누구나 오라, 와서 배우라   221
    직접 구운 흙벽돌로 함께 세운 우리 학교   226
    청년, 학생들의 스승 - 선생을 찾아 진영에 온 대학생 봉사대   238

노작교육(Arbeitsunterricht) - 새 나라의 새로운 교육　　248
　노작교육을 실시한 뛰어난 실천사례　　248
　노작교육의 의미 - 우선 나 자신부터 행복해야 한다　　253
　인공지능 시대의 노작교육 - 의심하고 질문하는 법　　259

국민신앙(빌둥, Bildung) - 새 나라의 새로운 교육　　263
　선생의 기독교 신앙과 국민신앙　　263
　국민신앙 교육의 재조명 - 빌둥(Bildung)의 실천　　272
　특별한 졸업장 - 여기 있으나, 머물러 있지 않은 제자들　　276

한 알의 밀알, 땅에 떨어지다 - 억울한 죽음과 그 이후　　281
　전쟁 중의 억울한 죽음과 특별한 장례식(1950. 8)　　281
　죽음 이후 열린 특별한 재판(1950. 10)　　285
　그의 죽음이 많은 사람을 살리는 계기가 되다(1950. 12)　　288
　선생의 추모동상 제막식(1954. 5)　　290

4장 에필로그(Epilogue)　　295

1장

프롤로그 (Prologue)

광복 80주년 – 압축성장의 영광, 압축소멸의 그림자

 2025년, 올해는 우리나라가 일제 식민 지배로부터 해방된 지 80년이 되는 뜻깊은 해이다. 우리는 전쟁과 분단, 빈곤이라는 숱한 어려움을 딛고 세계가 주목하는 선진국의 반열에 올라섰다. 지난 2021년, 유엔무역개발회의(UNCTAD)는 우리나라의 지위를 개발도상국에서 선진국 그룹으로 공식 변경했다. 이는 1964년 UNCTAD 창설 이래, 개도국에서 선진국으로 지위가 바뀐 첫 번째 사례였다. 산업화와 민주화를 모두 이뤄, 경제성장과 정치적 제도 발전이라는 두 개의 커다란 과제를 동시에 달성한 드문 나라가 되었다. 그러나 선진국은 되었지만, 행복한 나라가 되지 못했다는 평가 또한 존재한다. UN 산하 기구인 지속가능발전해법네트워크(SDSN)는 GDP, 기대수명, 사회적 지지, 자유, 부패 인식, 관용 등 6개 항목을 바탕으로 자료를 분석해 매년 「세계 행복보고서」를 발간하고 있다. 2025년 3월 발표된 보고서에 따르면, 우리나라는 2024년 52위에서 6계단 하락한 58위를 기록했다.

우리가 행복한 나라가 되지 못했다는 사실은 **합계출산율**에서도 드러난다. 2023년 방영된 EBS 다큐멘터리 「K 인구 대기획 - 초저출생」에서, 우리나라의 합계출산율이 0.78이라는 수치를 듣고 "와, 대한민국 완전히 망했네요"라고 반응한 조앤 윌리엄스 미국 캘리포니아 주립대 명예교수의 발언은 큰 반향을 불러일으켰다. 그 장면은 인터넷 밈(meme)으로 널리 퍼지며, 한국 사회가 마주한 위기의 실상을 상징적으로 보여주는 사례가 되었다. 전쟁 중인 나라보다도 낮은 합계출산율은 단순히 수치의 문제가 아니다. 삶의 조건과 사회 분위기, 미래에 대한 기대가 얼마나 척박한지를 보여주는 지표다.

> **합계출산율**
> 합계출산율은 가임기 여성(15~49세) 1명이 가임기간 동안 낳을 것으로 예상되는 평균 출생아수이다. 합계출산율은 인구의 연령구조에 영향을 받지 않는 출산력 지표로 연령구조가 상이한 국가나 집단 간의 출산수준 비교에 널리 사용된다. 우리나라의 합계출산율은 1970년 4.53명에서 급격하게 감소하여, 1983년에는 대체수준(2.10명) 아래인 2.06명으로 떨어졌으며 2000년대 들어 저출산 현상이 가속화되면서 계속 낮아지고 있다.

우리나라는 "압축성장의 결과로 '압축소멸'을 선택한 나라"라거나, "국가적 자살을 향해 나아가고 있다"는 진단도 등장하고 있다. 과격한 표현이라 생각할 수도 있겠지만, 이제는 그러한 경고가 낯설게만 들리지 않는다. 독일의 사회학자 **막스 베버**를 깊이 연구한 사회학자 김덕영은 오래전부터 우리 사회의 가장 시급한 문제를 '진정한 근대성의 확보'라고 주장했다. 그는 '환원 근대'라는 개념으로 우리 사회의 문제를 지적한다. 한국의 근대화는, 곧 경제개발로 환원, 동일시되었다는 것이다.

> **막스 베버**
> 막스 베버(Max Weber, 1864~1920)는 독일의 사회학자, 경제학자, 정치학자로, 현대 사회학의 창시자 중 한 명으로 평가받고 있다. 그의 연구는 사회, 경제, 종교, 권력, 합리성 등 다양한 분야에서 커다란 영향을 미쳤으며, 대표작으로 종교와 경제 사이의 관계를 사회학적으로 해석한 『프로테스탄트 윤리와 자본주의 정신』 등이 있다.

1장 프롤로그 (Prologue)

한국의 근대화, 즉 '조국 근대화'는 곧 경제개발로 환원, 동일시됐다. 정치·사회·문화·법률적 근대화는 도외시됐고, 심지어 경제적 근대화에 방해가 되는 반근대적인 것으로 간주되기까지 했다. "그나마 경제적 근대화도 온전한 것이 아니었습니다. 경제적 근대화는 합리적 시장과 금융 시스템, 기업문화, 노동조건, 노사관계 등을 포괄하는 개념인데 이건 무시된 거죠. 경제는 발전했다고 하지만 사실 경제 자체를 망가뜨린 셈이죠." 근대화의 주체 역시 국가와 소수 재벌과 관료로 국한, 환원됐다. 근대화에 참여하고 싶어 했던 다양한 개인들과 사회집단은 객체로 취급당하거나 반 근대라고 억압당했다. "자신의 전략에 맞는 사람은 혜택을 베풀고 반대하는 세력은 군홧발로 짓밟은" 것이다.

베버는 근대화를 경제뿐 아니라 정치, 법률, 사회, 종교, 과학, 예술 등 다양한 삶의 영역을 포괄하는 보편사적 과정으로 파악했다. 그런 관점에서 보면 한국 사회는 아직 '근대성'을 확보하지 못한 셈이다. "경제가 발전하면 민주주의 등 다른 부분도 모두 따라간다는 건 잘못된 생각입니다. 사회의 각 영역은 같이 가는 게 아니라 때로는 갈등을 빚을 수도 투쟁할 수도 있죠. 예컨대 경제가 발전한다고 환경이 보호되는 건 아니잖아요. 민주주의도 사회 각 부문에 존재하는 근대적 삶의 원리일 뿐이지 경제발전에 따라 결정되는 건 아닙니다." (『경향신문』 2012년 10월 12일, 「베버는 곧 근대…우리가 겪은 근대화와 그 문제점 읽어내기 위해 베버를 읽어야」)

산업화와 민주화를 모두 이룬 세계 유일의 나라라는 자부심 이면에는, 분명 우리가 쉽게 말하지 못했던 깊은 그늘이 존재한다. 이 어두운 그늘은 커다란 성과의 부작용으로 남겨진 흔적인가, 아니면 그 성과를 가능하게 한 구조 자체가 문제를 내포하고 있었던 것인가? 우리는 이 질문 앞에 잠시 멈춰 서야 한다. 만약 문제의 원인이 그 구조 자체에 있었다면, 그것을 해결하는 일은 결코 간단하지 않다. 과거의 성공을 가능하게 했던 우리의 자랑스러운 모습조차 시대의 변화 속에서 비판적으로 되돌아보아야 하기 때문이다. 익숙한 생각을 버리고 낯선 길을 선택하는 용기 없이는, 시대에 걸맞은 진정한 변화는 불가능하다. 그렇기에 우리는 미래를 위하여 진지하게 과거를 돌아보아야 한다.

중동 문제를 오랫동안 연구해 온 역사학자 **버나드 루이스**는 "과거를 직시하지 않는 자는 현재를 이해할 수 없으며, 미래를 받아들일 준비도 되어 있지 않다"고 말했다. 그는 또한 진실을 외면하지 않고, 과거를 있는 그대로 밝히는 것이 역사학자의 도덕적이자 직업적인 책임임을 강조했다.

> **버나드 루이스**
> 버나드 루이스(Bernard Lewis, 1916~2018)는 영국 태생의 역사학자이자 중동 연구의 세계적 권위자로, 이슬람 역사와 서구-이슬람 세계 간의 관계를 다룬 저작으로 널리 알려져 있다.

그러나 우리 사회에서 역사는 종종 자신의 주장을 정당화하는 도구로 오용되기도 했다. "만약 해방 직후 친일 청산이 제대로 이루어졌더라면", "1948년 단독정부 수립을 하지 않았더라면"과 같은 가정은 각자의 시각에서는 의미 있을 수 있지만, 가정은 결국 현실이 아니기에 검증할 수 없다는 분명한 한계를 가진다. 따라서 우리는 역사를 정의(正義)와 불의(不義)의 틀로 단순히 재단하는 태도를 경계해야 한다. 오늘의 관점으로 과거를 단죄하거나 미화하는 것은 성숙한 역사 인식이 아니다. 과거를 성찰하는 일은 오늘의 판단을 정당화하기 위한 수단이 되어서는 안 된다. 그것은 우리가 지금 어떤 길을 걸어야 하는지를 스스로에게 묻는 진지한 질문이 되어야 한다. 중요한 것은, 그 역사가 오늘날 우리에게 어떤 교훈을 주는가 하는 점이다. 그럼에도 분명히 해야 할 것이 있다. 우리는 다시는 식민지로 전락해서는 안되며, 다시는 전쟁의 비극을 반복해서도 안된다. 그리고 무고한 이들의 희생 위에 사회가 세워지는 일도 다시는 있어서는 안된다.

오늘 우리나라는 80년 전 해방 직후와 닮은 듯 다르다. 그때 우리는 아무것도 가진 것 없는 '무너진 공동체'였으나, 지금은 물질적 풍요 속에서도 세대 간, 성별 간, 계층 간 갈등이 팽배한 '대립하는 공동체'로 살아가고 있다. 해방 직후의 빈곤보다, 어쩌면 지금의 분열이 더 깊고 위험한 것은 아닐까. 우리가 직면한 시대적 질문은 이렇다. 광복 80주년을 맞은 오늘 우리는, 과거를 돌아보며 무엇을 선택할 것인가? 그리고 어떤 내일을 준비할 것인가?

― 변화를 이야기하지만, 놓치고 있는 것들

물론 우리 사회가 아무것도 하지 않고 있는 것은 아니다. 그러나 언제나 그렇듯, 모두를 만족시키는 완벽한 제도는 존재하지 않는다. 따라서 우리에게 필요한 것은 '공감'이라는 이름의 사회적 상상력이다. 문제의 본질에 대한 깊은 성찰, 그리고 사회 전체를 조망하는 넓은 시야가 절실하다. 그렇기에 **로스쿨**을 둘러싼 최근의 논쟁 또한 새롭게 조망될 필요가 있다. 로스쿨은 지난 2007년 「법학전문대학원 설치·운영에 관한 법률」

> **로스쿨**
> 로스쿨(Law School, 법학전문대학원)제도는 법조인을 양성하기 위해 전문대학원 형태로 운영되는 법학 교육과정으로 지난 2009년 도입되었다.

이 국회를 통과하면서 제도적 틀이 마련되었고, 2009년 전국의 25개 대학에서 법학전문대학원이 개원하면서 본격적으로 시작되었다. 로스쿨을 둘러싼 논쟁은 제도 도입 이후 줄곧 이어져 왔으며, 애초의 도입 취지에서 점점 멀어지고 있다는 이유로 최근 그에 대한 비판은 더욱 거세지고 있다.

최근 이재명 대통령이 사법시험 부활을 요구하는 시민의 주장에 대해 "일정 부분 공감한다"는 개인 의견을 밝히면서, 법조인 양성 제도를 둘러싼 다양한 논의가 다시 본격화되기 시작했다. 일각에서는 로스쿨 제도를 현대판 **음서제**에 비유하기도 한다. 이러한 비교가 나오는 것은, 법조인 진입 경로가 사실상 로스쿨로 일원화되면서 기회의 다양성이 줄어들고, 비용·정보·자원 측면에서 특정 계층에게 유리

> **음서제**
> 음서제(蔭敍制)는 고려와 조선시대, 5품 이상의 관직자나 공신의 자제가 과거 시험 없이도 관직에 오를 수 있었던 제도로, 귀족적 특권을 상징하는 대표적인 폐쇄적 인사 시스템이다.

한 구조로 인식되고 있기 때문이다. 그러나 김정욱 대한변호사협회 회장은 "해묵은 논쟁을 반복하기보다는 로스쿨 운영의 구조적 문제를 진단하고, 개선 방안과 보완책을 함께 모색해야 한다"고 밝혔다. 그는 특히 "가난하면 로스쿨에 진학할 수 없다는 주장은 현실과 통계에 부합하지 않으며, 실제로 사회적 약자의 법조 진출은 과거에 비해 확대되었다"고 강조했다.

문제는, 같은 제도를 두고 전혀 상반된 평가가 나온다는 점이다. 각자의 입장만을 고수한 채, 제도 전반을 객관적으로 성찰하고 다양한 현실을 종합하려는 시도는 좀처럼 보이지 않는다. 같은 제도를 바라보면서도 서로 다른 사실을 말하는 것처럼 보이는

이유는, 결국 '보고 싶은 것만 보고 있기 때문'이다.

이러한 논쟁에서 정작 간과되고 있는 중요한 지점이 있다. 바로 로스쿨 진학을 희망하거나 현재 재학 중인 학생들에 대한 실질적인 이해다. 로스쿨 제도가 특정 계층에게만 유리한 현대판 '음서제'라면, 그 안에 진입하고자 애쓰는 많은 젊은이들의 현실은 어떻게 설명할 수 있을까? 그들은 왜 로스쿨을 선택하는 것일까? 로스쿨의 문제점을 제대로 논의하려면, 로스쿨이 실제로 어떻게 운영되는지, 어떤 학생들이 입학하며, 그들이 무엇을 고민하고 생활하는지를 구체적으로 살펴야 한다. 현실을 외면한 채 제도만을 놓고 논쟁한다면, 그 어떤 대안도 설득력을 얻기 어렵다.

현재 많은 인문·사회계열 학생들이 로스쿨 진학을 목표로 학점을 관리하고 법학적성시험(LEET)을 준비하고 있다. 물론 오늘날 변호사 자격증이 과거처럼 안정적인 삶을 보장하지는 않는다. 하지만 자연계열에 비해 안정된 진로가 제한적인 인문·사회계열 학생들에게 로스쿨은 불확실한 시대에 몇 안 되는 '가능성의 상징'이다. 그러나 치열한 경쟁을 뚫고 로스쿨에 입학한 후에도 학생들은 더 심한 경쟁 속에 내몰린다. 변호사시험이라는 높은 벽을 넘어야 하고, 보다 안정적인 대형 로펌에 취업하기 위해 끊임없이 경쟁하고 버텨야 한다. 성균관대 로스쿨 김일환 원장은 지난 2023년 『법률신문』과의 인터뷰에서, 로스쿨 제도 도입 15년을 맞아 가장 안타까운 현실로 "입학생과 재학생 중 정신과 치료를 받거나 휴학하는 학생들이 의외로 많다"는 점을 들었다.

무엇보다 안타까운 점은 로스쿨 입학생, 재학생 중 정신과 치료를 받거나 휴학하는 학생들이 의외로 많다는 것이다. 최근 한 정신과 의사와 얘기해 보니 로스쿨 문제점에 대해 너무 잘 알더라. 상담받으러 오는 학생들이 많아 문제점을 많이 들은 것이다. 공부는 당연히 힘들다. 하지만 이건 다른 차원의 문제다. 로스쿨 입시 자체의 과중함과 입학 후 성적 관리, 제한된 변호사시험 합격률 등으로 아픈 학생들이 많다. 우리 어른들 잘못이다. (『법률신문』 2023년 11월 27일, 「로스쿨 15년, 길을 묻다」 ③ 김일환 성균관대 로스쿨 원장 "시대에 안 맞는 로스쿨 제도가 학생들을 정신과로 내몰아"」)

로스쿨 제도는 단순히 법조인을 양성하기 위한 교육제도의 변화만을 의미하지 않는다. 그것은 본질적으로 사법개혁의 일환이었다. 로스쿨 제도의 기획과 입법은 노무현 대통령이 이끈 참여정부 시기에 본격적으로 추진되었다. 인권변호사 출신인 노무현 대통령은 오랜 기간 사법시험 중심의 법조인 선발 방식에 문제의식을 느껴왔다. 사법시험은 표면적으로는 공정해 보였지만, 실제로는 장기간의 수험 경쟁, 경제적 부담, 사회적 자본의 격차 등으로 인해 불평등을 심화시키는 방식이었다. 그는 법조계의 다양성과 실무능력 향상을 위해 '교육 중심의 법조인 선발 시스템'이 필요하다고 보았으며, 이를 적극적으로 추진하였다. 따라서 로스쿨은 단순한 교육제도를 넘어서서 사법개혁의 핵심적 시도였다. 로스쿨 제도에는 다양성, 전문성, 실무 역량을 두루 갖춘 법조인을 양성하고자 하는 이상이 담겨 있었다.

최근 사법개혁의 필요성을 강조하는 목소리가 그 어느 때보다 높아지고 있다. 국민 위에 군림하는 사법부의 문제점이 그만큼 심각하기 때문이다. 그러나 최근 로스쿨 제도를 둘러싼 음서제 논쟁은 법조인을 특권층으로 보는 잘못된 인식을 여전히 벗어나지 못하고 있다. 검찰청을 해체하고 공소청이나 중대범죄수사청을 새롭게 설립한다고 해도, 법률 전문가는 필수적이다. 현대판 음서제를 없애고 "기득권층 진입 기회를 확대하자"는 주장은 표면적으로 타당해 보일 수 있지만, 우리가 진정으로 추구해야 할 것은 기득권 구조의 재생산을 지원하는 것이 아니라, 그 구조 자체를 근본적으로 성찰하고 변화시키는 것이다. 흔히 쓰이는 '개천에서 용 난다'는 표현 역시, 소수의 특별한 성공만을 강조하며 기존의 위계적 사고방식에서 벗어나지 못하고 있다. 이제는 문제를 보다 넓고 깊은 관점에서 바라봐야 한다. 특별한 '용'이 되지 않아도 누구나 존엄하고 의미 있는 삶을 누릴 수 있는 사회가 우리가 지향해야 할 방향이다. 따라서 사법개혁을 추진하면서 법조인을 특별한 '용'으로 인식하는 태도는 근본적으로 바뀌어야 한다.

결국 중요한 것은 제도의 존재 자체가 아니라, 그 제도를 어떻게 운영하고 관리해 왔느냐는 점이다. 로스쿨이 도입 당시 노무현 대통령이 의도했던 것과 달리 새로운 특권 구조를 형성하는 수단으로 작동한다면, 그 책임은 단순한 제도 도입이 아니라 도입 이후의 운영과 관리에 있다. 완벽한 제도란 존재하지 않으며, 모든 변수를 예측하거나 모든 이해관계를 충족시킬 수도 없다. 그렇기에 지금 필요한 것은 비난이 아니라 성찰이며, 회피가 아니라 공론화다. 제도의 실패는 제도 자체의 본질적 결함 때문이라기보다는, 그 제도를 둘러싼 무관심과 단절 때문이다. 이때의 무관심이란 단지 관심이 없는 것이 아니라 자신의 주장만을 반복하며 다양한 목소리를 외면하는 태도를 뜻한다. 이제는 책임을 묻기보다 함께 책임을 나누고, 해법을 모색해야 할 시점이다. 현재의 제도를 냉정히 돌아보고, 필요한 보완책을 마련하며, 그 속에서 살아가는 이들의 현실을 이해하려는 노력이야말로 진정한 개혁의 출발점이 될 것이다.

── **우리에겐 '대안'에 앞선, '공감'이 더욱 필요하다.**

최근 『압축소멸 사회』를 출간한 이관후 교수는, 오늘날 우리 사회가 압축소멸의 위기에 직면해 있음에도 해결책을 찾기 어려운 이유를 두 가지로 설명한다. 첫째, 더 이상 우리 사회의 문제에 대해 해답을 제시해 줄 외부 국가가 존재하지 않으며, 둘째, 우리의 소멸은 실패가 아닌 성공의 결과, 곧 '압축성장'의 성공이 초래한 역설적 현상이기 때문이다. 그는 압축소멸을 막을 수 있는 유일한 희망은 '정치'에 있다고 강조한다.

> 이 재앙을 막을 수 있는 유일한 희망은 '정치'에 있습니다. 저는 정치란 정치·경제·사회적 문제에 직면한 공동체에서 갈등의 표출이 폭력적인 수준으로 격화되는 것을 막고, 최대한 비폭력적인 방식으로 사람들을 설득하고 합의를 이끌어 내어 원만하게 문제를 해결하는 하나의 방식이라고 생각합니다. 단순히 좋게 좋게 넘어가는 것이 아니라 실제로 문제를 해결해야 하는 것입니다. 문제를 방지하고 해결할 비전과 대안을 잘 이끌어 내는 것이 정치의 역할입니다. 더 많은 사람들이 동의하고 협력할수록 문제가 해결될 가능성도 높습니다. 이런 정치가 잘 이루어지려면 좋은 제도가 있어야 하고 그 제도들을 잘 운영할 줄 아는 정치인과 시민들이 필요합니다. 그렇지 못하면 사회는 문제를 해결하지도, 대비하지도 못하게 됩니다. 운이 나쁘면 파멸을 막지 못할 수도 있습니다. (이관후, 『압축소멸 사회』, ㈜한겨레엔, 2024년, 16쪽)

그는 정치를 사람들을 설득하고, 합의를 이끌어내며, 갈등을 원만하게 해결하는 하나의 방식으로 설명한다. 만약 정치가 스스로 복원되지 못한다면, 헌법적 주권자인 시민들이 새로운 정치를 요구하고 직접 만들어가야 한다고 그는 말한다. 그리고 더 많은 사람들이 동의하고 협력할수록 문제 해결의 가능성도 높아진다고 주장한다. 그렇다면 정치의 복원을 위해 무엇보다 중요한 것은 바로 많은 사람들이 동의하고 협력하는 것, 즉 '공감'이다. 이 공감은 해결책 그 자체에 대한 것이 아니라, 해결책을 찾기 위한 전제, 즉 '문제가 되고 바꿔야 할 사실(fact)'에 대한 공감일 것이다. 하지만 앞서 살펴본 로스쿨 논쟁에서도 드러나듯, 입장과 생각이 서로 다른 우리 사회에서 공감을 이루는 일은 결코 쉽지 않다. 우리는 어떤 사실(fact)에 대한 평가를 곧 사실 그 자체로 믿는 경향이 강한 사회에 살고 있다.

이러한 사회에서 사람들은 종종 '메시아'를 기대한다. 특별한 누군가가 나타나 세상을 바꿔줄 것이라는 환상에 기대는 것이다. 영국 출신의 기자이자 작가로서 한국 정치와 사회를 예리하게 분석해 온 다니엘 튜더는 "2024년 한국 사회가 직면한 가장 큰 갈등이 무엇이었는가?"라는 질문에, 정당의 정책보다 '거물급 인물'의 존재가 더 중요하게 여겨지는 현실을 지적했다.

> 남녀 갈등, 세대 갈등, 지역 갈등 등 많은 갈등이 결국 정치 갈등에서 시작되는 것이라고 생각한다. 민주주의 역사가 짧아서인지 한국 정치는 서로를 적대시해야 살아남는다. 마치 판돈을 계속 키우는 포커 게임처럼 서로에 대한 혐오를 키우고 꼬투리를 잡아서 상대방을 매장시켜야 하는 구조다. 정당의

> 정책 방향보다 '거물'의 존재가 더 중요하다. 대통령제의 영향인 것 같기도 하다. 한국은 새로운 대선주자가 등장할 때마다 새로운 '구세주'가 나타난 것처럼 모든 의심을 거두고 한 사람을 띄워준다. 영국에서는 총리가 내각 의원 중 가장 중요한 인물일 뿐 한국처럼 큰 영향력을 갖지는 않는다. 한국도 메시아적인 정치를 벗어나 정당의 정책 방향을 논의할 수 있는 합리적인 정치로 가야 하지 않을까. (『한경BUSINESS』 2025년 1월 2일, 「대선 주자 '구세주' 취급…포커 게임 같은 한국 정치, 모든 갈등의 시작」)

    모두가 알고 있듯이, 우리나라는 산업화와 민주화를 모두 이루고 선진국 반열에 올라섰지만, 여전히 많은 과제가 남아 있다. 경제성장의 한계, 불평등의 심화, 초저출산과 고령화, 불안정한 남북관계, 복잡한 외교환경 등 대내외 위기가 복합적으로 얽혀 있다. 그러나 이보다 더 심각한 문제는, 이러한 위기를 해결하는 과정에서 공동체가 분열되고 있다는 점이다. 세대, 계층, 성별, 지역을 가리지 않고 대립은 점점 더 격화되고 있다. 문제를 해결해야 할 정치가 오히려 분열과 대립을 부추기고 있다. 그동안 많은 이들이 대안을 이야기하고, 개혁을 외치며, 국민을 위하고 사랑한다고 말해 왔다. 그러나 말과 행동은 일치하지 않았다. 사랑을 말하면서도 자신을 내려놓는 실천은 드물었다. 우리는 서로를 믿지 못하고, '내로남불'이라는 단어가 일상이 된 사회에 살고 있다. 입장이 바뀌면 말도 바뀌고, 공정을 외치던 이들이 공정하지 못했던 사례들은 이제 너무나 익숙하다.

    문제가 있다고 많은 사람들이 이야기하지만, 정작 실질적인 대안은 잘 보이지 않는다. 아니, 어쩌면 각자 나름의 해법은 이미 제시하고 있었을지도 모른다. 그런데도 바뀌지 않는 이유는 따로 있다. 문제를 함께 인정하고, 더는 방치할 수 없다는 공감대가 부족하기 때문이다. 우리는 어떤 사회를 지향하는가? 어떤 문제가 존재하며, 그 문제를 해결하기 위해 어떤 방법을 선택할 것인가? 이 세 가지, 즉 지향, 문제 인식, 방법에 대한 최소한의 공감 없이는 어떤 대안도 실현될 수 없다. 대안은 언제나 미래의 가능성일 뿐이다. 결과를 예측할 뿐 확인해 볼 수 없고, 하나의 선택은 다른 선택을 지우며, 그 평가는 위치에 따라 달라질 수밖에 없다. 그래서 대안이 실행되려면 시간이 필요하고, 그 시간을 견디기 위한 신뢰의 기반이 필요하다. 지금 우리 사회에 가장 부족한 것은 바로 이 신뢰다. 따라서 우리의 고민은 "누가 더 나은 해법을 갖고 있는가"가 아니다.

  그렇다면 오늘 우리에게 진정 필요한 것은, 서로를 이해하려는 평범한 사람들의 작은 노력이다. 서로 다른 목소리를 인정하고, 함께 살아가는 방식을 고민하며, 상대의 입장을 조금 더 듣는 태도가 절실하다. 변화를 가능하게 하는 것은 뛰어난 대안이 아니다. 변화를 지속하게 하는 힘은 공감에서 나온다. 우리가 지금 마주한 위기의 본질은 대안의 부재가 아니라, 공감의 부재, 서로 다른 생각에 대한 신뢰의 결핍이다.

  더욱이 과거의 '성공'이 오늘날 우리의 '소멸'을 초래하는 원인이라면, 이제 무엇을 바꾸고 누가 바꿔야 하는지를 묻는 일은 더 이상 기성세대만의 몫일 수 없다. 기성세대가 이룬 산업화와 민

주화의 성과를 부정하려는 것은 아니다. 그러나 그 성과가 오히려 새로운 시대의 변화를 가로막고 있다면, 이제 방향 설정과 실천은 기성세대만의 책임이 아니다. 그들의 성취는 다음 세대의 출발점이 될 수는 있어도, 그 방향까지 결정할 근거가 될 수는 없다.

오늘날 기성세대들은 미래의 주인공인 청년세대를 온전히 신뢰하지 못한다. '요즘 애들'은 나약하고, 참을성이 없으며, 돈과 워라벨(Work-Life Balance, 일과 삶의 균형)만을 좇는다고 쉽게 말한다. 청년들이 어렵게 들어간 직장을 그만두는 현상에 대해, 많은 이들이 청년들을 비난하지만, 통계는 조금 다른 이야기를 들려준다.

잡코리아가 2022년 공개한 '직장인 퇴사 이유' 설문조사에 따르면 20대 직장인들이 퇴사하는 가장 많은 이유는 '적성에 맞지 않는 업무'(44.0%)였다. 뒤이어 '조직문화가 맞지 않아'(32.0%)와 '연봉에 만족하지 못해'(30.0%)라는 답변이 나왔다. 반면 30대 직장인들은 '연봉에 만족하지 못해'(38.5%)가 가장 높았다. 그다음으로 '상사·동료와의 불화'(31.6%), '회사의 비전이 낮아보여'(29.9%) 순이었다. 연봉과 워라밸이 중요한 요소이기는 했지만, 세간에서 이야기하는 것처럼 결정적인 요소는 아니었다는 것이다. 다만 이 내용도 한 번 더 걸러 들을 필요가 있다. 직장인 2명 중 1명은 퇴사하는 이유를 숨긴다는 조사 결과가 있기 때문이다.(…) 숨긴 퇴사 사유 중 1위는 '직장 내 갑질 등 상사·동료와의 갈등'(65.7%)이었다. 뒤이어 '기업문화·조직문화가 맞지 않아서'가 62.6%로 2위를 차지했다. 즉, 공개되는 퇴사 사유에는 직무와 연봉이 많지만 겉으로 드러내지 못한 실제 퇴사 이유는 상사·동료와의 갈등과 조직문화 문제가 압도적인 비중을 차지하고 있었다. (…)

이들 결과를 종합해서 보면 요즘 청년들이 돈만 봐서, 워라밸만 추구해서 쉽게 그만둔다는 진단은 초점이 어긋난 셈이다. 다만 참을성이 부족하다는 평가는 절반의 진실은 담고 있다. '요즘 애들'은 꼰대 상사와 야만적인 조직문화를 참지 않으니 말이다. 청년들을 당장 일터로 이끄는 데엔 국가 정책의 역할이 유효할 수 있어도, 그들을 오래 일하게 하기 위해서는 좋은 조직문화가 중요하다는 결론에 이르게 된다. 청년이 떠나는 곳에 어떤 미래가 있을까? 청년층의 높은 퇴사율은 단순히 조직과 국가 경쟁력의 위험이기에 앞서 우리 사회의 전반적인 위기를 드러낸다. 물론 어느 어른들의 일갈처럼 청년들을 더 굶기면 참을성 있게 일하게 만들 수는 있을지 모른다. 하지만 그게 주 6일 근무와 일상화된 갑질, IMF 금융위기를

> 버텨가며 열심히 일했던 이들이 바랐던 미래는 아니었을 것이라 믿는다. (조현재(soko), 『오마이뉴스』 2023년 11월 21일, 「연봉도 워라밸도 아니있다... 진싸 퇴사 이유 감추는 청년들」)

기성세대는 자신들이 겪은 삶을 기준으로 삼아, 지금의 청년세대들을 바라본다. 그렇기에 청년세대들의 상황을 쉽게 이해하지 못한다. 물론 과거도 어려웠다. 어쩌면 지금보다 더 힘들었을 수도 있다. 그러나 그것이 오늘 청년세대들이 겪는 어려움을 부정할 이유가 될 수는 없다. 정말 청년세대들이 문제인가? 그들을 신뢰할 수 없다고 말하기에 앞서, 우리는 먼저 물어야 한다. 그들이 어떤 생각을 하고 있는지, 어떤 환경에 처해 있는지, 그리고 어떤 고민을 하고 있는지. 청년세대들의 어려움에는 공감하지 못한다고 하더라도, 결국 그들을 믿는 것 외에 다른 대안은 있는가? 더 나아가 모든 제도는 모두에게 이익이 될 수는 없다. 누군가가 손해를 보고, 누군가는 희생해야 한다면, 지금은 기성세대가 청년세대를 이해하고 양보해야 할 때다.

─ 우리 사회에 가득 찬 불안(anxiety)
   - 좋은 어른이 필요하다

오늘날 우리 사회에서 '내일'은 더 이상 새로운 가능성이나 희망이 아니라, '불안(anxiety)'으로 다가온다. 우리나라는 다른 나라들에 비해 자살률은 월등히 높고, 합계출산율은 현저히 낮다. 자살률은 OECD 평균의 두 배 이상이며, 합계출산율은 전쟁 중인 국가들보다도 낮은 수준이다. 자살률은 남성이 여성보다 두 배 이상 높고, 연령이 높을수록 증가하며 특히 70대 이상에서 급격히 높아진다. 그러나 더욱 충격적인 사실은, 아동·청소년의 사망 원인 1위가 자살이라는 점이다. 아이들은 줄어들고 있지만, 그나마 있는 아이들마저 행복하지 않다. 정부는 합계출산율을 높이기 위한 다양한 대책을 내놓고 있지만, 정작 아이들과 부모는 불안에 사로잡혀 있다.

> 나는 현재 첫째 아이가 초등학생이고, 본격적인 입시에 발도 담가보지 않았다. 급변하는 세상 속에 불확실성이 더 크게 존재하기 때문에 둘째 아이를 포함하여 앞으로 10년이 넘는 세월 동안 망망대해에서 어떻게 우리 아이를 키워야 할지 가끔 막막하기도 하다. 아마 우리나라에서 자식을 키우면서 느끼는 불안감은 비단 나만 겪는 것이 아니라고 생각한다. 이 불안감을 내려놓지 못하는 이유는 우리가 살아온 과정도 한몫했다. 입시 경쟁부터 취업 경쟁은 물론, 회사에서 뒤처지지 않기 위해 자기 계발과 공부를 계속하며 아이들을 위해 안정적인 부를 마련해야 한다는, 살아생전에 경쟁은 끝나지 않는다는 압박감 때문일 것이다. 게다가 우리는 앞으로 미래에 올 세상이 어떤 세상일지 전혀 확신이 들지 않는다. 그렇기 때문에 맘카페에서도 이런 교육현실에 대해 이야기하지만 뾰족한 답을 찾지 못한다. (정지섭, 『맘카페라는 세계』, 도서 출판 사이드웨이, 2023년, 154쪽)

조앤 윌리엄스 교수는 "한강의 기적을 만든 고강도 노동이 이제는 오히려 한국 사회를 약화시키고 있다"고 지적했다. 그의 발언은 단순히 직장 문화에만 해당하는 것이 아니다. 오늘날 청년들이 공부하고, 경쟁하고, 대학에 진학하는 방식 또한 이 '병든 구조'의 일부다. 우리 사회에서 대학 입시는 단순한 개인의 문제가 아니다. 수능 날이면 영어 듣기평가 시간에 맞춰 항공기 이착륙이 일시 중단되고, 거리 곳곳에는 응원 플래카드가 걸린다. 정치인들 역시 "수험생의 꿈과 희망을 지지한다"고 외친다. 그러나 그들은 과연 알고 있을까? 그 치열한 경쟁이 어떤 문제를 안고 있으며, 그 속에서 학생들이 겪는 정서적 고통이 얼마나 깊은지 말이다. 대학입시 제도에 대해서는 정시가 유리하다는 주장과 수시가 더 낫다는 입장처럼 의견이 분분하다. 어떤 방식이든, 오늘의 교육이 지닌 구조적 한계와 근본적인 개혁의 필요성에 대해서는 많은 이들이 공감할 것이다.

지난 2024년 출간된 『수능해킹-사교육의 기술자들』이라는 책에서 저자들은 실학자 박제가의 글에서 '과거'를 '시험'으로 바꾸고 일부 문장을 수정하여 인용하는 것으로 수능의 문제, 더 나아가 우리 교육의 문제를 간명하게 정리했다.

> 옛날의 시험은 인재를 얻으려는 방법이었지만, 오늘날의 시험은 그 반대다. 어릴 때부터 시험 보는 법만을 가르쳐서 몇해 내내 그것만 생각하게 만들면 그 후로는 병을 고칠 수 없다. 운 좋게 시험에 붙으면 그날부로 배운 바를 모두 잊는다. 평생의 정기를 시험에 소진했는데도 정작 그 사람을 쓸 곳이 사라지는 셈이다. (문호진·단요, 『수능해킹-사교육의 기술자들』, 창비, 2024, 4쪽)

오늘날 우리 사회에서 수능시험을 비롯한 교육제도의 문제, 그리고 만연한 '불안'의 정서를 단적으로 보여주는 현상이 있다. 바로 최근의 '메디컬 열풍'이다. 의과대학 진학을 위한 경쟁은 이제 거의 광풍에 가깝다. 많은 이들이 이를 학생들의 '돈에 대한 집착'으로 해석하며 비판하지만, 과연 그들이 높은 소득을 추구하는 것이 단지 이기심 때문일까? 그들은 단지, 기성세대가 살아온 방식대로, 우리 사회가 암묵적으로 가르쳐온 가치를 따라 살아가고 있을 뿐이다. 돈을 최고의 가치로 삼아온 사회에서 성장한 학생들이 돈을 좇는 것이 문제라면, 진짜 문제는 그 가치를 심어준 기성세대의 위선일지도 모른다. 그러나 학생들이 바라는 것은 단순히 '돈'이 아니다. 다른 길을 선택해도 안정적인 삶을 꾸릴 수 있다는 믿음이 사라진 사회, 바로 그것이 문제다.

필자는 대학에서 교양과목을 가르치며 많은 1학년 신입생을 만난다. 그들 중 상당수는 이렇게 자기소개를 한다. "의과대학 떨어졌어요. 전 루저(loser)예요." 그리고 2학기가 되면, 꽤 많은 학생들이 의과대학 재도전을 위해 학교를 떠난다. 학생들이 의대를 택하는 이유는 단 하나, '공부만 하면 되는' 유일한 길이기 때문이다. 학생들은 충분히 노력할 준비가 되어 있다. 공부만 잘해서 의대에 입학하고, 의과대학 과정을 성실히 마치기만 하면 미래가 어느 정도 보장된다. 하지만 의대를 제외한 다른 길은 너무나도 불확실하다. 어떤 스펙을 쌓아야 하는지도, 어떤 '경험'과 '인성'을 입증해야 하는지도 명확하지 않다. 정해진 답이 없다. 분명한 길이 없다. 최근 로스쿨 제도와 관련해 "의사처럼 일정 수준의 교육 과정을 마치면 면허를 주는 방식이 로스쿨에도 도입되어야 한다"는 주장이 나오고 있다. 로스쿨에서의 치열한 경쟁도 결국, 미래가 보장되지 않는 불확실한 제도 속에서 비롯된 불안의 또 다른 얼굴인 것이다.

다니엘 튜더는, 한때 우리 사회를 지배했던 '황금티켓'이 깨진 뒤 압박감과 치열한 경쟁 속에서 고통받는 청년들의 현실을 조명한다. 그는 더 이상 확실한 성공의 경로가 보장되지 않는 사회에서, 청년들이 느끼는 불안과 피로를 사회 구조의 문제로 바라보며 성찰을 촉구한다.

> 경쟁이 초래하는 갈등은 더 다양한 갈래로 뻗어 나가고 있다. 2022년 OECD가 발간한 한국 경제보고서에 '황금티켓 증후군'이라는 단어가 등장한다. 명문대에 진학하고 누구나 아는 직장에 가거나 전문직이 되면 성공한 인생이 보장된다고 믿는 현상이다. 한국인은 이를 위해 극도의 노력을 쏟아부었다. 하지만 아버지 세대에 황금티켓이라고 여겨졌던 요소들이 젊은 세대에게는 성공을 보장해주지 않는다. 여기서 오는 압박감과 경쟁이 젊은 세대의 심리적 박탈로 이어진다고 생각한다. 특히 남성의 박탈감은 남녀 갈등 등 다양한 사회문제를 초래한다. 아버지 세대에는 여성과 경쟁하지 않았기 때문이다. 영어로도 같은 뜻의 'Male Malaise(메일 멀레이즈)'라는 표현이 있다. 경제 구조로 좌절된 남성의 문제를 '여성의 탓'으로 돌리는 순간 갈등이 발생할 수 있다. 한국의 젊은 세대는 남자든 여자든 어렵다. (『한경BUSINESS』 2025년 1월 2일, 「대선 주자 '구세주' 취급…포커게임 같은 한국 정치, 모든 갈등의 시작」)

지금 한국 사회에 진짜 미래의 희망이 없는 것인지, 아니면 청년들이 그렇게 느끼는 것인지 단정할 수는 없다. 그러나 한 가지는 분명하다. 청년들은 불투명한 미래 앞에서 불안해하고, 지쳐가고 있다. 그들은 안다. "하면 된다." 하지만 무엇을, 어떻게 해야 하는지는 알지 못한다. 하고 싶은 일이 없지는 않지만, 돈과 생활, 현실의 벽이 너무 높다고 느낀다. 이 사회에서 "내가 하고 싶은 일을 하며 살아갈 수 있을까?" 그 질문이 청년들을 잠식하고 있다. 우리는 자문해야 한다. 우리 사회는 정말 희망이 없는가? 아니면, 희망이 없다고 '느끼게 만든 것'인가?

원래 미래는 불확실하다. 많은 자기계발서들이 말하듯, 성공은 불확실성 속에서 태어난다. 그렇다면 지금 이 불확실한 길을 걷고 있는 청년들에게 필요한 것은 기성세대의 경험에 근거한 명확한 해답이 아니라, 위로와 격려이다. 세상은 쉽게 바뀌지 않는다. 하지만 사람은 바뀔 수 있다. 따뜻한 격려 속에서 힘을 얻고, 때로는 삶의 방향을 다시 세우기도 한다. 그렇기에 진정한 변화는 법이나 제도 이전에, 타인을 공감하고 믿어주며, 지켜봐 주는 태도에서 시작된다. 불확실성의 시대, 기성세대가 해야 할 일은 청년들에게 '길을 열어주는 지도자'가 되는 것이 아니다. 오히려 그들과 함께 걸어주는 '따뜻한 어른'이 되는 것, 그것이 더 중요하다. "그만하면 됐다"고, 또는 "조금만 더 힘내보자"고 상황에 따라 따뜻하게 말해줄 수 있는 어른. 일관된 주장이나 신념보다, 일관된 사랑과 태도를 보여주는 어른이 오늘 우리 사회에 필요하다.

이런 어른은 청년들에게만 필요한 존재가 아니다. 신뢰와 공감을 토대로 변화를 꿈꾸는 오늘, 우리 모두에게 필요한 사람이다. 하지만 지금, 우리 곁에 그런 어른이 있는가? 그의 말에 모두 동의하지는 않더라도, 그의 말에 귀를 기울이고, 한 번쯤은 자신을 돌아보게 만드는 사람, 그런 어른이 오늘 우리 사회에 있는가? 좋은 어른은 말이 앞서는 사람이 아니다. 말과 행동이 일치하는 사람이어야 한다. 더 나아가 말보다 행동이 앞서는 사람, 그리고 자신의 것을 나누고 포기하는 사람이다.

─ 해방공간의 따뜻한 어른, 강성갑 선생님

무너진 공동체였던 해방공간에 새로운 세상을 꿈꾸는 이들이 있었다. 어떻게 살아야 할지 막막해하던 청년과 학생들에게 길을 열어주고, 함께 고민해 준 '어른'이 있었다. "우리는 아무것도 할 수 없다"는 패배감에 젖은 시골의 평범한 사람들에게 희망과 용기를 주며, 함께 새로운 나라의 주인이 되자고 손 내민 특별한 스승이 있었다. 그는 한 시대의 청년들에게 뜨거운 감동과 깊은 영향을 남긴, 진정한 어른이었다. 이 책은 특별한 교육자, 강성갑 선생에 대한 이야기다.

1945년 해방 이후, 좌우 이념이 극심하게 충돌하던 혼란의 시기, 선생은 경상남도 김해군 진영읍에서 새 나라의 주인이 될 인재를 기르고, 이웃의 아픔에 공감하는 모두가 행복한 사회를 만들고자 했다. 그의 실천은 진영 지역을 넘어 전국적인 주목을 받았다. 1949년 10월, 미군정 민정장관을 지낸 안재홍은 『한성일보』 사설에서, 정치에만 몰두하고 있는 당시 사회 분위기 속에서 "성실히 일하고 힘을 쏟아 산업을 일구는 일을 잊고 있는 들뜬 민중"에게 지금 우리에게 필요한 것이 무엇인지를 보여주는 사례로 강성갑 선생의 실천을 널리 소개했다.

> 이러한 새로운 시대를 여는 과업의 한 중심 사례로, 경남 김해군 진영에 위치한 한얼인문중학교와 그 교육 활동을 들 수 있다. 한얼인문중학교는 '한얼'이라는 이름처럼, 하나 된 정신과 큰 하나의 이상을 지향하는 인문학교이다. 그들은 "열심히 일하자"는 다짐에서 출발해, "건설하자", "창조하자"는 당연한 방향으로 나아갔고, 결국에는 "실천하자"는 의지로 그 모든 뜻을 하나로 모았다. 이러한 실천의 의지는 반드시 "협력하자"는 도덕적 자세와 함께 나타나는 것이다. 결국 이것은 창조적인 삶을 통해 발전하고 드러나는 생존 의지이며, 인간 전체의 삶에 대한 열망이자 우리 민족이 살아남고자 하는 열망이기도 하다. (…)
> 그들은 민족의 운명을 좌우하는 국가 정치에 관심이 없었던 것은 아니었다. 하지만 정치에만 몰두한 나머지, 성실히 일하고 힘을 쏟아 산업을 일구는 일을 잊고 있는 들뜬 민중들에게 실천으로 말하고 있었던 것이다.(『한성일보』 1949년 10월 26일, 「노동강조와 건설의욕, 진영인문중학의 일례」)

강성갑 선생은 이념보다 사람을 우선한 교육자였다. 그는 대안을 놓고 싸우기보다, 대안을 만들어갈 사람을 길러야 한다는 믿음으로 제자들을 가르쳤다. 그의 교육은 단지 가르치는 일에 머물지 않았다. 삶의 방향을 찾지 못하던 젊은이들에게 직접적인 도움과 감동을 주었고, 그들의 인생을 바꾸는 전환점이 되었다. 그러나 선생은 한국전쟁 중 공산주의자로 몰려 희생되었고, 한동안 '빨갱이'라는 낙인 아래 역사에서 지워져 있었다. 가해자인 경

『한성일보』 1949년 10월 26일

찰 지서장이 처벌되는, 그 시대엔 상상하기 어려운 재판을 통해 억울함이 밝혀졌지만, 그의 이름과 실천은 오랫동안 잊혀졌다. 그가 잊힌 이유는 이념 때문만은 아니었다. 서울이 아닌 경남 진영이라는 작은 시골 마을에서 활동했고, 정치권력이나 학문적 명성도 없었다. 그는 지역의 평범한 사람들과 함께 서울 중심의 세상을 바꾸겠다는 '무모한 꿈'을 꾼 사람이었다. 그럼에도 서울의 청년들이 그를 만나기 위해 진영을 찾아올 정도로, 그는 당시의 시대정신을 실천으로 살아낸 참된 스승이었다.

　기독교 목사였던 그는 종교의 경계를 넘어 사람을 향한 사랑과 연대를 실천했다. 당시 진영 주민들 사이에서는 "성인군자가 어디 책 속에만 있드냐, 한얼학교 만든 강 목사 뽄 좀 봐라"는 말이 회자되었다. 필자는 생존해 있는 세 분의 제자를 직접 만날 수 있었고, 그들은 한결같이 강성갑 선생을 단순히 지식을 가르쳐 주신 분이 아닌, 자신을 믿고 존중해 준 '따뜻한 어른'으로 기억하고 있었다. 연구 과정에서 강성갑 선생으로부터 깊은 영향을 받은 김동길 교수, 정원식 전 국무총리, 박형규 목사 등 여러 인물의 귀한 증언도 들을 수 있었다. 그들은 서로 정치적 입장은 달랐지만, 모두가 선생을 진심으로 존경하고 있었다. 그러나 정작 그들의 삶에 결정적인 영향을 준 강성갑 선생은 오랫동안 역사에서 조명되지 못했다.

강성갑 선생의 삶과 실천에 대한 연구는 박사논문으로 이어졌고, 학술서로 출간되었다. 이후 그 내용을 바탕으로 지역에서 연극이 상연되어 많은 감동을 주었지만, 학술서는 일반 독자에게는 다가가기 어려웠고, 연극은 지역의 벽을 넘지 못했다. 그래서 더 많은 사람들과 선생의 삶을 나누고자 이 평전을 쓰게 되었다. 결정적인 계기는 대학 강의에서 선생의 삶을 소개한 후 학생들의 반응이었다. 국적도, 종교도, 삶의 배경도 모두 다른 학생들이 강의 후 입을 모아 말했다. "이 이야기는 널리 알려져야 합니다." 그들에게 강성갑 선생의 삶은 위로이자 용기였고, 말이 아닌 삶으로 전해지는 강한 메시지였다.

강성갑 선생은 글로 자신의 이야기를 남기지 않았다. 그가 남긴 글이라곤 도시샤대학 졸업논문과 한얼중학교 설립취지서 정도이다. 그의 가르침은 삶의 태도로 전해졌고, 대부분

연극 포스터

은 제자들과 지역 주민들의 기억을 통해 재구성되었다. 기억은 불완전하지만, 그 기억 속에서 우리는 선생의 흔적을 찾아 볼 수 있다.

그는 학생을 단지 가르쳐야 할 대상으로 보지 않았다. 그에게 학생은 뜻을 함께 나누는 '동지(同志)'였고, 삶의 길을 함께 걷는 '도반(道伴)'이었다. 성적이나 조건으로 사람을 가르지 않았고, 그 존재만으로도 충분히 사랑할 이유가 된다고 믿었다. 그는 언제나 말했다. 학생들은 반드시 행복해야 한다고. 그리고 그 행복은 자신을 존중하는 마음에서 시작되어, 결국 다른 이의 아픔에 공감할 수 있는 사람으로 자라나는 데 있다고 믿었다. "뜻이 있는 곳에 길이 있다." 그는 이 말을 되뇌었고, 스스로 그 길을 걸어 보이며 삶으로 가르쳤다.

그에게 교육은 말이 아니라 삶이었다. 신앙 또한 내세의 천국을 기다리는 것이 아니라, 오늘 이곳에서 이웃과 더불어 살아가는 길이었다. 그래서 그는 누구보다 깊은 신앙인이었지만 종교의 틀을 넘어섰고, 누구보다 따뜻한 스승이었지만 위인이라 불리기를 바라지 않았다. 그는 그저 곁에 있어주는 좋은 어른, 우리 곁에 있어야 할 따뜻한 어른이었다.

1장 프롤로그 (Prologue)

2장

실천의 '씨앗'을 품다
- '질문'하는 삶

깨어나는 자의식, 청소년기의 질문

― 마산 창신학교 – '생각하는 힘'을 기르다 (1923. 4~1927. 3)

강성갑 선생은 1912년 6월 21일 경남 의령에서 아버지 강봉석(姜鳳碩), 어머니 손온천(孫溫川)의 3남 2녀 중에서 둘째 아들로 태어났다. 그의 아버지는 근면 성실한 농부였고, 어머니는 열정적이며 시대의 변화에 민감한 기독교인이었다. 의령에서의 선생의 어린 시절에 대해서 특별히 알려진 바는 없다. 가정형편에 대해서는 일제 강점기 농촌이 대부분 그렇듯 그 또한 가난한 농가에서 자랐기 때문에 배움의 기회를 거의 얻지 못했다는 증언과, 약 3만 6천평의 토지를 가진 자작농의 살만한 가정이라는 서로 다른 증언이 남아있다. 선생의 가정형편이 어떠했는지 분명하게 확인할 수 없지만, 마산상업학교 학적부에 의하면 밭 9,000여평 정도를 소유한 자작 소농 즉, 자기 땅에서 직접 농사짓는 소규모 농가로 그렇게 넉넉하지는 못했으나 자녀 교육에 관심이 많고 교육의 중요성을 인식한 부모 특히 어머니의 배려로 교육을 받을 수 있었다.

어려서부터 한학(漢學)을 공부하던 선생은 의령보통학교에 입학하여 약 6개월간 다닌 이후, 마산의 사립 창신학교 초등과에 편입하여 1927년 3월 졸업하였다. 당시의 초등교육은 조선인 학생을 대상으로 하는 보통학교와 일본인 학생을 대상으로 하는 소학교로 나뉘어져 있었으며, 교육과정상 정해진 수업 연한은 6년 과정이었다. 신문 기사에 의하면 선생의 창신학교 졸업식은 1927년 3월 22일 오전 10시 학교 강당에서 개최되었으며, 졸업생 39명 중 18명이 상급학교에 진학하였다. 창신학교 초등과 재학 중 선생의 행적에 대해 알려진 바는 거의 없으나, 졸업을 앞둔 1927년 2월 23일 마산불교소년회가 개최한 마산소년현상웅변대회에 참가하여 3등을 했다는 기사가 확인된다.

『동아일보』 1927년 2월 27일

창신학교는 1906년 국권 회복을 위한 민족교육을 목적으로 **마산교회**의 독서숙(讀書塾)으로부터 시작되었다. 지역의 기독교 관련 인사와 오스트레일리아 선교사들이 함께 학교를 설립하여, 1909년 8월 대한제국의 인가를 받은 마산지역의 대표적인 근대교육기관이다. 창신학교의 교육이념은 기독교의 박애정신에 기초

> **마산교회**
>
> 마산교회는 1901년 마산에서 설립된 두 교회를 합쳐 1903년 마산포교회로 시작되었으며, 마산교회로 부르기도 하다가 1919년 '문창예배당'을 신축하고 이전하면서 문창교회라는 명칭을 사용하기 시작하였다. 이 글에서는 마산교회라는 명칭을 사용한다.

2장 실천의 '씨앗'을 품다 - '질문'하는 삶 | 49

를 두고, 나라에 대한 애국심을 함양하며 새로운 지식을 습득함으로써 사회에 봉사할 수 있는 인재를 양성하는 것이었다. 1911년 3월, 창신학교는 보통과의 첫 졸업생을 배출한 이후 고등과의 필요성이 제기되면서 1912년 4월 고등과를 신설해 운영하였으나 1925년 3월에 폐지되었다. 마산 지역의 많은 사람들에게 창신학교는 지역에 있는 학교 중의 하나가 아니라 지역사회를 대표하는 학교로서, 근대문명의 전파자이며 민족교육의 상징으로 인식되었다. 민족의식이 투철했던 창신학교 학생들은 3·1운동을 비롯하여 크고 작은 항일운동에 앞장섰기에 지역사회로부터 높은 평가를 받고 있었다.

선생이 창신학교에 재학 중이던 1920년대는, 식민지 조선 전역에서 동맹휴학이 빈번하게 일어나던 시기였다. 기본적으로 항일민족운동의 성격을 띠고 있었던 학생들의 동맹휴학은 당시의 시대적인 특징이라고 할 수 있으나, 기독교 학교의 경우에는 종교교육을 금지한 일제의 교육정책과도 깊은 관련이 있었다. 창신학교의 동맹휴학은 처음에는 교육여건의 개선을 목표로 시작되었으나, 이후 창신학교 고등과의 고등보통학교로의 승격, 교사의 자질, 학교를 경영하던 마산교회의 분규 등이 서로 복합적으로 작용하여 확대되었다. 1925년 1월, 창신학교를 경영하는 마산교회와 학감 이상소 장로 등의 문제로 등교하는 학생들을 돌려보내는 일이 벌어졌다. 1926년부터 시작된 마산교회의 분규 또한 창신학교에 영향을 미쳐 학교는 장로파와 독립파로 나뉘어 대립하였다. 그가 졸업한 직후인 1927년에는 1년 내내 교원 3명의 강제

퇴직, **복식수업**, 학교시설 미비 등 학교 운영과 관련한 문제를 두고 학생들과 학교 당국, 학교를 운영하던 마산교회, 학부모회, 동창생회 등의 대립이 계속 이어졌다.

> **복식수업**
> 복식수업(複式授業)은 한 학급 안에 두 학년 이상의 학생들을 한 교사가 가르치는 수업 형태를 말한다.

선생의 청소년기에 깊은 영향을 끼쳤던 창신학교의 동맹휴학을 이해하려면, 당시 일제의 식민지 교육정책 특히 종교 교육정책을 간략히 살펴 볼 필요가 있다. 일제는 1911년 제1차 「조선교육령」을 공포하고, 조선인의 교육을 실업교육과 보통교육 중심의 저급한 식민지 차별교육으로 규정했다. 그 목적은 조선을 독립된 민족이 아닌, 일본 제국에 충성하는 '충량한 황국신민'으로 길러내는 데 있었다. 조선인과 일본인을 구분하여 조선인은 일본 본토와는 다른 수준의 교육을 받아야 한다는 식민통치 이념을 반영했다. 교육과정은 초등학교 4년, 고등보통학교 4년 등으로 일본보다 짧게 설정되었고, 일본어 중심의 교육이 실시되었다. 동시에 사립학교에 대한 감시와 통제도 강화되었으며, 민족주의적 교육을 차단하려는 의도가 뚜렷했다.

일제는 기독교 세력을 통제하기 위한 수단으로 종교와 교육의 분리를 내세우며, 기독교 학교에서의 종교교육을 금지하였다. 그러나 기독교 학교는 본래 선교사들이 선교를 목적으로 설립한 교육기관이었고, '채플(예배)'과 '성경 교육'은 그 핵심이자 학교 운영의 중심 가치였다. 1908년, 일제는 「사립학교령」을 제정하여 선교사들이 운영하는 기독교 학교를 식민지 교육행정 체제에 편입하고자 하였다. 하지만 이때는 종교교육을 직접 금지하지 않았기 때문에, 선교사들은 여전히 종교적 자유가 보장된 것으로 이해하고 일제 정책에 일정 부분 협조하였다. 그러나 1911년 「조선교육령」이 공포된 이후, 「사립학교규칙」을 제정하여 "신앙의 자유는 인정하지만, 종교와 교육은 분리한다"는 원칙을 명확히 했다. 정규학교 인가 없이 각종 사립학교로 남는 경우에만 종교교육이 제한적으로 허용되었다. 이로 인해, 기독교 학교들이 정규학교로 인가받기 위해서는 종교교육을 포기해야 했다.

1915년, 일제는 「개정 사립학교규칙」을 공포하며, 이제는 각종 사립학교에서도 종교교육을 전면 금지하였다. 다만, 기존에 인가를 받고 운영되던 학교, 즉 '기설학교'에 대해서는 10년간의 유예기간을 부여하였다. '기설학교'란, 인가 신청 당시 학칙에 종교교육을 명시한 학교를 의미한다. 유예조항에 따라, 기설학교는 1925년 3월까지는 종교교육을 유지할 수 있었다. 일제는 기설학교가 아닌 경우에는 즉시 종교교육 교과과정을 개정하도록 요구했으며, 유예기간이 적용되는 기설학교에 대해서는 공식적으로 강요하지는 않았지만, 자발적으로 종교교육을 포기할 것을 유도했다.

일제의 종교교육 금지 정책에 대해, 선교사들은 교파와 신학적 입장, 교육선교의 목적과 우선순위에 따라 서로 다른 방식으로 대응했다. 감리교 선교사들이 설립한 학교들은 정규학교로의 승격을 우선시하여, 일제 당국의 방침에 따라 종교교육을 포기하고 정규 인가를 받았다. 반면 장로교 선교사들은 종교교육의 지속을 더욱 중요하게 보았고, 자신들이 세운 학교들이 인가를 받지 못해 '각종학교'로 전락하는 상황을 감수하면서도 종교교육을 계속하려 했다. 이들은 특히, 종교교육 금지 조치에 대해 10년의 유예기간 동안 정책이 바뀌기를 기대하며 여러 노력을 기울였고, 만약 변화가 없다면 학교를 폐교하겠다는 입장까지 정리해 두었다. 선교사들에게 학교 설립의 핵심 목적은 단순한 교육이 아닌 기독교 선교와 교회 지도자 양성이었기에, 종교교육 금지는 도저히 수용할 수 없는 것이었다. 따라서 장로교 선교사들은 학생들의 상급학교 진학에 불이익이 따르더라도, 정규학교로 전환하지 않고 각종학교로 남아 성경 교육을 이어가는 길을 선택했다. 그러나 이러한 결정은 학교에 다니는 학생들의 현실적인 문제와 충돌했다. 종교교육도 중요했지만, 상급학교 진학 역시 학생들에게는 포기할 수 없는 미래의 문제였다. 성경을 배우는 대신 진학의 길이 막히는 상황이 되자 학생들 사이에서는 불만이 커졌고, 결국 동맹휴학으로 이어지는 경우가 발생했다. 이처럼 일제의 종교교육 금지 정책은 기독교 학교의 정체성 뿐만 아니라, 선교사들의 신앙과 교육 철학, 학생들의 진로와 현실적 선택까지 모두를 갈등 속에 놓이게 만들었다.

1918년 제1차 세계대전이 끝난 후, 일본은 이른바 '다이쇼(大正) 데모크라시' 시기로 접어들었다. 국제 질서의 변화에 따라 일본은 영국·미국과의 협력을 중시하게 되었고, 국내적으로도 1919년 3·1운동 이후 일제 총독부는 기존의 무단통치에서 '문화통치'로 전환하며, 기독교 선교사들과의 관계 개선에 주목하게 되었다. 같은 해 9월, 선교사들은 총독부에 진정서를 제출하고 종교

교육의 자유 허용, 조선어 사용제한 철폐, 조선인에게 일본인과 동등한 교육기회 부여 등을 요구하였다. 이에 대해 일제는 일정 부분 응답하는 모습을 보였다. 1920년 3월, 「사립학교규칙」을 개정하여 각종학교에 적용되던 종교교육 금지 조항을 폐지한 것이다. 이어 1922년 2월, 일제는 제2차 「조선교육령」을 공포하며, 형식적으로는 일본과 동일한 교육체계를 조선에 도입하겠다고 선언했다. 이 교육령에 따라 보통학교는 6년제, 고등보통학교는 5년제로 조정되었고, 제도적으로는 근대 교육체계의 외형을 갖추게 되었다. 그러나 그 이면에는 여전히 조선인에 대한 교육 차별과 통제가 강하게 작동하고 있었다. 일제는 교육을 통해 조선인의 발전 가능성을 제한하고, 식민통치를 정당화하고자 했다.

같은 해, 일제는 다시 「개정 사립학교규칙」을 공포하였다. 이 규정은 유예기간 동안 각종학교로 남아 종교교육을 계속하던 장로교 계열의 학교들에는 종교교육의 자유를 공식적으로 허용하는 반면, 일제 방침에 따라 정규학교로 전환되었던 감리교 계열 학교들은 오히려 종교교육의 자유를 박탈당하는 역설적인 결과를 낳았다. 이에 따라 감리교 학교들, 특히 정규학교로서 관·공립학교 수준의 특권을 누리던 배재학당 등은 종교교육을 보완하기 위한 여러 노력을 기울였다. 반대로 장로교 계열의 사립 각종학교들은 종교교육의 자유는 보장받았지만, 관·공립학교 수준의 인정을 받기 위해 정규학교로 지정받고자 했다.

장로교 선교사들은 종교교육을 지속하면서도 학생들의 상급학교 진학 등 현실적 문제를 해결하기 위해 총독부와의 협상에 나섰다. 그 결과, 1923년 4월 총독부는 교원 자격, 교육시설, 교과과정을 관·공립학교 수준으로 정비한다는 조건 아래, 종교교육이 가능한 상태로도 '정규 보통학교에 준하는 사립 각종학교'로 '지정'할 수 있다는 방침을 밝혔다. 이후, 장로교 계열의 학교들에서는 **'지정학교'**로의 전환을 요구하는 학생들에 의해 동맹휴학이 빈번하게 발생했다. 윤동주가 다녔던 숭실학교 또한 이 '지정학교' 중 하나였다.

> **지정학교**
>
> 지정학교(指定學校)는 일제강점기 조선총독부가 기독교 선교사들의 요청을 받아들여, 종교교육을 유지하는 대신 교사, 시설, 교과과정을 관·공립학교 수준으로 정비한 사립 각종학교를 공식적으로 인정한 제도이다. 1923년부터 시행된 이 제도는 이후 지정학교 지위를 얻기 위한 운동으로 확산되며, 기독교 학교 학생들과 지역사회의 중요한 관심사가 되었다. 숭실중학교는 1923년 6월 지정학교 신청을 했으며, 5년 뒤인 1928년 5월에야 지정 자격을 얻었고, 1931년 3월 이후 졸업생부터 지정학교 졸업생으로 인정받게 되었다. 지정 조건에는 학무국과 협의해 교원을 채용하고 조직을 개선할 것, 일본어 교육에 힘쓰며 일본 국민으로서의 성격을 기를 것, 총독부와 도 관리의 수시 출장에 따른 학력 조사와 시설 점검에 협조할 것, 그리고 시험 성적이 불량하다고 판단되면 언제든 지정이 취소될 수 있다는 내용이 포함되었다.

선생은 청소년기 창신학교에 재학하며, 학교 안팎에서 벌어진 분규의 전 과정을 직접 목격했다. 이 경험은 그에게 식민지 조선의 차별적인 교육 현실을 몸으로 느끼게 했고, 일제 강점기의 교육 구조에 내재된 모순과 불의를 인식하는 계기가 되었다. 특히 창신학교는 기독교 정신에 기반한 사립학교였기에, 선생은 자연스럽게 기독교 신앙과 사회 현실이 어떻게 맞닿아 있는가에 대해 고민하게 되었다. 당시 학교 안에서는 기독교 종교교육을 둘러싸고 교육 당국, 선교사, 교회, 학생들 간의 갈등이 끊이지 않았다. 그 갈등은 단순한 행정적 분쟁을 넘어, "기독교 신앙은 사회 속에서 어떤 역할을 해야 하는가"라는 근본적인 질문으로 이어졌다.

이 시기, 선생은 교육의 목적에 대해 처음으로 깊이 성찰하기 시작했다. 신앙은 단지 개인의 내면을 다지는 도딕적·종교적 수단에 머물러서는 안되며, 불의한 사회 구조에 어떻게 맞서고, 어떤 공동체를 만들어야 하는지에 대한 실천적 물음과 연결되어야 한다는 자각이 생겨났다. 또한 1926년 마산교회에서 발생한 당회파와 독립파의 갈등 역시 그에게 큰 충격이었다. 단순한 교회 내 분열로 보였던 사건은 실제로 학교와 지역사회, 나아가 조선 사회 전반의 긴장과 갈등을 드러내는 사건이었다. 이 경험을 통해 그는 신앙이란 단지 교회 안에서 지켜야 할 규범이 아니라, 삶의 모든 영역에서 실천되어야 할 질문임을 절감했다.

이러한 일련의 사건들은 그에게 깊은 인식을 심어주었다. 학교란 단지 지식을 전달하는 곳이 아니라, 지역사회 전체와 긴밀히 연결된 살아 있는 공간이며, 교육은 그 자체로 사회를 바꾸는 출발점이라는 사실을 깨닫게 되었다. 이 시기에 그는 끊임없이 질문했다. "배움이란 무엇인가?, 기독교 학교 학생에게 기독교 신앙은 어떤 의미인가? 기독교 신앙은 사회 안에서 어떤 역할을 해야 하는가?" 이 질문들에 대해 선뜻 명확한 답을 찾을 수는 없었지만, 그는 그 답을 자신의 삶과 실천을 통해 직접 만들어가야 한다는 결심을 하게 되었다. 그렇게 이 시기는, 그의 삶의 방향을 결정짓는 질문이 시작된 시간이었다. 그리고 이 질문은, 이후 그의 교육 운동과 실천을 지탱하는 내면의 뿌리가 되었다.

마산상업학교 – 시대를 읽고 실력을 기르다 (1927. 4~1930. 3)

사립 창신학교 초등과를 졸업한 선생은 1927년 4월, 공립 마산상업학교에 입학하여 1930년 3월에 졸업하였다. 당시 창신학교 초등과, 즉 보통학교를 졸업한 학생이 진학할 수 있는 중등교육기관은 고등보통학교, 실업학교, 그리고 사범학교 등이 있었지만, 그 수가 매우 적었고 대부분 일본인들을 위한 학교였다. 조선인 학생이 입학할 수 있는 자리는 제한적이었으며, 입학 경쟁은 매우 치열했다. 특히 중등학교 입학을 위해서는 우수한 학업 성적 뿐 아니라, 학비를 감당할 수 있는 경제적 여건도 필요했다.

이러한 현실 속에서 고등보통학교보다 실업학교 입학 경쟁률이 훨씬 높았다. 그 이유는 실업학교 졸업 후 관공서, 학교, 은행 등 당시로서 안정된 근대적 직업에 비교적 쉽게 진출할 수 있었기 때문이다. 1929년 말 기준, 조선 전역에 설치된 공립 실업학교는 모두 44개교에 불과했으며, 전체 학급 수는 229개였다. 학생 수는 조선인 6,391명, 일본인 3,153명에 그쳤다. 실업학교의 유형은 상업학교 16개교, 농업학교 24개교, 수산학교 3개교(여수·통영·용암포), 그리고 경성여자실업학교 등으로 나뉘었다. 공립 상업학교는 경기, 경성, 인천, 인천 남, 개성, 강경, 목포, 대구, 부산(제일·제이), 마산, 신의주, 함흥, 원산, 회령, 진남포 등에 분포되어 있었다.

1920년대 마산은 경남 인근 지역에서 가장 상업이 발달한 도시였다. 그러나 상업이론과 실무를 가르칠 수 있는 전문 교육기관이 부재하여, 지역 주민들은 실업교육을 위한 학교 설립을 꾸

마산상업학교 정구대회(졸업앨범)

준히 추진하였다. 그 결과 1921년 12월, 총독부는 3년제 을종 학교 과정으로 마산상업학교의 설립을 인가하였다. 학년당 1학급, 정원 50명의 소규모였지만, 이는 경남 지역 최초의 상업계열 교육기관이었다. 학교 설립의 목적은 조선인과 일본인 2세들에게 교육의 기회를 제공하고, 상업 분야에 필요한 전문 인력을 양성하는 데 있었다. 개교 당시 입학생 구성은 일본인 학생을 전체의 약 25%로 제한하고, 나머지를 조선인 학생으로 채우는 방식이었다. 제1회 입학생은 총 31명으로, 조선인 29명과 일본인 2명이었다. 지원자는 대부분 중농 이하의 영세농민, 소작인, 시중 상인의 자녀였으며, 교육에 대한 인식이 높은 부모를 둔 우수한 학생들이었다.

선생이 재학 중이던 1929년 말 기준, 학교에는 직원 7명(조선인 1명, 일본인 6명), 조선인 학생 124명, 일본인 학생 26명이 재학 중이었다. 마산상업학교는 당시 지역 내 유일한 중등교육기관으로, 소규모 정원 탓에 입학경쟁이 매우 치열했다. 통상 입시경쟁률은 5:1 수준이었으며, 모집 정원은 약 50명이었고, 일본 역사·지리, 이과, 국어·산술, 구술, 신체검사 등 4일간의 시험을 치러야 했다. 선생이 이 치열한 경쟁을 뚫고 합격했다는 사실은 그의 학업

성취가 뛰어났음을 보여주는 동시에, 철저한 입시 준비가 있었음을 시사한다.

선생의 마산상업학교 학창 생활에 대해서 특별히 알려진 것은 없다. 독립마산예수교회와 관련된 일부의 증언과 마산 용마고등학교에 보관되어 있는 선생의 학적부, 졸업앨범 및 졸업식 때 정근상을 받았다는 기사가 남아있다. 그가 3학년에 재학 중이던 1929년 11월, 광주학생운동이 일어났다. 마산상업학교에서도 이에 호응하여 만세운동을 벌이고자 준비하였으나, 1930년 1월 12일 밤 일제 경찰에 발각되어 3학년 학생 3명이 체포되었고 준비했던 격문은 압수당하였다.

마산상업학교는 3년제 을종 학교였기에 상급학교 진학보다는 실무 중심의 취업 교육을 목표로 하였으며, 졸업 후에는 은행, 금융조합, 회사 등 근대적 직업에 취업할 수 있었다. 선생의 학적부

마산상업학교 교직원과 전교생(졸업앨범)

에 따르면, 그는 수신, 일본어, 수학, 지리, 이과, 영어, 법제경제, 상업, 체조 등을 3년간 이수했으며, 조선어는 2학년까지 수강하였다. 성적은 중상위권이었고, 학년이 올라갈수록 더욱 향상되었다.

학적부를 통해 마산상업학교 교사들이 강성갑 선생을 어떻게 평가했는지를 확인할 수 있다. 일제 강점기의 학적부는 단순한 생활기록부가 아니었다. 학생 개인의 품행 중 '모범'과 '불량'을 구체적으로 기록하여, 이를 상급학교나 취업처에 전달하려는 목적에서 작성된 문서였다. 다시 말해, 학적부는 입학이나 취직을 원하는 지원자 가운데 이른바 '불량' 학생이 그 관문을 통과하지 못하도록 미리 정보를 제공하는 일종의 신원조회 장치 역할을 했던 것이다. 그러한 학적부에 기록된 선생에 대한 평가는 다음과 같다. 그는 온순하면서도 지조가 굳고, 근면하고 성실한 인물로 평가되었다. 동시에, 그의 거동은 '오방(傲放)'이라고 표현되어 있다. 이 표현은 자신감이 넘치고 당당한 태도를 보였음을 뜻한다. 실제로 그는 과묵하고 단정한 성품이었지만, 자신의 의견을 말하거나 주장해야 할 때에는 거리낌 없이, 당당하고 뚜렷한 태도로 임했다고 한다. 운동을 즐기면서도 내면적으로는 감성이 풍부한 인물이었고, 성실하고 조용한 삶의 자세를 지닌 학생이었다. 그의 좌우명은 '소처럼 꾸준하게'였다고 전해지는데, 이는 선생의 끈기 있는 성격과 꾸준한 자기 실현의 자세를 잘 드러내 준다.

선생의 마산상업학교 졸업앨범에는 특별한 내용이 있다. 졸업생들이 남긴 한마디에 선생은 자신의 이름을 'KSK'로 기록하고, 단정한 글씨로 '獨立(독립)'이라는 두 글자를 남겼다. 짧은 단어였

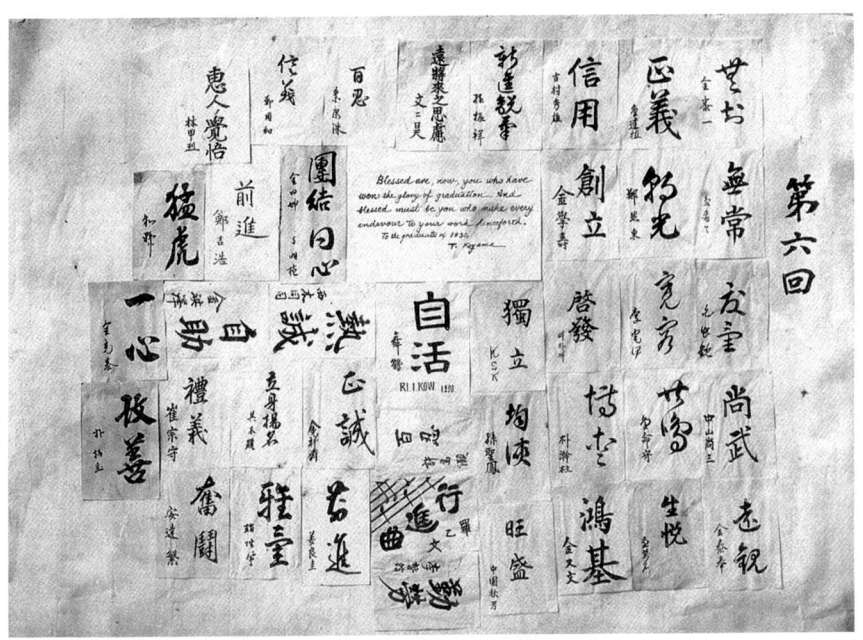

졸업생들이 남긴 한마디(졸업앨범)

선생의 졸업사진과 그가 남긴 한마디 '독립'

지만, 당시의 시대적 배경과 선생의 이후 삶을 생각하면 결코 가볍게 지나칠 수 없는 말이었다. 마산상업학교에 입학하면서부터 선생은 독립마산예수교회에 다니기 시작했고, 이후 자신의 삶을 신앙 위에 세우기 시작했다. 그렇기에 여기서 말한 '독립'은 단지 정치적인 의미만은 아니었을 것이다. 그것은 자신의 삶을 스스로 책임지고, 믿는 바를 따라 흔들림 없이 살아가려는 다짐이자, 당시 일제 식민지 현실 속에서 민족적 자각을 갖고 살겠다는 태도로도 읽힌다. 실제로 선생은 이후의 삶에서 기독교 신앙을 바탕으로 한 실천적 교육과 봉사, 그리고 공동체를 위한 삶을 살아갔다. 그러한 모습은 '누구에게 의지하지 않고, 자기 신념에 따라 행동하며, 자신이 옳다고 믿는 길을 묵묵히 걸어가는 자세'로 일관되어 있었다. 마산상업학교 졸업 당시 그가 남긴 '독립'이라는 한마디는, 어쩌면 이후 그가 걷게 될 삶의 방향을 조용히 예고하고 있었던 것은 아닐까.

─ 독립마산예수교회 – 신앙과 삶의 방향을 묻다

선생의 일생에 가장 큰 영향을 준 것은 기독교였다. 마산상업학교 학적부에 그의 종교는 기독교로 기재되어 있으며, 이후 기독교 학교인 연희전문학교와 일본 도시샤대학 신학과에서 수학한 뒤, 목사로서 활동하게 되었다. 여러 증언에 따르면, 그가 기독교인이 된 것은 마산상업학교에 입학한 이후의 일로 보인다.

> 상업학교 시대에 그는 모친의 권유에 따라 기독교도가 되었으며, 독립교회(현 마산중앙교회)에 나가 종교 조직속에서 일하는 자신을 부각시켰다. 그는 만사에 솔선하지 않고는 배길 수 없었던 인품이었다. 현재 경남 창녕읍에 살고있는 그의 아랫누이인 강영숙(54)여사는 당시에 그는 교회에서 없어서는 안 될 일꾼이었다고 말하고 있다. (『경남매일신문』 1968년 7월 3일, 「선구자」)

선생의 기독교 신앙 형성과 관련해서는 두 가지 상반된 증언이 존재한다. 하나는 어머니의 권유로 신앙을 갖게 되었다는 것이고, 다른 하나는 그가 스스로 기독교를 선택했다는 것이다. 그는 기독교계 학교였던 창신학교에 재학하면서 성경을 배우고 예배(채플)에 참석하는 등 기독교와 접할 기회를 가졌지만, 당시 학교에서 의무적으로 진행되던 종교교육이 그의 신앙에 결정적인 영향을 미치지는 못했다. 다시 말해, 창신학교의 종교교육보다도, **독립마산예수교회**가 그의 신앙 형성과 실천적 삶에 결정적인 영향을 미친 것이다. 마산교회 분규 끝에 새롭게 세워진 이 교회는 단지 하나의 교회를 넘어, 선생에게는 신앙과 삶의 방향을 결정지은 전환점이 되었다.

> **독립마산예수교회**
> 마산교회 '독립파'가 설립한 교회의 명칭은 독립마산예수교회, 독립교회, 마산독립예수교회, 마산예수교독립파교회 등이 혼용되고 있는데, 이 글에서는 독립마산예수교회라는 명칭을 사용하고 필요에 따라 독립교회로 줄여서 표기한다.

선생이 어떤 기독교 신앙을 가졌는가를 이해하기 위해서는, 그가 선택한 이 교회의 성격을 아는 것이 중요하다. 이는 또한 기독교인의 신앙이 단순히 제도나 교육을 통해 형성되는 것이 아니라, 삶의 맥락 속에서 스스로 형성된다는 점을 보여준다. 선생의 경우가 바로 그러했다. 기독교인이 된다는 것은 하나의 고정된 틀로 설명될 수 없는, 개인의 실존저 선택과 실천 속에서 형성되는 것이었다.

독립마산예수교회는 1926년 10월부터 시작된 마산교회 분규의 과정에서 분리되어 나온 교회였다. 약 1년간의 분쟁 끝에 손덕우 등 지역사회의 원로들과 지도자들을 중심으로 약 200여 명의 교인들이 마산교회를 떠나서 1927년 11월, 새로운 교회를 세웠다. 그것이 바로 독립마산예수교회였다. 이 교회는 단순히 기존 교회의 분열로 생긴 교회가 아니었다. 한국교회 역사에서는 흔히 '반(反)선교사적 자치교회'로 간단히 분류되곤 하지만, 다른 자치교회나 자유교회 운동과 비교해 보더라도 그 성격은 훨씬 더 분명하고 독특했다. 그럼에도 불구하고 지금까지 이 교회에 대한 본격적인 연구는 거의 이루어지지 않았다. 당시 독립마산예수교회의 설립과 활동은 마산 지역을 넘어 전국적으로도 상당한 관심을 받았다. 『동아일보』, 『조선일보』, 『중외일보』 등 주요 언론들이 중요하게 보도했다는 사실은 1920년대 중·후반의 조선 사회에서 이 사건이 가지는 사회적 의미와 반향이 작지 않았음을 보여준다.

1920년대의 조선 교회는 일제의 문화통치와 함께 여러 내적·외적 위기를 겪고 있었다. 사회주의 운동과 반기독교 운동이 확산되는 가운데, 선교사 중심의 교회 운영에 대한 비판이 높아졌고, 그 결과 자치 교회와 독립 교회 운동이 조용하지만 뚜렷하게 확산되고 있었다. 교회 내부에서도 신학적 입장 차이, 교파 간의 갈등, 세대와 계층 간의 균열이 드러나기 시작했다. 이러한 시대

『중외일보』 1928년 10월 8일

적 배경 속에서 독립마산예수교회는 하나의 실험적 대안이었다. 기독교에 비판적인 논조로 알려진 『중외일보』의 마산지국 기자는 창립 1주년을 맞은 이 교회를 "최면술적으로 민중을 기만하는 추악한 현대교회를 탈출한 조선 특산물의 하나"로 평가하며 극찬하였다. 『동아일보』는 이 교회의 설립 동기를 "장로교의 문을 떠나 반기를 높이 들고 참된 예수 그리스도의 정신을 본받으려는 굳은 뜻"이라고 설명했다. 개혁적 기독교 사회운동가 **김창제** 역시 이 교회를 "무산 민중을 본위로 한 통일적 신 교회"로 평가하였다.

> **김창제**
> 김창제(金昶濟, 1880~1957)는 일제강점기와 한국의 YMCA 운동가, 기독교 교육자, 사회사업가, 문필가이다.

이러한 독립마산예수교회의 성격과 사회적 반향을 고려할 때, 선생이 이 교회를 자신의 신앙 공동체로 선택한 이유를 짐작할 수 있다. 그것은 단지 교회 출석의 문제가 아니라, 당시 기독교가 안고 있던 현실에 대한 비판과 더 나은 대안을 실천적으로 모색하고자 하는 선택이었다. 따라서 이 교회와의 만남은 선생의 신앙 형성과 실천적 삶에 결정적인 계기가 되었고, 이후 그가 걸어간 삶의 방향을 이해하는 중요한 단서가 된다.

1925년 박승명 목사의 부임 이후 부흥하던 마산교회는 1926년 **당회** 내 갈등으로 분규에 휘말리게 되었다. 이상소, 이순필 장로가 박 목사를 배척하며 시작된 이 갈등은 부인전도연합회 문제와 성추문 등 각종 루머로 확대되었다. 그러나 교인 다수는 장로들의 행동을 문제 삼았고, 당회를 통한 조사 결과 박승명의 성추문은 무고로 드러나 관련 인물들이 처벌되었다. 이

> **당회**
> 당회는 목사와 장로로 구성된 교회의 최고 의결기구로, 교회의 신앙, 치리, 행정, 권징 등 모든 중요한 사안을 논의하고 결정한다.

과정에서 교인들은 **공동처리회**를 개최하고, 선교사 **맹호은**의 주재 아래 공적인 절차를 통해 문제를 해결해 나갔다. 당시 교인들은 교회 문제에 적극적으로 참여하고, 절차적 정의를 지키고자 한 민주적 모습을 보여주었다.

그러나 사태는 쉽게 마무리되지 않았다. 경남노회장 김길창의 무리한 개입으로 갈등은 마산교회를 넘어 **노회** 전체로 확산되었다. 특히 공동처리회를 주재했던 맹호은 선교사가 노회에서 갑작스레 사과하며 입장을 바꾸자, 다수 교인들은 노회에서의 처리 과정이 정당하지 않았다고 판단하고 강하게 반발했다. 예배 도중 몸싸움이 벌어지고 경찰이 개입하는 등 교회는 극심한 혼란에 빠졌고, 일부 교인들은 자치교회를 선언하며 마산교회로부터 이탈했다. 결국 1927년 11월, 손덕우 장로를 중심으로 '독립마산예수교회'가 정식으로 설립되었다. 이 분리는 단순한 분열이 아니라, 교인들의 의사가 배제된 채 노회와 목사·선교사 주도로 이루어진 문제 해결 방식에 대한 저항이었다.

독립마산예수교회는 목사 중심의 위계적인 구조에서 벗어나, 평신도의 의사와 삶을 중심에 둔 새로운 형태의 교회를 지향했

> **공동처리회**
> 공동처리회는 교회의 중요한 사항을 결정하기 위해 당회와 모든 세례교인들이 함께 참여하는 회의체로, 예·결산 승인, 교회 규정 개정, 장로·집사 선출 등 주요 안건을 교인들의 공동 참여와 투표로 처리하는 민주적 운영 구조를 갖는다. '공동의회'라고도 한다.

> **맹호은**
> 맹호은(J.F.L Macrae, 1884~1973)는 호주장로회 선교사로 1910년 호주장로회에서 목사 안수를 받고 1910년 11월 호주장로회 해외선교위원회의 파송으로 내한하여 경남 진주에서 선교사업을 시작하였다. 1915년 1월 일본 도쿄에서 마가렛 홀과 결혼하고 1916년 마산지역으로 임지를 옮겨서 마산지역의 교회와 학교를 관리하였다. 25년간 마산에 거주하며 선교활동을 전개하다가 1940년 안식년을 맞아 본국으로 돌아갔다.

> **노회**
> 노회는 일정 지역 안의 여러 장로교회를 대표하는 목사와 장로들로 구성된 회의체로, 목사 안수와 교회의 설립·폐지, 교리와 행정에 관한 감독 및 조정을 담당하는 중간 치리(治理) 기관이다.

다. 설립 강령은 "예수의 근본정신에 입각한 민중 본위의 교회"를 선언하며, 조직과 교권이 평신도화를 주장하였다. 교회의 운영을 위해 손덕우, 김산 목사 등 9명의 위원이 선출되었다. 독립마산예수교회는 초기에는 기존 마산교회의 문창예배당에서 예배를 드렸으나, 예배당 소유권을 둘러싼 갈등이 계속되자 교인대회를 열어 예배당을 포기하고 새로운 교회를 건립하기로 결의했다. 교회는 예배당을 단순한 종교 공간이 아니라 지역 공중회합의 장으로 활용하고자 하였고, 이 같은 계획은 지역 사회의 큰 관심을 불러일으켰다. 이 소식을 들은 창원의 지주 김철현은 부지를 시세보다 낮게 제공하고 500원을 기부했으며, 비기독교인 김영규도 교인들의 헌신에 감동해 100원을 후원했다. 이순길은 아내의 이름으로 풍금을 헌물했다. 교인들은 직접 건축에 참여했고, 지역 언론과 단체들의 도움으로 음악극무용회를 열어 기금을 마련했다. 그 결과 1928년 9월, 마산 신정에 예배당이 완공되어 첫 예배가 드려졌다.

　독립마산예수교회는 이후 마산 지역사회에서 활발한 활동을 전개하였다. 십자청년회를 조직해 마산·창원 지역의 사회운동 단체들과 연대했으며, 신간회, 근우회, 청년동맹 등 여러 단체의 강연회와 총회를 교회당에서 개최하였다. 이처럼 독립마산예수교회는 신앙의 공간을 넘어 지역사회의 민주적 토론과 실천의 장으로 기능했다. 이 교회의 분규와 설립 과정에서 주목할 만한 점은 세 가지다. 첫째, 문제가 생길 때마다 교인들은 공동처리회나 교인대회를 열어 함께 논의하고 결정했다. 둘째, 당회나 노회의 결

『조선일보』 1928년 2월 1일

정에 대해 공개적으로 질문하고 의심하는 과정을 밟았다. 셋째, 기독교 정신의 사회적 실천에 대한 관심이 높았고, 신앙이 사회 속에서 어떻게 구현되어야 하는지를 깊이 고민했다는 점이다.

  선생은 바로 이러한 과정을 거쳐 세워진 독립마산예수교회의 설립 취지에 깊이 공감하며, 스스로 기독교인이 되었고 교회 활동에 적극적으로 참여했다. 교회당 건축에도 몸소 참여한 그는 이 곳에서의 신앙생활을 통해 자신의 신앙과 삶의 방향을 구체화해 나갔다. 일제는 실업학교를 통해 식민지 체제에 충실한 인재를 양성하려 했지만, 선생은 그 안에서 조선인의 길을 선택했다. 그가 선택한 길의 중심에는 독립마산예수교회와, 그 안에서 체득한 공동체적 신앙과 실천이 있었다.

식민지 조선 농촌의 현실과 민중에 눈뜨다

장유금융조합 - 일제 식민정책의 민낯을 체험하다 (1932. 1 ~ 1937. 2)

선생은 마산상업학교를 졸업한 뒤 학업을 계속하기 위해 일본으로 떠났다. 그러나 여러 사정으로 뜻을 이루지 못하고 돌아와 1931년 9월부터 경상남도 의령군 지정면사무소에서 근무를 시작하였다. 1932년 1월 면사무소를 그만두고 경상남도 김해군 장유금융조합에 취직하였다. 이곳에서 선생은 1937년 2월까지 약 5년간 근무하였다. 장유금융조합은 1930년 김해군 장유면 무계리에 김해금융조합 장유출장소로 설치되었다가, 장유지소로 승격되었다. 1931년 11월 장유금융조합 창립 준비상담회를 개최하여 조합원 50명을 선발하였고, 조합장과 감사 등

자취기념(1932년 6월 4일)

의 선거를 실시하여 1931년 11월 장유금융조합으로 독립한 것이다.

　1907년 5월, 「지방금융조합규칙」이 제정되면서 농촌을 위한 금융기관인 지방금융조합이 전국 각지에 설립되기 시작했다. 이후 1918년 6월, 「금융조합령」이 새로 제정되면서 지방금융조합은 금융조합으로 명칭이 바뀌었고, 도시 지역에도 금융조합 설치가 가능해졌다. 이와 함께 조합원이 될 수 있는 자격 조건도 완화되어, 농민이 아닌 사람들도 조합에 가입할 수 있게 되었다. 금융조합을 통제하기 위하여 각 도 단위로 금융조합연합회가 조직되었으며, 1933년 8월 조선금융조합연합회가 창립되면서 기존의 도 단위 연합회는 해체되었다. 새로 만들어진 조선금융조합연합회는 각 도의 조직을 흡수해 도지부로 개편하고, 조선 전역을 아우르는 체계적인 조직망을 갖추게 되었다. 연합회는 당시 조선에서 가장 규모가 큰 금융기관 중 하나로, 일본 제국주의는 이를 이용해 식민지 농촌 금융정책을 본격적으로 추진하였다.

　형식적으로 금융조합은 조합원 간의 상호부조를 목적으로 하는 자율적인 신용조합이었으나, 운영 방식은 은행에 가까웠다. 금융조합의 사업은 조합원들의 의사와는 관계없이 진행되었고, 많은 조합원은 금융조합을 자신들의 기관이 아닌 당국이나 일부 간부의 기관으로 인식했다. 언론은 이러한 현실을 지적하며, 금융조합이 조선은행이나 식산은행에 버금가고 보통은행 전체를 합친 것보다도 큰 제3의 금융기관이라면, 그 위상에 맞게 조합원 중심으로 운영되어야 한다고 주장했다. 하지만 실제 금융조합은 협동과 부조의 정신은 사라지고, 관료적 지배만이 남아있었다. 조합원 간의 상호부조는 찾아보기 어려웠고, 금융조합은 조합원에게 고리대금 채권자와 같은 존재였다. 조합원들은 금융조합 앞에서 머리를 숙이고 허리를 굽혀야 하는, 종속된 위치에 머물러야 했다. 결국 금융조합은 조선총독부가 만들어낸 가장 효율적인 식민지 금융 지배 도구였다. 조선 농민의 자립을 돕기보다는 오히려 빚과 수탈, 토지 상실의 악순환을 초래하며 식민지 수탈을 강화하는 역할을 했다.

일제 강점기에는 조선인이 안정적인 직장을 갖기 어려웠다. 이러한 상황에서 금융조합은 많은 사람들에게 선망의 대상이었다. 조합의 최고 책임자인 이사는 일본 정부가 임명했고, 상당한 급여를 받았다. 그 아래 부이사나 서기도 공무원 수준의 대우를 받으며 사회적 지위도 높았다. 이러한 조건은 일부 직원들에게 우월의식을 심어주었다. 이사들은 물론 서기들까지도 조합원들에게 고압적인 태도를 보였다. 조합에 찾아온 조합원들에게 무례한 말을 일삼고, 기다리는 사람들을 배려하지 않는 일이 빈번했다. 이런 모습 때문에 당시 사람들은 금융조합 직원을 '조

『조선일보』 1930년 4월 3일

합 영감'이라 부르며 비판했다.

> 더욱이 지방 금융조합에서는 간부가 되기만 하면 조합원들을 마치 하찮은 존재처럼 대하는 것이 일반적이었다. 심지어 말단 서기나 용원 같은 직원들조차 창구를 찾은 조합원에게 "비켜!", "시끄러워!" 같은 말을 습관처럼 내뱉곤 했다. 이것은 자본주의 사회에서 채권자가 가진 권력을 그대로 드러내는 모습이었다. 이른바 '대합실'이라는 곳에는 앉을 만한 의자 하나 없이 조합원들이 하루 종일 기다리는 일이 다반사였고, 그들에게 돌아오는 것은 직원들의 "가만히 있어!", "좀 더 기다려!" 같은 거친 호통뿐이었다. 정작 안에서는 직원들이 잡담이나 하며 시간을 보내고 있으니, 이들이 도대체 누구를 위해 일하는 사람인지, 누구의 돈과 힘으로 운영되는 곳인지 알 수 없을 지경이었다. 그 거만한 태도는 도무지 이해할 수 없는 일이었다. (『조선일보』 1930년 4월 3일, 「금융조합에 대하야」)

선생이 장유금융조합에서 어떤 업무를 맡았는지 구체적인 기록은 없지만, 일부 증언과 당시 신문 기사를 통해 어느 정도 그 실상을 짐작할 수 있다. 1930년대의 금융조합은 농민들의 부채를 관리하고 이자를 수금하는 일을 주요 업무로 삼았다. 선생이 근무했던 장유금융조합도 크게 다르지 않았을 것이다. 그는 조합 직원으로서 일제의 식민지 농촌 금융제도의 일선에서 농민들과 직접 마주쳤으며, 이 경험은 이후 그의 농촌운동과 교육운동에 깊은 영향을 미쳤을 것으로 보인다. 1931년 마산상업학교를 졸업하고 함안금융조합에 취직했던 아동문학가 이원수는, 자신이 농민들에게 대출 이자를 받으러 다녀야 했던 경험을 미안하고 아픈 기억으로 간직하고 있었다.

> 처음으로 취직한 곳은 경남 함안에 있는 금융조합이었습니다. 그곳에서 일하면서 농민들의 삶을 직접 마주하게 되었고, 식민지 치하에서 살아가는 가난한 농민들의 현실이 너무 안타까워 마음이 아팠습니다. 봄철이면 특히 어려운 시기라, 춘궁기(春窮期)에 대출 이자를 받으러 가는 일이 많았는데, 여항산 고개를 넘어 깊은 산골 마을까지 찾아가면, 지독한 가난 속에서 살아가는 사람들의 모습이 제 가슴을 먹먹하게 만들곤 했습니다. (이원수, 『월간문학』 1974년 2월, 「나의 문학 나의 청춘」)

당시 금융조합은 단순한 신용조합이 아니었다. 그것은 조선 농민의 삶을 압박하는 식민지 수탈의 말단 기구였다. 조합은 채무 회수를 위해 '입도차압(立稻差押)'이라는 수단까지 동원하였다. '입도'란 수확 전에 논에 서 있는 벼를 뜻하며, 입도차압은 벼를 베기도 전에 채권자가 그 소유권을 주장하며 수탈하는 방식이었다. 이처럼 조합은 대출금의 원리금 상환을 명목으로 농민들의 생존 수단을 직접적으로 통제하고 박탈하였다. 『동아일보』는 김해 지역의 입도차압 실태를 다룬 기사에서, 이러한 채권자들을 '채귀(債鬼)', 곧 '빚을 쫓아다니는 귀신'이라 비판하며, 이들이 마을마다 날뛰고 있다고 보도하였다. 이는 일제가 조선 농촌을 어떻게 통제했는지를 단적으로 보여주는 사례였다.

> 경남 김해군에서는 추수기를 앞두고 각종 채권자들이 빚을 받기 위해 서로 경쟁하듯 지불명령을 보내고 있으며, 입도차압 통지서만도 이미 수백 통에 달하고 있다고 한다. 김해 우체국에서 처리한 건수만 봐도, 지난 4월부터 9월까지 6개월 동안 무려 3,400건에 이르고, 9월 한 달 동안만 해도 812건이

> 나 된다. 특히 김해 금융조합이 추수한 곡식을 노리고 미리 보낸 지불명령만도 330건이 넘는다고 한다. 이런 상황은, 지금 정부가 말하는 '농촌을 살리자'는 주장과는 전혀 다른 현실이며, 오히려 '채권 귀신'들이 농촌을 휘젓고 다니는 시대가 열렸다'는 걸 명백히 보여주는 사례라고 할 수 있다. (『동아일보』 1932년 10월 19일, 「김해 지방에 입도차압 빈번」)

금융조합의 채권 회수 방식은 점점 더 강압적이고 비인도적인 방향으로 나아갔다. 김해읍 금융조합은 연체 채권에 대해 공개 경매를 실시하여 농민들의 재산을 처분하였고, 이는 사실상 생활 기반 자체를 빼앗는 조치였다. 황주군 귀낙면의 덕우금융조합에서는 무리한 채무 상환 독촉이 지속되며 조합원들의 불만과 원성이 극에 달했다.

> 조합원들에게 채무를 빨리 갚으라고 지불명령을 내리고, 심지어 부동산을 압류하고 경매 절차까지 진행했다고 한다. 이런 사실이 알려지자, 일반 조합원들 사이에서는 "요즘처럼 농촌 경제가 최악인 상황에서 이렇게까지 가혹하게 나올 줄은 꿈에도 몰랐다"는 말이 돌고 있다. 사실 금융조합 관계자들도 지금이 농촌으로선 가장 어려운 시기라는 걸 잘 알고 있을 것이다. 정부에서도 농촌을 살리기 위해 현재 빌려준 돈에 대해 3년 동안 갚지 않아도 되게 하자는 논의가 나오는 상황이다. 그런데도 금융조합이 채무 상환을 조금도 미뤄주지 않고, 오히려 이런 가혹한 방법으로 독촉하고 있는 건, 금융조합이 본래의 목적을 벗어난 것이라는 비판이 나오고 있다. (『동아일보』 1932년 8월 10일, 「900여인 조합원에게 가산차압 경매수속」)

선생은 장유금융조합에서 근무하면서 조선 농촌의 참혹한 현실과 농민들의 어려운 삶을 직접 목격했다. 비록 생계를 위한 일이었을지라도, 결과적으로 그는 그 농촌 현실에 일정 부분 가담하게 된 셈이었다. 이러한 경험은 일제의 식민지 농촌 정책에 대해 깊이 고민하게 만들었고, 금융조합이 가진 구조적인 문제를 인식하며 농촌 사회를 위한 대안을 모색하는 계기가 되었을 것이다.

당시 금융조합은 지주층과 독점 자본에 기반하여 일본 자본주의의 이해를 실현하려는 목적에서 출발했다. 설립 의도 또한 지주제를 유지하고 이를 제도화함으로써, 점차 사회 변화를 주도해가던 농민층의 불만을 잠재우고 식민지 지배체제를 유지하기 위한 방편에 불과했다. 1933년, 해방 이후 농림부 차관을 지낸 강정택은 동경제국대학 농학부 졸업논문 「금융조합에 대하여」에서 조선의 금융조합을 "형식적으로는 신용조합의 틀을 갖추고 있지만, 실제로는 아무런 역할도 하지 못하는 장식품에 불과하다"고 비판했다. 그는 근대적인 조직은 개인주의 의식에 기초해야 하며, 시대의 변화에 맞추어 농민의 정신 훈련과 의식개발이야말로 금융조합이 수행해야 할 핵심 과제라고 강조했다. 이러한 평가는 당시 금융조합이 안고 있던 구조적 한계를 정확히 짚은 것이었다. 선생 역시 이와 같은 시각에 깊이 공감하고, 해방 이후 농촌운동을 실천해 나가는 데에 중요한 참고가 되었을 것으로 보인다.

> 근대적 조직은 개인주의 의식의 토대 위에서 만들어져야 한다는 것은 말할 것도 없다. 이미 행정적인 목적에서 엉뚱한 기반 위에 조합을 건립하고, 농민의 현실을 변화시켰다면 그 정

신 훈련과 의식개발은 당연히 금융조합의 임무이어야 한다. 그런데 조합은 이것을 하지 않았고 또 할 능력도 없었다.

그렇다. 조합의 취지 선전은 입으로 붓으로 수십만 번이나 했다. 그것은 비용의 낭비일 뿐이다. 구체적인 사실과 이익에 맞추어 조합원을 이끌고, 조합은 조합원의 것이라는 사실을 실증적으로 보여야 한다. 성인에게 실제적인 교육을 실시하지 않으면 안 된다. 그러나 조합에서는 이런 일들을 하지 않았고, 또 그러한 조직이기 때문에 할 수도 없었다.

가령 지금의 조직으로는 이러한 일들을 할 수 있었다고 해도 그 효과는 의심스럽다. 조합과 조합원과의 융합을 저지하는 커다란 장벽이 양자 사이에 놓여 있기 때문이다. 그것은 앞에서 말한 관치조직이다. 농민은 항상 행정관청에 대해 두려움과 반감과 의심을 가지고 있다. 정도의 차이는 있지만 조합에 대해서도 같은 감정을 가지고 있다. 그 감정을 농민에게서 제거하지 않고는 진정한 조합이 될 수 없다. (강정택, 박동성 역, 『식민지 조선의 농촌사회와 농업경제』, YBM Si-sa, 2008년, 68쪽)

기독교 농촌운동 – 덴마크 그룬트비 실천에서 길을 찾다

일제는 겉으로는 '근대적인 토지제도의 확립'을 내세우며 1910년부터 1918년까지 토지조사사업을 시행했다. 그러나 실제 목적은 조선 농민들의 토지를 빼앗고, 식민지 경제를 효과적으로 지배하기 위한 기반을 마련하는 것이었다. 이 사업을 통해 수많은 조선 농민이 자신의 땅을 빼앗겼고, 삶의 터전을 잃고 몰락했다. 대신 일본인 지주와 조선의 대지주들이 대거 등장하면서 지주제

(地主制)가 강화되었다. 그 결과 많은 농민들이 소작농, 즉 땅을 빌려 농사를 짓고 수확물의 일부를 지주에게 소작료로 내는 처지로 전락하게 되었다. 이렇게 형성된 지주-소작인 간의 불평등한 구조는 이후 커다란 사회적 갈등의 씨앗이 되었다. 당시 조선은 농업이 경제의 중심이었기 때문에, 소작문제는 식민지 시기 내내 핵심적인 문제였다. 이 문제는 해방 이후 토지개혁 논쟁으로 이어질 만큼 중요한 사회적 과제였다.

일제는 1919년 3·1운동 이후 강압적인 무단통치에서 겉보기에는 유화적인 문화통치로 정책을 바꾸고, 1920년부터 산미증식계획(産米增殖計劃)을 추진했다. 이는 일본의 식량 부족을 해결하기 위해 조선에서 쌀 생산을 늘리려는 계획이었다. 쌀 생산량은 늘었지만 대부분의 쌀은 일본으로 반출되었고, 조선 농민들은 오히려 보리, 조, 옥수수 같은 잡곡으로 연명해야 했다. 농촌의 식생활과 식량 구조는 더욱 나빠졌다. 한편, 비료 등 농업 자재의 가격은 계속 올랐고 쌀값이 하락하면서 농민들의 생활은 더 어려워졌다. 농민들은 현금이 부족해 고리대금, 즉 높은 이자로 돈을 빌려야 했고 농촌 경제는 점점 더 피폐해졌다. 그 결과, 많은 젊은이들이 도시나 일본 본토로 떠나는 이농(離農) 현상이 가속화되었다.

1922년 무렵부터 일제 총독부는 소작문제를 단순한 농업 문제가 아닌, 농촌 사회 전체의 구조적인 문제로 인식하기 시작했다. 지주들도 점점 거세지는 농민운동에 위협을 느끼고 조직을 만들어 총독부에 대책을 요구했다. 1930년대 초, 전 세계적인 대공황과 함께 찾아온 농업공황은 조선 농촌에 더 큰 타격을 주었다. 쌀을 포함한 농산물 가격은 폭락했지만, 총독부는 오히려 세금과 공과금을 늘렸고, 농민들의 삶은 더 막막해졌다. 지주들은 자신의 손해를 줄이기 위해 소작 농민의 노동력을 더 많이 요구하고 비료 구입을 강요했으며, 소작료를 체납하면 바로 소작권을 빼앗았다. 일본인 지주들은 위탁경작제라는 방식으로 농사를 대신 맡기는 경영 체계를 도입했고, 공황을 기회 삼아 더 많은 토지를 사들이며 농촌 지배력을 확대해 나갔다.

『동아일보』는 전라북도 김제 지역 농민들이 일본인 지주들에게 토지를 빼앗기고 생계를 위협받는 상황을 집중적으로 보도하며, 일제의 토지 수탈과 농민 몰락의 실상을 고발했다.

> 전 조선에서 삼남(충청, 전라, 경상도)은 가장 중요한 지역이며, 그 삼남 중에서도 김제평야는 농업의 중심지, 곧 '조선의 식량창고'라 할 만한 곳이다. 그런데 매년 이 지역의 조선인 소유 토지가 점차 일본인 소유로 바뀌고 있다. 현재 토지 소유 비율은 일본인이 40%, 조선인이 60%로 아직 조선인의 비율이 높아 보이지만, 실상은 다르다. 조선인의 토지는 대부분 동양척식회사, 식산은행, 금융조합 등과 일본인 부호에게 제1차, 제2차 저당으로 잡혀 있는 상태이며, 가까운 장래에 일본인 소유로 넘어갈 것이 확실시된다. 지난해와 그 전 해에 유례없는 쌀값 폭락이 있었고, 이로 인해 조선 농민들은 해마다 갚아야 하는 연부금(年負金)조차 감당하지 못하고 있다. 이런 상황은 조선 농촌의 참상을 날로 심화시키고 있다. 대지주는 중소지주로, 자작농은 소작농으로 전락하고 있으며, 그 결과 소작인의 수는 갈수록 늘어나고 있다. (『동아일보』 1931년 1월 1일, 「전북도내 경작지 소유권 이동 빈번」)

> **춘궁기**
> 춘궁기(春窮期)는 가을에 수확한 양식은 바닥이 나고 햇보리는 미처 여물지 않은 5-6월 식량(食糧)이 모자라서 고통받던 시기를 말한다. '보릿고개'라고도 한다.

1930년 당시 전체 농가의 절반, 소작농가의 약 70%가 **춘궁기**(春窮期)를 겪고 있었다. 이들은 빚더미에 몰려 있었고, 농업으로 생계를 유지할 수 없어 전업(轉業)을 선택하는 농민들도 급격히 늘어났다. 지주들은 대공황의 피해를 최소화하기 위해 손실을 소작농들에게 떠넘겼고, 그 결과 자작농과 소작농의 경제 상황은 더욱 악화되었다. 특히 김해 지역은 이런 식민지 조선 농촌의 모순이 더욱 뚜렷하게 드러난 지역이었다.

김해는 부산과 가까운 낙동강 유역의 비옥한 평야지대로, 일본인 지주들이 집중적으로 토지를 점탈한 곳이다. 토지조사사업으로 몰수된 조선인의 땅은 일본인에게 싼 값에 넘겨졌고, 수많은 일본인 농장이 들어섰다. 그 대표적인 사례가 진영과 인근 창원 동면·대산면 일대에 걸친 하자마 농장이다. 하자마 농장에서는 1929년부터 1932년까지 치열한 소작쟁의가 벌어졌으며, 이는 전국적인 주목을 받았다. 『동아일보』는 특파원을 파견해 실태를 조사하고, 총 5회에 걸쳐 현지 상황을 보도했다.

일제는 이 같은 소작문제가 단순한 경제 문제가 아니라 정치적 문제, 더 나아가 민족문제로 비화될 수 있다고 판단했다. 당시 전체 농민의 약 80%가 소작농이었기에, 이들의 생활 안정을 일제는 내선융화(內鮮融和), 즉 일본과 조선이 하나처럼 융합되어야 한다는 정책의 핵심 과제로 보았다. 한편, 일제는 만주 침략 이후 식량 생산 거점을 만주로 옮기고, 조선에는 식민지 공업화 정책을 추진하면서 기존의 지주 중심 농정에서 농민과의 '융화' 노선으로 정책을 일부 수정하였다. 그 일환으로 1932년부터 농촌진흥운동이 전개되었으나, 실상은 농민의 자립을 돕기보다는 식민 통치를 안정화하고 농민을 동원하려는 목적이 컸다.

이와 함께, 식민지 조선 농촌의 모순을 극복하기 위한 농촌운동도 활발하게 전개되었다. 3·1운동 이후 사회주의가 민족운동의 주요 흐름으로 편입되면서, 농촌운동도 사회주의 계열과 민족주의 계열로 나뉘었다. 1920년대 중반부터는 조선공산당과 청년회 등을 중심으로 조직적인 소작쟁의가 시작되었다. 이는 단순한 생존권 투쟁을 넘어서 식민지 지배 구조 자체에 대한 저항으로 발전했다. 1930년대에 들어서는 혁명적 농민조합운동이 일어나, 소작료와 공과금 납부 거부, 고리대금 상환 거절, 식민지 수탈 기관에 대한 공격, 구속 동지 구출 등의 투쟁을 벌이기 시작했다. 이 운동은 일제의 탄압 속에서도 전국 220개 군·도 중 약 80여 곳에서 조직이 결성될 정도로 활발했다. 김해 지역에서도 1931년 10월 28일, 김해농민연맹이 농민조합으로 개편되었고, 1932년 4월에는 조합원 수가 2,000여 명에 달할 정도로 성장했다. 이는 경남 최대 규모였다. 구체적인 활동은 명확히 전해지지 않지만, 하자마 농장의 소작쟁의에 일정한 역할을 했던 것으로 알려져 있다.

한편, 민족주의 계열의 농민운동도 활발하게 전개되었다. 천도교의 조선농민사 운동, 기독교계의 농촌운동, 그리고 『동아일보』와 『조선일보』가 주도한 농촌계몽운동 등이 그 중심이었다. 이들은 "농촌을 구하면 조선은 있고, 농촌을 못 구하면 조선도 없다"

는 구호 아래 농촌진흥을 외치며 활동을 펼쳤다.

특히 1930년대 전후의 기독교 농촌운동은 농촌 경제의 몰락으로 인해 교세가 급격히 줄어들면서 시작되었다. 장로교와 감리교 등 주요 교단들은 1925년 이후 감소하는 교세를 회복하기 위해 농촌운동에 나섰고, 기독교청년회(YMCA)를 중심으로 한 기독교 민족주의자들은 사회주의 농민운동과 민족주의 실력양성운동의 영향 속에서 농촌사업을 전개하기 시작했다.

기독교 농촌운동에 결정적인 영향을 준 계기는 1928년 예루살렘에서 열린 국제선교협의회와 그 전후의 덴마크 시찰이었다. 협의회는 3월 24일부터 4월 8일 부활주일까지 진행되었으며, 조선에서는 김활란, 양주삼 등 여섯 명이 대표로 참석했다. 이들은 귀국 후 『기독신보』, 『청년』 등의 기독교 언론에 글을 발표하고 강연을 열며 기독교가 농촌운동에 적극 나서야 한다는 분위기를 확산시켰다. 양주삼은 『기독신보』에 기고한 「예루살렘 회의의 특색」에서 "농촌과 농민을 선교사업의 핵심으로 삼아야 한다"고 강조했고, 김활란은 『청년』 1928년 11월호에서 "전 세계 인구의 3분의 2가 농민이기에, 농촌 중심의 교육과 실천이 절실하다"는 선교협의회의 결론을 전하며, 모든 교회 기관이 농촌문제 해결을 위해 노력해야 한다고 주장했다.

선교협의회 전후, 이들은 덴마크를 방문해 그 나라의 농촌 현황을 조사하였다. 당시 기독교계는 덴마크의 농업국가 모델과 그룬트비 사상에 깊은 인상을 받았다. 식민지 조선의 현실이 과거 덴마크와 유사하다는 점, 덴마크가 농업과 교육을 바탕으로 크게 성공한 점, 그리고 국교가 루터교인 기독교 국가라는 점에서 덴마크는 조선 기독교 농촌운동의 이상적인 모델로 인식되었다. 이들은 덴마크 시찰 결과를 정리해 『정말(丁抹, 덴마크)과 정말 농민』 같은 책으로 출간하고, 다양한 기독교 언론에 글을 기고하며 덴마크 모델의 필요성을 널리 알렸다. 그룬트비의 교육과 실천, 농촌의 자립과 공동체 중심의 삶은 조선의 농촌 교회와 사회에 하나의 희망적 대안으로 제시되었다.

당시의 농촌운동은 단지 몇몇 계몽가나 교육가들의 활동이 아니라, 거의 모든 지식인들이 관심을 갖고 참여하였던 민족 전체의 절박한 과제였다. 그 대표적인 사례로, 우리나라 여성 교육의 선구자로 알려진 김활란의 활동을 들 수 있다. 김활란은 1928년 예루살렘에서 열린 국제선교협의회에 참석한 뒤, 조선 농촌의 현실에 충격을 받고 이 문제의 해결 방안을 찾기 위해 미국 유학길에 올랐다. 그는 미국 컬럼비아대학교 사범대학에서 조선 농촌 문제를 주제로 한 논문 「조선의 부흥을 위한 농촌교육(Rural Education for the Regeneration of Korea)」을 제출하고, 1931년 박사학위를 취득하였다. 그는 자신의 논문에 대해 "높은 이상과 투철한 이념에 기초한 것은 아니었지만, 우리나라의 형편으로는 실제로 절박한 문제가 아닐 수 없었기에, 결코 학문만을 위한 공부도, 이론을 위한 연구도 아니었다"고 회고하였다.

> 우리는 조상 대대로 농사에 의지하여 살아왔다. (…) 그 농촌에 개혁을 가져오지 않는 한 우리의 앞날에 발진이 있을 것 같지 않았다. 덴마크의 농촌에 있는 고등학교를 구경할 때도 깊이 느낀 일이지만 우리나라의 농촌운동은 너무도 시급한 문제라고 생각하고 있었다. 나의 이 관심은 변함없는 진리였다. (…) 한국 농촌의 새로운 운동에 적합한 교육은 어떤 것이며 그것을 어떻게 계획해야 하는가? 도시 생활과 농촌 생활의 그 현격한 차이를 어떻게 메꾸어 나갈 것인가? (…)
>
> 나는 사범대학에서 고등교육과 농촌교육에 관한 과목을 선택했다. 논문도 그 두 가지를 연관시켜서 한국과 또 그와 비슷한 형편에 있는 여러 가지를 비교하는 것을 연구 내용으로 삼았다. 논문 제목은 「한국의 부흥을 위한 농촌교육」이었다. 그것은 비록 높은 이상과 투철한 이념은 아닐지라도 우리나라의 형편으로는 실제로 절박한 문제가 아닐 수 없었다.
>
> 자랑은 아니다. 그러나 나의 학문 속에는 사랑과 성실이 있었다. 그것은 결코 학문만을 위한, 이론을 펴기 위한 공부는 아니었다. 가난한 조국의 정경, 그것을 눈물로 바라보기만 하고 주저앉아서는 안 된다는 생각이었다. 나의 이러한 관심은 많은 사람들에게 끊임없는 격려와 동정을 불러 일으켰다. (김활란, 『그 빛속의 작은 생명』, 이화여자대학교 출판부, 1999년, 140~141쪽)

1930년대 기독교 농촌운동은 일제의 통치 전략 변화와 함께 점차 막을 내리게 된다. 1932년 7월, 일제가 식민 지배의 안정을 목적으로 농촌진흥운동을 시작하면서부터, 기독교 농촌운동은 점차 위축되기 시작하였다. 특히 일제의 농촌진흥운동은 형식과 내용 면에서 YMCA의 농촌운동과 매우 유사했을 뿐만 아니라, 그것을 관제 농촌운동으로 흡수하려는 시도도 이어졌다. 결국

1938년 2월, 흥업구락부 사건을 계기로 YMCA 농촌부는 해체되고 말았다. 장로교의 농촌사업 역시 유사한 길을 걸었다. 일제의 지속적인 감시와 탄압, 그리고 내부에서는 "농촌운동은 교회의 본분이 아니다"라는 보수적인 비판이 제기되면서, 1937년 장로교 총회에서는 농촌부의 폐지를 공식 결정하였다. 이로써 기독교가 중심이 된 사회경제적 차원의 농촌운동은 사실상 종결되었다.

기독교 농촌운동은 대체로 덴마크의 농촌 재건 사례를 모델로 삼아, 신용조합, 국민고등학교와 같은 제도를 한국 농촌에 도입하고자 하는 시도였다. 이 운동은 1928년 예루살렘에서 열린 국제선교협의회에서 조선 농촌 문제의 심각성과 시급성이 공유되면서 시작되었고, 이후 덴마크 농촌 시찰을 통해 구체적인 실천 방향이 잡혀갔다.

한국 교회가 지향했던 농촌운동은 직접적인 저항이나 정치 투쟁이 아니라, 협동조합 등 자조적인 경제 조직을 중심으로 자립 역량을 키워, 점진적으로 농촌의 문제를 해결해 나가려는 방식이었다. 그러나 식민지 현실은 이러한 실천의지에 커다란 제약을 주었다. 일제는 농민들이 스스로 조직을 만들고 문제를 인식하는 것을 극도로 꺼렸고, 명분 있는 합법적 운동조차도 철저히 억압하였다. 그럼에도 불구하고, 1930년대의 기독교 농촌운동은 한국 사회에 덴마크의 그룬트비 사상을 널리 소개하는 계기가 되었으며, 그 영향은 1960년대까지도 한국 농촌 재건운동에서 대안적 모델로 주목받았다.

강성갑 선생 역시 이러한 흐름 속에서 기독교 농촌운동에 참여한 인물이었다. 그는 장유금융조합에 근무하던 시기, 무계리의 장유교회에 출석하며 야학교 교사로 활동하였다. 이후 그는 농촌 교육 실천가로서, 그룬트비 사상을 우리 현실에 맞게 구현하고자 노력하였다.

― 오중은과의 만남 - 함께 실천하는 삶의 시작

장유금융조합에 근무하던 선생은, 식민지 조선의 농촌 현실을 누구보다 가까이서 마주하였다. 금융조합이 본래 농민을 위한 자립 조직으로 출발했지만, 현실에서는 일본 제국주의의 수탈 구조에 예속된 기구가 되어가고 있었다. 그는 기독교 농촌운동에도 참여하며, 농민을 변화의 주체가 아니라 계몽의 대상으로 여기는 기독교 농촌운동의 한계를 직접 체험했다. 결국 선생은 농촌 문제의 본질은 식민지 수탈경제체제에 있으며, 그 해결의 열쇠는 농민 스스로가 자기 삶의 주인이 되는 데 있다는 것을 깨달았다. 농민이 자신의 문제를 스스로 인식하고 해결할

결혼식 사진

수 있는 실력을 갖추지 않으면, 그 어떤 운동도 근본적 변화로 이어질 수 없다. 그는 더 깊은 공부의 필요성을 절감하였고, 학문의 길로 다시 나아갈 결심을 굳혔다.

바로 그 무렵, 평생의 동반자가 된 오중은을 만나 가정을 이루었다. 오중은은 1921년 4월 거창공립보통학교에 입학하여 1927년 3월 졸업하였고, 1927년 4월 오스트레일리아 장로교 선교회가 설립한 동래 일신여학교에 입학하여 1931년 3월 졸업하였다. 그는 1932년 4월 경성보육학교에 입학하여 1935년 3월 졸업하였다. 경성보육학교는 특히 음악 활동이 매우 활발하였다. 음악회를 자주 개최하였고, 유치원 교사를 위한 음악 강습회와 학생들의 전국 순회음악회 등을 개최하였다. 미국 시카고 셔우드(Sherwood) 음악학교를 졸업하고 귀국한 **홍난파**는 1933년 4월 경성보육학교 음악 주임교유로 부임하였다. 오중은은 홍난파로부터 음악교육을 받은 뛰어난 오르가니스트(organist)였다.

> **홍난파**
> 홍난파(洪蘭坡, 본명 홍영후, 1898~1941)는 한국 근대 음악을 개척한 작곡가 음악가 교육자로, 「봉선화」, 「고향의 봄」 등을 작곡하였다.

오중은의 증언에 따르면, 두 사람의 결혼 준비는 전통적인 혼례 절차나 가족 중심의 상의가 아닌, 오직 두 사람이 주고받은 편지를 통해 이루어졌다. 결혼이라는 삶의 중대한 결정을 부모나 친지의 뜻이 아닌, 서로의 뜻과 합의로만 정한 이 방식은 당시로서는 매우 드문 일이었다. 이들의 결혼은 형식보다 내용, 기존의 얽매인 관습을 넘어선 상징적인 사건이었다.

> 망국지폐풍(亡國之弊風)인 관혼상제를 솔선수범으로 간소화하겠소. 신부댁과 신랑댁의 중간에 있는 창녕교회에서, 그 교회의 목사님의 주례로 결혼식을 올리기로 합시다. 너울은 쓰지 마시오. 가마도 타지 말고 걸어 나와 주시오. 새로 나온 값싼 인조견으로 신부복을 준비하시오. 식을 마치면 그대로 헤어집시다. 처녀, 총각처럼 각자의 자리로 돌아가는 것이오. 양가 모두 별다른 음식을 준비하지 않도록 합시다. 나는 평소의 의복 그대로 식장에 나타날 것이오. 예물 교환도 하지 맙시다. 이 약속들이 지켜지지 않는다면, 나는 그대로 돌아갈 것이오. 나는 결혼식 전날 어머니께 '내일 결혼한다'고 말씀드릴 생각이오. (심진구, 「향토교육의 선구자 강성갑에 관한 사례연구」, 『인천교대논문집』3, 1968년, 272~273쪽)

결혼식과 관련된 모든 내용은 두 사람이 사전에 편지를 통해 합의한 것이었고, 그 약속은 철저히 지켜졌다. 결혼식이 끝난 뒤, 두 사람은 함께 살지 않고 각자의 자리로 돌아갔다. 오중은은 여전히 경성보육학교 학생이었고, 선생은 다시 장유로 향했다. "식을 마치면 처녀 총각으로 그대로 돌아간다." 그 말은 단순한 농담이 아니었다. 결혼은 했지만, 각자의 자리에서 자신의 몫을 다하기로 한 결단이었다. 그들의 결혼은 함께 살기 위한 출발이 아니라, 함께 살아갈 삶의 방향을 정한 약속이었다. 화려한 시작보다 중요한 것은 어떤 태도로 살아갈 것인가였다.

두 사람에게 결혼은 동거의 시작이 아니라, 서로를 평생의 교육 동지로 인정하고 존중하는 약속이었다. 당시로서는 매우 이례적인 방식으로 결혼을 결정한 선생의 선택은, 단지 시대를 앞선 개인적 결정이라기보다는, 부인을 평생의 교육 동지로 삼고자 했던 그의 선구적인 신념을 보여주는 것이었다. 동시에, 그것은 학업을 안정적으로 지속하기 위한 현실적인 선택이기도 했다. 경성보육학교를 졸업한 부인의 적극적인 동의와 후원이 있었기에, 선생은 누구나 선망하던 안정적인 직장이었던 금융조합을 사직하고, 연희전문학교에 입학해 새로운 배움의 길을 걸을 수 있었다. 그 결단은 단지 개인의 진로를 바꾸는 일이 아니라, 두 사람의 삶 전체를 함께 계획하고 실천해 나가려는 깊은 신뢰와 동반 의식의 결과였다.

강성갑·오중은 부부

연희전문에서 길을 묻다

- 민족, 학문, 신앙(1937. 4~1941. 3)

─ 억지 입학이 아닌, 간절함으로 들어선 배움의 문

　강성갑 선생은 1937년 4월, 연희전문학교 문과에 입학하여 1941년 3월 졸업하였다. 그가 입학하던 해에는 문과 40명, 상과 77명, 수물과 23명 등 총 140명이 신입생으로 입학하였다. 당시에는 중퇴자가 절반에 이를 만큼 학업을 마치기 어려운 여건이었다. 그런 가운데에서도 선생은 끝까지 포기하지 않고 학업을 이어갔으며, 연희전문 제23회 졸업생으로서 문과 20명, 상과 65명, 수물과 17명 등 총 102명과 함께 졸업하였다.

　증언에 따르면, 선생은 마산상업학교를 졸업한 지 이미 7년이 지난 상태였고, 연희전문 입시를 보기 전까지 주간에는 금융조합에서 근무하고

연희전문 졸업사진

야간에는 야학에서 지도 활동을 하느라, 좋아하는 영어 과목을 제외하고는 입시 준비를 거의 하지 못했다. 그는 자신이 불합격할 것이라 생각하면서도 입학시험에 응시하였고, 낙방한 후 교장을 찾아가 자신의 포부를 호소하여 파격적으로 '가입학'이라는 특혜를 받았다고 전해진다.

『경남매일신문』 기사에서는 그의 연희전문 입학을 "억지와 눈물로 애원하여 이루어진 불합격생의 파격 입학"이라고 소개하면서, 그의 성격의 일면을 보여주는 사건이었고, 동시에 "배우겠다는 사람에게 떠밀어내는 교육"을 비판한 끝에 이루어진 '가입학'이었다고 서술하고 있다. 『연세춘추』 기사 역시 그의 입학 과정을 흥미로운 사례로 언급하며, 영어 과목으로 인해 낙방한 그가 백낙준 교장을 찾아가 간청하였고, 그의 열의와 신념에 감복한 교장의 배려로 입학이 허락되었다고 소개한다.

『국민보』에 실린 글에는, 선생이 입학시험에서 인문 중학교 졸업생들과 경쟁이 되지 않을 것을 알고 사전에 학교 관계자를 찾아가 입학을 간청했으며, 이미 교복과 교과서 등을 준비해 놓은 성의에 감동한 학교 측이 '가입학'으로 출석을 허가했다고 전한다. 『우리교육』 기사에서는, 그는 입시 준비가 미흡해 낙방하였으나 기필코 입학하겠다는 각오로 이미 교표와 교복을 준비하고 학교를 찾아가 자신의 뜻을 강력히 설파하였으며, 결국 "첫 학기 성적이 85점 이상일 경우 정식 입학을 허가한다"는 조건으로 '가입학'을 허락받았다고 전한다.

이러한 이야기는 지금도 그를 기억하는 이들 사이에서 사실처럼 회자되고 있다. 이런 이야기들은 아무래도 그가 상업학교 출신이었기에 고등보통학교에 비해 학력이 떨어질 것이라는 편견에서 비롯되었을 수도 있고, 혹은 그가 당시로서도 특별한 인물이었다는 점을 부각시키기 위한 서사적 장치였을 가능성도 있다. 분명한 것은, 당시 연희전문에 입학하는 것은 매우 어려운 일이었다는 점이다. 그렇기에 이와 같은 이야기는 그의 비범함을 강조하는 하나의 상징처럼 받아들여졌으며, 이후 그가 보여준 실천적이고 일관된 삶의 태도가 이러한 일화들에 더욱 설득력을 부여해 주었다.

그러나 실제로 그의 연희전문 입학은 '억지입학'이 아니었다. 연희전문 학적부에 따르면, 선생은 1937년 4월 9일, 입학시험을 거쳐 문과 별과에 정식으로 입학하였다. 이는 『매일신보』 1937년 4월 3일자 기사에 실린 합격자 명단으로도 확인된다. 별과 제도는 「조선교육령」 개정(1922년) 이후, 전문학교 입학자격을 갖추지 못한 이들에게도 고등교육의 기회를 열어주기 위해 마련되었다. 일제가 정규학교에서의 종교교육을 금지하자, 장로교 계열의 기

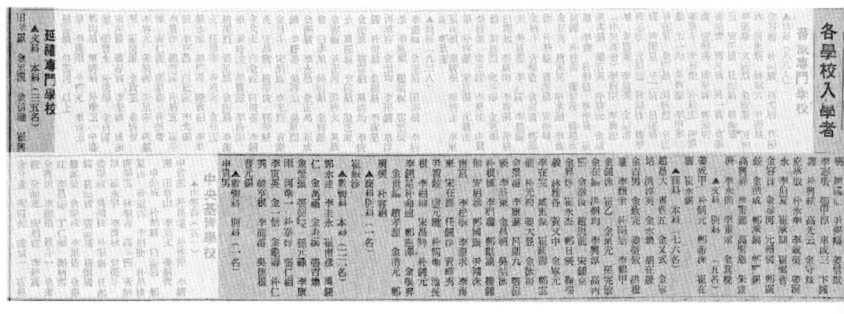

『매일신보』 1937년 4월 3일

독교 학교들이 종교교육을 유지하기 위해 정규학교 인가를 받지 않고 각종학교로 남으면서 생겨난 제도이다. 이들 학교는 졸업생들의 상급학교 진학을 위해 '지정학교'로 인가받고자 했지만, 당시 총독부의 방침으로 인해 쉽게 인가를 받을 수 없었다. 따라서 정규 학력을 인정받지 못한 학생들이 전문학교에 진학할 수 있도록 마련된 입학 경로가 바로 '별과'였다.

별과 입학 자격은 만 17세 이상으로, 구「조선교육령」에 의한 고등보통학교 졸업자 또는 이와 동등 이상의 학력을 가진 자였다. 특별한 규정이 없는 한, 교육은 본과에 준하여 운영되었다. 연희전문 초기에는 본과 보다 별과 학생 수가 더 많았으나, 학제가 점차 정비되면서 본과 학생이 다수를 이루게 되었다. 선생이 졸업한 마산상업학교는 3년제 을종학교였기 때문에 본과 입학 자격을 갖추지 못했고, 이에 따라 별과에 응시한 것이다. 별과는 본과보다 입학 정원이 적어 경쟁률이 높았으며, 그는 이러한 조건에서도 당당히 시험에 합격하였다. 당시 별과 입학생 수는 문과 40명 중 5명, 상과 77명 중 1명, 수물과 23명 중 1명에 불과했다.

결국 선생의 연희전문 입학은 억지입학이 아니라, 어려운 조건 속에서도 당당히 입학시험을 통과한 결과였다. 그럼에도 불구하고 그의 입학 과정이 일반적인 연희전문 입학생들과 달랐던 것은 분명하다. 당시 연희전문 졸업생들이 선망하던 직장인 금융조합을 그만두고 학업에 도전한 사례는 드물었으며, 그는 안정된 직장에 재직 중이면서 자식을 둘이나 둔 가장이었다. 또한 마산상업학교 졸업 후 시간이 많이 흐른 탓에 시험 준비 역시 쉽지 않았을 것이다.

　그러한 상황을 감안할 때, 그가 연희전문에 입학할 수 있었던 것은 난지 성적이나 운이 아니라, 분명한 목표의식과 철저한 준비가 있었기 때문으로 보아야 한다. 즉, 금융조합 사직과 연희전문 입학은 단순한 우연이 아니라, 오중은과의 결혼을 전후하여 함께 논의하고 계획한 치밀한 결과로 이해해야 한다. 그의 삶은 늘 '목표가 분명하다면 철저한 준비가 필요하다'는 원칙 위에 세워져 있었다.

연희전문 재학중의 강성갑 선생과 매제(여동생의 남편)

— 연희전문의 '기독교주의 (Christian principles)'

 선생이 연희전문학교를 선택한 이유는 분명했다. 그것은 단순히 고등교육의 기회를 얻기 위함이 아니라, 자신의 목표의식과 깊이 맞닿아 있는 학교였기 때문이다. 연희전문은 설립 과정에서부터, 일제의 신사참배 강요에 대응하는 방식에 이르기까지 조선의 다른 기독교 학교들과는 구별되는 길을 걸었다.
 연희전문 설립을 둘러싸고 선교사들 사이에서는 한국 기독교 선교 역사상 가장 치열한 논쟁이 벌어졌다. 당시 선교사들 사이에서는 크게 두 가지 방향이 대립했다. 하나는 교회의 지도자, 즉 기독교인을 중심으로 한 영적 리더를 양성해야 한다는 입장이었고, 다른 하나는 보다 넓은 시각에서 조선 민족의 지도자를 길러야 한다는 입장이었다. 대다수 평양 지역의 북장로교 선교사들은 이미 설립된 평양의 숭실대학을 중심으로 보수적인 입장을 견지했고, 소수의 서울 지역 선교사들은 조선 민족과 사회를 위한 지도자 양성을 강조하며 서울에 새로운 고등교육 기관이 필요하다고 주장했다. 논쟁은 학교의 수와 위치, 교단 간 연합 방식, 교육의 지향점까지 걸쳐 있었다. 특히 '기독교 문명론'에 기반한 대형 고등교육기관 설립과 자립·자치형 토착 교회론 사이의 선교·교육 정책적 선택은 중요한 쟁점이었다.
 연희전문 설립의 중심에는 언더우드가 있었다. 그는 두 가지 과제를 안고 있었다. 하나는 기독교 학교의 설립 목적, 즉 교육 선교의 방향에 대한 선교사 내부의 의견 충돌이었고, 다른 하나는 일제의 종교교육 금지라는 식민지 교육정책이었다. 연희전문은 이러한 논의를 거쳐 장로교와 감리교가 연합하여, 기독교 정신을 바탕으로 조선 민족의 지도자를 양성하는 교육기관으로 설립되었다. 연희전문은 학교 운영의 원칙을 '기독교주의(Christian principles)'에 두고, 이를 정관에 명시하였다. 이 '기독교주의'는 특정 교리를 강제하기보다, 교육의 기초가 되는 가치와 정신을 의미하는 포괄적인 개념이었다. 연희전문을 설립한 기독교 연합재단은 "본 법인은 기독교주의에 의하여 연희전문학교를 설립 유지함을 목적으로 한다"라고 규정하여, 그 정체성을 분명히 했다.

1917년 3월, 연희전문은 마침내 정규학교 설립 인가를 받았다. 이는 일제의 종교교육 금지 정책에 맞서 학교의 정체성을 어떻게 유지할 것인가에 대한 언더우드의 고뇌와 노력이 맺은 결실이었다. 연희전문은 기존 경신학교 대학부의 허가를 활용하고, 「개정 사립학교규칙」의 기설 조항 예외를 근거로 성경교육을 필수로 지정할 수 있었다. 그러나 「개정 사립학교 규칙」에 의하면, 기설학교의 종교교육은 계속되기 어려웠기 때문에 종교교육을 시행할 수 있는 정식학교 인가를 받기 위해 노력했다. 연희전문은 신학과를 설치하고 성서 과목을 선택과목으로 개설하여 학생들의 자율적인 수강에 맡기는 방법을 선택했다.

연희전문 설립을 반대한 일부 선교사들은 총독부를 방문해 미국 선교본부의 입장을 내세우며 학교 인가를 저지하려 했다. 그러나 언더우드는 직접 일본을 방문하여 고위 관료들과 교육자,

기독교 지도자들을 만나 설득을 이어갔고, 감리교 선교사들의 지지를 받아 마침내 설립인가를 받아냈다. 선생이 연희전문에 입학한 것은 바로 이러한 학교의 이념과 학풍, 현실 속에서 기독교 정신을 지켜내고자 했던 그들의 실천적 태도에 깊이 공감했기 때문이다. 연희전문은 선생에게 단순한 학문의 장이 아니라, 그의 삶을 이끌어갈 신앙과 실천의 길을 함께 제시해 준 학교였다.

연희전문의 학풍을 이해하기 위해서는, 무엇보다 이 학교가 표방한 '기독교주의'가 무엇이었는지를 살펴보는 것이 중요하다. 연희전문을 경영한 선교사들은 대학을 설립하기 위해 노력하였으나 뜻을 이루지 못하고 대학 과정에 준하는 교육을 실시하였으며, 1930년대에 들어서 '기독교주의에 근거한 동서고근(東西古近) 사상의 화충'을 지향하는 교육방침을 다음과 같이 천명하였다.

> 본교는 기독교주의를 바탕으로, 동·서양의 고전과 근대 사상을 조화롭게 융합하여 문학, 신학, 상업학, 수학, 물리학, 화학 등의 전문 교육을 실시하고 있다. 이러한 교육을 통해 종교적 정신을 드높이고 인격을 수양하는 것을 목표로 하며, 인격의 도야를 바탕으로 진지하고 성실한 학문적 성취를 이루게 한다. 또한 학문의 이론적 깊이를 갖추는 동시에, 실제 사회에서 활용할 수 있는 실용적 능력까지 겸비한 인재를 길러내는 것을 교육방침으로 삼고 있다.(『연희전문학교 상황보고서』 1932년, 「본교 교육방침」, 2쪽)

연희전문이 내세운 '기독교주의'는 학교 설립에 참여한 선교사들이 공유한 그 시대의 기독교적 가치관에 기반한 것이었다. 설립 과정에서 여러 교단 출신의 선교사들이 함께 참여했기 때문에, 그들 사이에서도 '기독교주의'의 해석과 적용에 차이와 이견이 존재할 수밖에 없었다. 연희전문이 내세운 '기독교주의'는 엄밀한 학문적 개념이라기보다는, 학교 운영의 방향성과 관련된 실천적 원리에 가까운 것이었다. 1930년대 식민지 조선에서 연희전문은 미국 선교부가 경영하는 기독교 학교이지만, 기독교 선교를 주된 목적으로 하는 학교로 인식되지는 않았다.

> 연희전문학교는 3·1운동 이후 널리 알려지기 시작한 학교이다. 조선인을 중심으로 한 교화기관으로, 미국 선교부가 운영하고 있었으며, 조선 교육계에서는 사립학교 가운데 최고 수준의 고등교육 기관으로 평가받았다. 설립된 지 오래되지 않아 조선 사회에 기여한 바가 많지는 않았지만, 창립 당시부터 표방한 설립 동기와 정신은 오직 조선 민중의 문화적 향상과 정신적 수양을 목표로 하고 있었다. 그렇기에 현재는 물론, 앞으로도 기대할 부분이 적지 않다. (『삼천리』 1930년 11월, 「신진학자 총평(1), 연희전문학교 교수층」, 42쪽)

연희전문에 입학한 학생들은 식민지 조선의 현실 속에서 '기독교주의'를 기반으로 한 교육을 받으며 지식과 인격을 함께 길러 나갔다. 이때의 '기독교주의'는 고정된 교리나 형식이 아니라, 시대와 현실에 따라 해석되고 실천되어야 할 살아 있는 가치였다. '기독교주의'는 선교사들의 교육 이상에서 비롯되었지만, 학생들의 삶의 방향이나 문제의식과 온전히 일치하지는 않았다. 기독교 신앙을 공유한다고 해도, 그것이 구체적인 삶 속에서 어떤 방식으로 나타나는지는 서로 달랐다. 따라서 이를 어떻게 이해하고 실천할 것인지에 대해서는 학교 당국과 학생들 사이에 의견 차이가 있었다. 그럼에도 많은 학생들에게 '기독교주의'는 삶의 방향을 정해주는 중요한 가치였고, 단순한 교리를 넘어 실천의 기준으로 받아들여졌다.

결국 연희전문의 '기독교주의'는 단순한 종교교육이 아니었다. 그것은 일제 치하에서의 억압된 현실을 비판하고, 더 나은 사회를 만들어 가고자 했던 청년들의 태도이자 실천이었다. 이들은 기독교 신앙을 내면의 믿음에 머무르게 하지 않고, 행동으로 연결되는 공적 가치로 인식했다. 교회가 식민 권력과 타협하거나 민족 현실에 소극적으로 대응하는 모습을 비판했고, 참된 기독교 정신을 민족문제 해결의 대안으로 제시했다. 당시 거의 대부분의 교회가 사회주의를 무조건 배척했던 것과 달리, 이들은 민족운동의 수단으로 사회주의의 가치도 유연하게 수용하려 했다.

학생들은 기독교 '신앙'과 기독교 '가치'를 분명히 구분했다. '신앙'이 개인의 내면적 믿음이라면, '가치'는 그 믿음이 사회 속에서 어떤 방식으로 실현되는가를 묻는 기준이었다.

> 연전의 학생운동은 '민족의 독립과 민중의 해방'이라는 목표달성을 위해, 학교의 교육방침이었던 기독교주의와 당시 민족해방의 수단으로 널리 받아들여진 사회주의의 영향을 받으며 이루어졌다. 학생들은 먼저 기독교주의를 민족운동의 목적달성을 위한 효과적인 수단으로 판단하고 이에 근거한 민족운동의 실천에 나섰으나, 조선의 기독교가 시대와 민족의 요구에 부응하지 못하고 있다고 인식하면서 사회주의에 적극적으로 관심을 가지기 시작했다.

> 학교 당국은 학문의 자유를 존중하는 입장에서 학문으로서 사회주의 연구를 허용했으나, 학생들은 민족운동의 실천에 사회주의가 유용한 수단이 될 수 있다면 이를 받아들여야 한다고 생각했다. 학생들에게 더욱 중요한 것은 기독교 전도나 기독교 국가를 만드는 것이 아니라 민족의 독립과 해방이었기 때문이다.
>
> 연전 학생회가 주도했던 1926년 6.10만세운동 등 연전 학생들의 민족운동은 기존에 알려진 기독교사회주의와는 또 다른 성격의 것으로, 일제 강점기에 기독교와 사회주의가 민족의 독립과 해방이라는 시대적 과제를 달성하기 위해 공존·협력하였던 사례로서 중요한 의미가 있다. (홍성표, 「기독교 학교 학생들의 민족운동과 사회주의」, 『한국독립운동사연구』 68, 2019년, 216~217쪽)

우리의 근현대사에서는 일반적으로 기독교 '신앙'과 사회주의 '이념'이 서로 대립하는 것으로 인식한다. 하지만 그 대립은 신앙이 이념화되었거나, 이념이 신앙처럼 절대화되었을 때 생겨나는 문제다. 연희전문학교의 학생들에게 사회주의는 기독교 신앙과 본질적으로 충돌하는 사상이 아니었다. 그들에게 사회주의는 조선 민족의 독립과 해방을 위한 하나의 실천적 수단이었다.

이러한 연희전문의 분위기는 선생에게도 깊은 영향을 주었다. 그에게 신앙은 어떤 이념이나 체제를 대변하는 것이 아니라, 인간을 향한 사랑과 정의의 실천이었다. 자본주의든 사회주의든, 그는 그것들을 인간을 위한 수단으로 여겼다. 신앙의 목적은 인간이며, 인간을 위한 것이 아닌 어떤 이념이나 체제도 절대화될 수 없다고 믿었다.

해방 후 격동의 시기, 강성갑 선생은 "왜 교장 선생은 좌익 활동 경력이 있는 사람을 교사로 채용하느냐"는 사람들의 질문에, "나에게는 빨갱이고 노랭이고가 없다. 마음을 고치고 예수를 믿어 인격이 변화되어 나와 손잡고 일할 수 있다면, 누구든지 나의 동지다"라고 대답하였다. 그는 좌와 우, 이념의 구분 자체에 집착하지 않았다. 대신 그는 "좌도 우도 있을 수 없다. 민족중흥의 길은 일치단결하여 함께 배우고 함께 일하는 데 있다"고 말했다. 이 말들은 그가 신앙을 어떻게 이해했는지를 잘 보여준다. 선생에게 신앙은 현실을 외면하거나 분열을 조장하는 교리가 아니라, 사람을 중심에 두고 공동체를 향해 나아가는 실천의 길이었다.

─ 신사참배를 강요받던 시대, 원한경 교장의 고뇌어린 결단

선생의 연희전문 입학을 전후한 시기, 신사참배 문제가 다시 수면 위로 떠올랐다. 일제의 신사참배 강요에 대한 선교사들의 대응은 연희전문 설립 과정에서 이미 겪은 논쟁이 다시 재현되는 양상이었다. 1930년대 중·후반, 연희전문을 비롯한 기독교계 학교들은 신사참배 강요로 인해 극심한 혼란 속에 놓이게 되었다. 신사(神社)는 일본의 전통 종교인 신도(神道)에서 신(神)을 모시는 제사 공간이다. 일본에서는 각 지역마다 신사를 세워 천황이나 자연신(태양, 바람, 산, 강 등)을 신격화하고 제사를 지내는 문화가 오랫동안 이어져 왔다.

일제 강점기, 일본은 식민 통치를 강화하고 조선인을 동화시키기 위한 정책의 하나로 신사참배를 강요했다. 이는 단순한 종교적 행위가 아니라, 천황과 일본 신들을 숭배하게 함으로써 조선인의 민족 정체성을 약화시키고, 황국신민으로 만들기 위한 이데올로기적 통제 수단이었다. 일제는 식민지배 초기부터 신사 설립을 장려하고, 관·공립학교 학생들부터 신사참배를 의무화하려 했다. 그러나 기독교계와 조선인들의 강한 반발로 인해 이러한 정책을 강제로 관철하기는 어려웠다. 특히 기독교계는 "하나님 외의 그 어떤 존재에게도 절할 수 없다"는 신앙의 이유로 신사참배를 강하게 거부했다.

1931년 만주사변 이후, 일제는 다시 한번 기독교 학교에 신사참배를 강요하는 등 갈등은 계속되었다. 일제의 신사참배 강요에 맞서 선교사들은 1936년 6월 선교사 연회를 개최하고, 신사참배 강요가 계속된다면 조선에서의 교육을 철수하는 것으로 결정하였다. 선교사들의 철수 결정에 따른 기독교 학교의 폐교로 피해를 입게 된 학생들과 교사들은 선교부의 폐교 방침에 반발하고 학교를 인계·유지하는 운동에 가담하였으며, 그 결과 신사참배의 찬성·반대 문제는 학교의 유지·존속의 문제로 바뀌었다. 대부분의 선교사들은 교회 지도자 양성을 위한 기독교 학교의 설립 목적을 이룰 수 없게 되었다는 종교적 이유를 들어 교육사업에서 철수하는 것을 선택하였다. 그러나 연희전문 교장 **원한경**은 조선 민족의

> **원한경**
>
> 원한경(元漢慶, Horace Horton Underwood, 1890~1951)은 H.G.언더우드(한국명은 원두우)의 아들로 1912년 9월 선교사로 내한하여 경신학교 영어교사로 근무하였고, 1919년 3·1운동 당시 제암리 학살사건 등 일제의 만행을 전 세계에 알렸다. 1934년 연희전문학교 제3대 교장으로 취임했으며, 태평양 전쟁 당시 일본에 의해 강제로 미국으로 추방되었다가 8·15 해방 후에 다시 한국으로 돌아와 미군정청 고문, 미소공동위원회 고문, 미군정청 문교장관 고문 등을 맡아 활동했다.

지도자를 양성하겠다는 학교의 설립 취지와 학생들의 교육열에 부응하고자 학교를 계속 유지하기 위해 노력하였다.

1937년 8월, 미국의 선교본부는 기독교 학교 폐쇄 여부를 최종 결정하기에 앞서 현장의 의견을 듣고자 원한경 교장을 초청하였다. 그는 출국에 앞서 "학교 사업은 계속함이 옳다"는 입장을 밝히며, "선교부는 전도사업에 집중하고 교육사업은 희망하는 적당한 인물에게 맡겨 운영을 지속할 수 있다"고 주장하였다. 1938년 1월, 원한경은 뉴욕에서 열린 북장로교 외국선교회 총회에 참석하여 "조선 내 북장로교 선교회는 타 교파와 협력해 양교(연희전문, 세브란스의전)를 계속 공동경영 하길 바란다"는 결의를 이끌어냈다.

하지만 같은 해 6월 평양에서 열린 북장로교 선교총회에서는 공동경영에서 철수하고, 1939년 3월까지 모든 교육사업에서 철수하기로 결정하였다. 이 결정 직후, 원한경은 "학교를 위하여 선

『동아일보』 1938년 6월 28일

교회에서 탈퇴하겠다"고 즉석에서 선언하며, 연희전문 유지를 위해 독자적인 길을 모색하겠다는 뜻을 분명히 밝혔다. 이후 그는 일제의 신사참배 강요에 형식적으로 순응하는 방침을 세웠지만, 채플 시간에는 신사참배가 본질적으로 강제된 우상숭배임을 암시하며 학생들이 스스로 판단하도록 유도하였다. 당시 평양 숭실중학교의 **맥큔** 교장은 "우리는 하나님의 뜻대로 살아가는 신도"임을 강조하며 신사참배를 단호히 거부했다. 반면, 원한경은 "우리 예수교도에게 가장 귀하고 중요한 것은 양심이며, 그 양심의 명령은 그 누구도 강제할 수 없다"고 주장하였다. 이는 신사참배를 둘러싼 두 선교사 간의 분명한 차이를 보여주는 대목이다.

> **맥큔**
> 맥큔(George Shannon McCune, 한국명 윤산온, 1873~1941)은 1905년 한국에 와 교육에 헌신한 선교사로, 105인 사건과 3·1운동에 참여 학생들을 지원하며 독립운동을 도왔고, 1936년 신사참배를 거부해 파면·추방되었다.

일제의 신사참배 강요는 일제의 식민통치 정책, 즉 황국신민화 정책의 일환으로 이루어진 일제의 강압 정책이었다. 그것은 신사참배 강요라는 하나의 정책이 아니라 일제가 전쟁을 수행하는 과정에서 이루어진 일제의 강압적인 식민 정책의 일환으로 **동방요배**, 창씨강요, 일본어 상용 강제, 징병제 실시 등과 함께 이루어졌다.

> **동방요배**
> 동방요배(東方遙拜)는 일제가 식민지 조선인에게 천황이 있는 일본을 향해 절하게 한 강제 의례로, 천황 숭배와 충성심을 강요하는 일제의 정신적 지배 수단이었다.

결국 일제의 신사참배 강요는 두 가지 측면에서 이루어진 것이다. 천황을 신성화한 종교적 측면(기독교에서는 이것을 우상숭배로 이해했다)을 통해 국민의례 측면, 즉 식민지 통치를 위한 황국신민화정책의 수단으로 사용한 것이라고 이해할 수 있다면, 이 두 가지 측면을 분명하게 구별할 수 있겠는가 하는 것이 신사참배를 둘러싼 중요한 논쟁이었다. 그러나 신사참배가 종교적인가? 국민의례에 불과한가? 하는 논쟁은 모두 일제의 식민통치를 전제로 하는 것이다.

당시 식민지 조선의 기독교인에게는 두 가지 과제가 놓여 있었다. 하나는 조선 민족으로서 '민족의 자유'를 지키는 일이고, 다른 하나는 신앙인으로서 '신앙의 자유'를 지키는 일이었다. 맥큔 교장을 비롯한 대부분의 장로교 선교사들에게 신사참배는 민족의 문제 이전에 기독교 신앙의 문제였다.

신사참배 강요에 대한 대응을 둘러싼 학생, 학부모, 지역사회, 선교사 간의 갈등은 곧 "민족의 자유와 신앙의 자유 중 무엇이 우선인가?"라는 질문으로 이어졌다. 이는 동시에 식민지 조선에서 기독교 신앙을 어떻게 실천할 것인가에 대한 신학적 논쟁이자, 학생들의 미래와 기독교 교육의 방향을 둘러싼 갈등이기도 했다. 이 시기, 신사참배를 거부하며 폐교의 길을 택한 선교사들의 선택은 높이 평가받았지만, 학교를 유지하기 위해 현실과 타협한 이들의 노력은 제대로 인정받지 못했다. 해방 이후의 교회 역사에서는 이 문제를 일제의 식민 통치에 맞선 민족 저항의 관점에서 주로 해석했기 때문이다. 그러나 이 갈등은 선교사 내부의 신학적 입장 차이와 교육에 대한 인식의 차이가 일제의 강요로 외부화된 결과였다는 점에서, 신학적 성격 또한 분명히 갖고 있었다.

선생은 연희전문 재학 시절, 이러한 선교사들의 교육 철수 논쟁을 직접 목격하였다. 그리고 '하나님의 뜻'이라는 모호한 명제보다 '기독교인의 양심'을 강조한 원한경 교장의 선택은, 그의 신앙 의식과 실천에 깊은 영향을 주었다. 조선이라는 삶의 현장에서 기독교인이란 무엇인가? 조선 사람인 기독교인으로 산다는 것은 무엇을 의미하는가? 이 질문은 그에게 실존적인 물음이었고, 그 삶의 방향을 결정짓는 신앙적 고민이기도 했다.

─ 일제의 탄압에도 멈출 수 없었던 배움의 열정

선생이 연희전문에 재학하던 시기, 학교는 일제의 지속적인 탄압에 직면해 있었다. 선생이 1학년이던 1937년 6월, 일제는 수양동우회 사건을 조작해 연희전문 교수들을 대거 체포했다. 이 사건으로 조병옥, 하경덕, 이묘묵, 한치관, 현제명, 갈홍기, 이윤재 등 당시 서울지회에서 활동하던 주요 교수들이 구속되었다. 이어 1938년 2월에는 경제연구회 사건이 발생하여 학생들과 교수들이 다시 탄압을 받았다. 경제연구회는 상과 학생들의 자치단체로, 학술 연구를 기반으로 하면서도 민족의식과 사회문제에 깊은 관심을 가졌던 조직이었다.

연희전문에는 종교적 성향의 기독학생청년회(YMCA)와는 별도로 모든 학생들이 참여하는 학생회가 조직되어, 1926년 6·10만세운동을 주도하는 등 일찍부터 민족운동의 전면에 나섰다. 학생회는 1932년 1월, "사상단체와의 연계, 공산주의 단체화 시도, 직원 배척, 수업료 거부, 동맹휴학" 등을 이유로 해산되었다. 이후 학생운동이 분산되고 위축되자, 경제연구회가 사실상 학생회 재건을 위한 중심 조직으로 떠올랐다. 학교 당국의 승인을 받지 못해 학생회는 다시 조직되지 못했지만, 경제연구회는 1935년경 회칙을 개정해 타 학과 학생들의 참여를 가능케 하면서 실질적인 학생자치단체로 기능하고자 했으며, 『경제연구』를 학생회 기관지로 만들고자 노력했다. 이러한 활동을 예의주시하던 일제 경찰은 1938년 2월, 경제연구회를 연희전문 학생회의 재건 시도로 보고 경제연구회 사건을 조작했다. 이 과정에서 학생과 교수들을 무더기로 체포했으며, 졸업생과 적색 교수로 지목된 이른바 '좌익 성향' 인사들까지 포함해 60여 명을 검거했다. 학교에 대한 대대적인 압수수색이 벌어졌고, 경제연구회는 결국 해산되었다.

　같은 해 5월에는 흥업구락부 사건이 발생했다. 일제는 경제연구회 사건을 조사하던 중, 연희전문 학감 유억겸의 자택에서 이승만의 동지회 관련 문서를 발견하고 관련 사건을 확대했다. 흥업구락부는 신흥우가 1925년 미국에 있는 이승만의 동지회와 연계해 조직한 단체로, 당시 연희전문의 유억겸, 최현배, 이춘호 등이 참여했으며, 기독교청년회(YMCA)와 함께 농촌문제 해결을 위해 노력했던 조직이었다. 그러나 실질적인 활동은 거의 중단된 상태였다. 그럼에도 일제는 기독교에 대한 견제, 해외 독립운동 조직과의 연계 등을 우려하여 대대적인 검거를 단행하였으며 유억겸을 구속하고, 최현배는 학교를 떠나야 했다.

　이러한 연희전문 민족운동의 중심에서 선생의 이름도 거론된다. 다수의 증언에 따르면, 그는 연희전문 재학 중 조선어학회 사건에 연루되어 정학 처분을 받았다고 전해진다. 하지만 조선어학회 사건은 1942년 10월 최현배 등의 검거로 본격화된 사건이며,

연희전문 재학중의 강성갑 선생

시기상 선생이 연루되었을 가능성은 없다. 그럼에도 불구하고 많은 이들이 그가 조선어학회 사건에 관련되어 있었다고 기억하는 것은, 아마도 선생과 최현배 사이의 각별한 관계 때문일 것이다. 선생의 학적부에는 정학 처분의 기록이 남아 있지 않지만, 연희전문 재학 당시의 사진 한 장이 최근 확인되었다. 증언에 의하면, 일제 경찰에 체포되었다가 풀려난 직후에 찍힌 사진으로 알려져 있다. 이 시기 실제로 연희전문 학생들이 직접 연루된 사건은 1938년 2월의 경제연구회 사건이며, 여러 정황과 증언에 비추어볼 때 강성갑 선생이 연루되었을 가능성이 가장 높은 사건으로 이해된다.

선생이 연희전문에 재학하던 시기, 학교의 교육과정은 지속적인 일제의 억압 아래 놓여 있었다. 선생이 2학년으로 진급하던 1938년 3월, 일제는 제3차 「조선교육령」을 공포해 식민지 교육정책을 전면 개정하였다. 이 교육령은 조선인을 '충량한 황국신민'으로 만들기 위한 것으로, 국체명징(國體明澄), 내선일체(內鮮一體), 인고단련(忍苦鍛鍊)이라는 세 가지 교육방침을 내세웠다. 그 결과 일본어와 일본사, 수신(修身) 과목이 크게 강화되었고, 조선어는 교과과정에서 사실상 배제되었다. 학교에서 자진하여 개설하지 않도록 하는 간접적 방식이었지만, 조선어 교육의 토대를 흔드는 조치였다. 연희전문 역시 예외는 아니었다. 민족적 분위기를 없애라는 압력을 받았고, 영어 수업마저 제한을 받았다.

일제의 전시 총동원 체제가 본격화되던 1940년에는 교육 내용에 더 큰 변화가 있었다. 연희전문은 학칙을 개정하여 제1조의 교육 목적을 "전문교육을 실시한다"에서 "국민도덕을 함양하여 충량한 황국신민을 양성하는 것을 목적으로 한다"로 바꾸었다. 교과과정도 이에 따라 개편되었다. 조선어 과목은 폐지되었고, 일본학(주당 1시간)과 중국어(주당 2시간)가 신설되었다. 이러한 억압적 상황 속에서도 선생은 성실하게 학업에 임했다. 수신, 성서, 조선어, 일본어, 영어, 한문, 역사, 중국어, 경제원론, 법학통론, 논리학, 문학개론, 사회학, 철학, 독일어, 체조, 음악, 자연과학 등 다양한 과목을 수강했다. 그의 성적은 평균 80점 이상으로 매우 우수했고, 장학금도 받았다. 금액은 크지 않았지만, 가정교사로 일하며 어렵게 학업을 이어가던 그에게는 큰 격려가 되었을 것이다.

연희전문은 음악교육에 특별한 관심을 두고 있었다. 설립 초기부터 음악과 신설을 계획했고, 문과 1학년 과목에 음악을 정규 교과로 편성할 정도였다. 선생도 1학년 때 두 학기 동안 음악 과목을 수강했다. 연희전문의 음악 활동은 1929년 **현제명**이 음악 강사로 부임하면서 본격화되었다. 현제명은 1932년

> **현제명**
>
> 현제명(玄濟明, 1902~1960)은 일제강점기와 광복 후 한국 근대음악 발전에 중요한 역할을 담당한 작곡가지휘자교육자이다. 민족의식 고취와 가곡 및 오페라 창작 등 다양한 영역에서 활약했으며, 일제강점기 말에는 조선음악협회 이사장 및 각종 친일 음악 단체 활동에 참여하며 전시가요 등을 작곡하였다.

부터 연희전문 사중창단을 이끌고 일본으로 가서 연희전문 교가, 응원가, 유랑민의 노래, 조선의 노래, 흑인의 망향가 등 다양한 곡을 녹음해 음반으로 발매했다.

선생의 애창곡은 'Carry me back to old Virginny'로 알려져 있다. 이 노래는 그가 부인 오중은의 오르간 반주에 맞춰 즐겨 불렀던 곡으로, 연희전문 사중창단이 1936년 3월 '흑인의 망향가'라는 제목으로 녹음해 발표하기도 했다. 이 곡은 시인 윤동주의

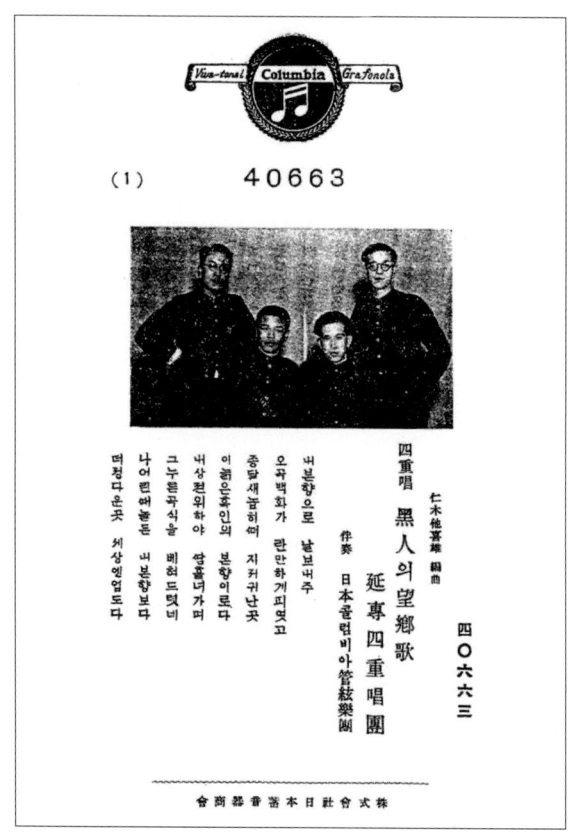

연희전문 사중창단이 취입한 음반 「흑인의 망향가」 가사지

애창곡으로도 널리 알려져 있다. 이 곡은 식민지 현실을 벗어나 자유롭고 참된 고향을 꿈꾸는 청년들의 마음을 대변하여, 청년들이 억압받는 현실을 넘어 자유와 인간다운 삶을 꿈꾸던 노래였다. 강성갑과 윤동주, 그리고 많은 연희전문 학생들이 이 노래를 즐겨 불렀던 이유도 여기에 있었다.

선생의 학창 생활에 대해서는 문과 동기생의 증언이 남아있다. 증언에 의하면 선생은 연희전문 재학중에 가정교사 생활을 하면서 어렵게 학교를 다녔으나, 겸허하고 점잖은 모범생으로 보통학생과는 다른 위엄까지 지니고 있었다고 한다.

> 이미 25세의 만학도였던 그는 입학 후에도 남다른 신념과 의지로서 교우(交友)들의 존경을 받았으며 독실한 크리스찬이었고 공부도 썩 잘했다고 한다. 특히 사리에 밝고 원칙에 어긋나는 일이 없어 한 번은 교우 중 한 친구가 결혼을 하게 되어 모든 학생들이 수업을 빠지고 결혼식에 참가했으나 그 혼자만이 수업에 남았다는 에피소드도 있다.
> 그와 연희전문학교 문과 동기생인 정희석 음대 학장은 "강성갑은 겸허하고 점잖은 모범생으로 보통학생과는 다른 위엄까지 지니고 있었다."고 술회하고 있다. (『연세춘추』 1977년 4월 4일, 「연세혈맥 - 강성갑과 한얼정신」)

두 스승, 한 제자 -
원한경·최현배가 길러낸 사람

강성갑 선생이 연희전문학교에 입학한 것은 단지 학업을 위한 선택이 아니었다. 그것은 식민지 조선의 현실 속에서 민족의 자주와 독립을 위한 길을 찾고자 한 결단이었다. 그는 장유금융조합 근무를 통해 일제의 '식민지 근대화'가 지닌 구조적 한계를 체감했고, 그에 대한 대안을 조선 민족의 자주적 근대화, 곧 기독교적 가치에 기초한 새로운 사회 건설에서 찾았다. 그 실천적 방향을 구체화하기 위해 그는 연희전문 문과에 입학한 것이다. 연희전문에서 선생은 두 명의 중요한 스승을 만났다. 당시 교장이었던 원한경, 그리고 문과 과장이었던 **최현배** 교수였다.

> **최현배**
> 최현배(崔鉉培, 1894~1970)는 울산 출생으로 1915년 일본 히로시마고등사범학교 문과에 입학하여 1919년 졸업하였다. 1922년 4월 일본 경도제국대학 문학부 철학과에 입학, 교육학을 전공하여 「페스탈로치의 교육학설」이라는 논문으로 1925년 졸업하였다. 1926년 4월 연희전문학교 교수로 취임하여 1938년 9월 흥업구락부 사건으로 파면당할 때까지 재직하였으며, 1941년 5월 연희전문학교에 도서관 직원으로 복직하였으나, 1941년 10월 조선어학회사건으로 4년간 옥고를 치렀다.

1934년 연희전문 제3대 교장으로 취임한 원한경은 학교 설립을 주도한 언더우드 선교사의 아들로 미국 뉴욕대학교에서 「Modern Education in Korea」라는 제목의 논문으로 박사학위를 받은 교육학자였다. 이 논문은 조선의 근대적 학교 교육 도입 과정을 선교사의 입장에서 체계적으로 분석한 것으로, 당시로서는 드물게 근대교육학 이론과 방법론을 적용한 시도였다. 원한경은 교장 취임사에서 "기독교 정신 아래에서, 물질적·정신적·사회적 문제를 해결할 수 있는 청년을 길러 조선 사회로 보내는 것"이 연희전문의 목표라고 밝혔다. 그는

원한경

선생을 조선의 문제를 해결하고자 노력하는 청년으로 보았고, 훗날 '연희가 배출한 가장 큰 인재'라며 높이 평가했다.

선생에게 원한경 교장은 단순한 학교장이 아니라, 깊은 영향을 준 신앙적·교육적 모범이었다. 특히 신사참배를 둘러싼 문제에서 원한경이 보인 태도는 선생에게 강한 인상을 남겼다. 원한경은 신앙인으로서 신사참배가 자신의 양심에 반하는 행위임을 분명히 인식하고 있었지만, 학교의 책임자로서 학생들과 조선의 미래를 지키기 위해 고통스러운 타협을 감내해야 하는 상황에 처해 있었다. 그의 이러한 고뇌 어린 태도는, 당시 학생이었던 선생에게 "교육자란 무엇을 더 중요하게 여겨야 하는가"에 대한 깊은 질문을 던졌다. 신앙과 현실, 원칙과 책임 사이에서 갈등했던 원한경의 모습은, 이후

원한경 교장과 함께(선생은 두 번째 줄 왼쪽 첫 번째)

『민주중보』 1949년 7월 15일

선생이 실천적 교육자의 길을 걷게 되는 데 있어 신중하고도 의미 있는 성찰의 계기가 되었다.

해방 이후, 선생이 진영에서 한얼중학교를 설립하고 교육 운동을 시작했다는 소식을 들은 원한경 교장은, 1949년 7월 직접 한얼중학교를 찾아 제자를 격려했다. 당시 한반도는 미국과 소련, 남과 북 사이의 냉전과 이념 갈등 속에 있었고, 원한경은 그 속에서 대립을 넘어 자주성과 자율성을 가진 민족 인재의 필요성을 절감하고 있었다. 강성갑은 바로 그런 방향성을 실천한 제자였다.

> 원한경 총장(Underwood Ⅱ세)께서는 국가의 발전을 위해서는 자율성이 강한 국민교육이 필수적이라고 강조하셨다. "이 자율성이 없으면 당신 나라 망합니다"라는 약간 서투른 우리말에 거부감을 느끼기도 했으나, 한국식 밥상에 김치와 숭늉을 즐겨 드신다는 말, 그리고 평발치고 밥상을 대한다는 말에는 호감이 가기도 했다.
>
> 미국 사람들은 '자율성'을 어떤 방법으로 교육하느냐고 강 목사님이 질문을 하셨고, 원 총장님은 한참 생각을 가다듬은 다음 예를 들어, 집의 청소·정돈 상태가 안좋을 때 손님이 찾아왔을 경우를 들어 아이들로 하여금 "내 집에 오신 손님이니까 내가 청소해야지요"라는 대답을 받아낸다는 방법으로 교육한다고 대답하셨다. (「심사수 진술서」 2012년 3월 29일)

1950년 8월, 강성갑 선생이 공산주의자로 몰려 억울하게 희생되었다는 소식은 원한경 교장에게 큰 충격으로 다가왔다. 그는 "연희가 길러낸 가장 소중한 인물을 잃었다"며 깊은 슬픔을 감추지 못했고, 선생의 억울한 누명을 벗기기 위해 직접 나서서 진실을 알리려는 노력도 마다하지 않았다. 강성갑과 원한경, 두 사람의 관계는 단순한 사제 간의 인연을 넘는다. 그들의 삶은 일제강점기와 해방 공간을 관통하며, 신앙과 교육, 시대에 대한 책임을 함께 나눈 신념의 연대였다. 각자의 자리에서 시대의 어둠과 맞서 싸웠던 두 사람의 시선은 '무엇이 참된 교육이며, 어떤 신앙이 시대를 살리는가'라는 질문을 오늘날에도 묵직하게 던지고 있다.

선생과 교육학자이자 뛰어난 한글학자인 최현배 선생의 관계 역시 매우 각별했다. 최현배는 선생이 연희전문에 입학한 해인 1937년부터 문과의 과장 대리를 맡아 문과를 이끌었고, 이듬해부터는 정식 문과 과장으로, 1938~1939년에는 문과 2학년 담임 교수로서 학생들과 다양한 활동을 함께 하였다. 그 시절, 선생은 최현배로부터 직접 한글과 교육에 대한 깊이 있는 교육을 받았고, 이는 훗날 그의 교육 철학과 실천에까지 중요한 밑거름이 되었다. 해방 이후, 최현배는 한얼중학교를 직접 방문해 제자를 격려했다.

최현배 교수

2장 실천의 '씨앗'을 품다 - '질문'하는 삶 | 115

> 최현배 선생께서는 사랑하고 아끼시는 제자가, 애국운동의 일환으로 농촌학교를 창설했다는 사실을 확인하시고 격려하시기 위해서 오셨다. 새로 구입한 부지에 흙벽돌집 1호 교실이 완성된 직후였다. 국가의 독립과 문자의 중요성을 강조하시고, 우리 한글도 장차 타이핑이 가능하도록,「풀어쓰기」를 하도록 연구 개발되어야 할 것이라고 강조하셨다. (…)
> 최현배 선생님과 원한경 박사의 한얼중학교 내방은 1949년 여름과 가을에 약 두 달간을 전후하여 있었으며, 강연 장소는 흙벽돌 교실 1호 건물이었다. (「심사수 진술서」 2012년 3월 29일)

선생이 1950년 8월 억울하게 세상을 떠난 후, 최현배는 그의 유가족을 외면하지 않고 선생의 아들을 한글학회에 취직시켜 주었다. 이처럼 두 사람의 관계는 단지 교단에서의 사제 간 인연을 넘어, 신념과 실천, 한글과 교육, 삶과 사람에 대한 깊은 연대의 기록으로 남아있다.

일본 교토제국대학 철학과에서 교육학을 전공한 최현배는 1926년 연희전문 문과에 합류하여 철학과 교육학, 윤리학 등을 가르쳤고, 1930년대 들어서 조선어 교육이 가능하게 되면서부터는 조선어를 가르쳤다. 그는 연희전문 교수들 중에서 참으로 인격적으로 감화를 주는 교수라는 높은 평가를 받고 있었다.

> 최현배 교수는 경남 울산 출신으로, 일본의 히로시마사범학교와 교토제국대학 철학과를 거쳐 연희전문학교(연전)에 부임했습니다. 그는 철학 전반과 조선어 과목을 담당했습니다. 그의 성품은 검소하고 성실하며, 말수가 적고 조용한 편이지만, 그 모습이 오히려 학생들에게 깊은 존경을 받는 이유가 되었습니다. 히로시마사범학교 재학 시절에는 친구들 사이에서 '조선의 간디'라는 별명으로 불릴 만큼 신념 있고 도덕적인 인물로 알려졌습니다.
>
> 그의 사상은 최근에 출간된 책 『조선민족갱생의 도』를 읽어보면 엿볼 수 있습니다. 표현은 조심스럽고 온건하며, 때로는 타협적인 면도 있지만, 내면의 힘은 매우 강한 인물입니다. 연희전문 문과 교수들 중에서, 학생들에게 인격적인 감화를 줄 수 있는 사람이 있다면, 최현배 교수를 가장 먼저 꼽을 수밖에 없습니다. 말수는 적지만 내면을 다지고 앞날을 준비하는 그의 모습만으로도, 연희전문에서의 그의 존재 가치는 단순한 숫자 이상의 의미를 지닌다고 할 수 있습니다. (『삼천리』 1930년 11월, 「신진학자 총평(1), 연희전문학교 교수층」, 43쪽)

최현배는 민족 개조와 사회 개량의 근본 대책은 교육에 있다고 믿었다. 그는 이 신념을 실천하기 위해 일본 교토제국대학에서 교육학을 전공하였고, 유학 시절 내내 페스탈로치의 인격과 사상, 그리고 교육적 실천에 깊은 감명을 받았다. 그는 장차 페스탈로치의 교육학을 조선 현실에 맞게 체계화하려는 목적 아래 1925년 교토제국대학 문학부 철학과 졸업 논문으로 「페스탈로치의 교육학설」을 제출하였다. 그리고 같은 해, 일본 유학을 마무리하며 집필한 글이 바로 『조선민족 갱생의 도』였다. 이 글은 1926

년 『동아일보』에 66회에 걸쳐 연재되었고, 1930년에는 단행본으로 출간되어 일제 치하 조선 민중의 지킬과 갱생을 위한 교육의 길을 제시하였다. 『조선민족 갱생의 도』에서 최현배는 일제의 식민지 체제 속에서도 민족이 스스로 살아날 수 있는 유일한 길은 교육에 있으며, 그 교육은 단순한 지식의 전달이 아니라 인격과 민족정신을 세우는 교육이어야 한다고 강하게 주장하였다.

> 교육은 참으로 인간 사회의 흥망과 생존을 좌우하는 핵심이며, 가장 중요한 비결입니다. 이 비결인 교육이 제대로 된 힘과 생명력을 충분히 발휘하는 곳에서는, 문화가 눈부시게 빛나고, 인간은 고귀하고 존엄한 삶을 누리게 됩니다. 오늘날처럼 쇠퇴하고 힘을 잃은 우리 민족, 배달겨레가 다시 살아나기 위해 무엇보다도 가장 중요하고 근본적인 역할을 하는 것이 바로 교육입니다. (최현배, 『조선민족 갱생의 도』, 정음사, 1971년, 181쪽)

원한경과 최현배는 특별히 페스탈로치를 우리나라에 소개한 뛰어난 교육학자들이었다. 1927년 원한경과 최현배의 페스탈로치 백년제(百年祭) 기념 강연 초록이 『현대평론』에 실려 있다. 「페스탈롯지의 일생」이라는 제목의 강연에서 원한경은 페스탈로치를 "그는 이름난 철학이나 충분한 고민 끝에 고안된 교육 이론에 따라 일한 사람이 아니었다. 다만 어린 아이들을 향한 한없는 사랑과, 자기 나라의 불쌍한 이들을 위하려는 굳은 결심으로 자신의 모든 정력과 능력을 다해 교육에 헌신한 인물"로, 실천의 사람으로 높게 평가하였다. 원한경의 뒤를 이어 최현배는 페스탈로치의 이론과 교육에 대한 철학을 「페스탈롯지 교육학」이라는 제목으로 강연하였다.

강성갑 선생은 바로 원한경과 최현배에게서 직접 교육을 받으며, 페스탈로치의 교육사상, 특히 노작교육의 철학과 실천을 깊이 이해하게 되었다. 일제 강점기 조선의 교육에 대한 연구와 실천의 흐름은, 첫째, 조선 내에서 활동하던 일본인 관료 및 연구자들, 둘째, 외국인 선교사, 셋째, 국내외에서 고등교육을 받았거나 사회운동에 참여한 조선인 등 크게 세 갈래로 나눌 수 있다. 이 가운데 선생은 외국인 선교사와 조선인 교육 실천가라는 두 부류를 대표하는 인물들, 즉 원한경과 최현배로부터 깊은 영향을 받은 바 있으며, 그 가르침을 바탕으로 해방 이후 진영에서의 교육 실천을 창조적으로 계승하고 구체화한 인물이라 할 수 있다.

─ '조선'의 기독교인으로 산다는 것
─ 윤동주·송몽규와의 만남

연희전문 재학 중 선생의 기독교 신앙과 관련한 활동은 사진 자료를 통해 일부 확인할 수 있다. 특히 '연전 YMCA 신입회원 환영회' 사진은 그가 연희전문 기독학생청년회(YMCA)에 참여하였음을 보여주는 귀중한 자료이다.

기독학생청년회는 1914년 12월경 일부 학생들에 의해 조직된 학생 전도대를 모체로 하여, 1915년 10월에 창립되었다. 이들은 당대 조선이 직면한 시대적 난제를 극복하기 위해서는 먼저 적당한 도덕과 사상의 확립이 필요하다고 보았으며, 그것의 근본은

연희전문 YMCA 신입회원 환영회(1939년 4월 24일, 선생은 오른쪽 끝에서 두 번째)

기독의 정신과 주의와 도덕과 이상에 있다고 전제하였다. 그들이 보기에 당시의 조선 기독교는 기독의 정신대로의 기독교가 아니었다. 오히려 식민정책이나 상업 수단, 외교 수단으로 기독교가 악용되고 있으며, 사악과 암흑의 수단으로 전락하고 있다고 판단하였다. 이에 기독학생청년회는 왜곡된 기독교를 정의와 광명의 원형으로 회복하고, '전 사회의 기독 정신화'와 '개인의 인격 향상'을 위해 창립된 것이었다.

이들은 기관지 『시온』을 발간하며 자신의 신앙과 사회 인식을 널리 알리고자 하였다. 『시온』 창간호에 실린 「조선 신기독청년의 사명」이라는 글에서는, 과거 조선 기독교 사상이 중세적 경향을 답습하여 현실을 속세로 여기고 회피적 태도를 취해 온 점을 비판하면서, "현실의 의무를 저버린 결과, 현실을 망각하였다"고 지적하였다. 나아가 "내세의 천국보다도 지상에 천국을 건설하기 위하여 우리의 생명을 희생하며, 내세의 천국까지도 버리자"고 주장함으로써, 이들은 참된 기독정신의 회복과 현실 참여를 강조하였다. 기독학생청년회의 이러한 활동은 일제로부터 탄압을 받았다. 1935년 1월 발간 예정이었던 『시온』 제3호는 '치안방해'를 이유로 일제 당국에 의해 발매 금지 처분을 받기도 했다.

연희전문은 다른 기독교 학교와는 달리 학생들의 자발적 판단에 따라 기독학생청년회 가입 여부를 결정하도록 하였다. 1930년 당시 재학생의 약 45%가 기독학생청년회에 가입하여 활동하였으며, 선생 역시 그 설립 취지와 활동에 깊이 공감하여 자발적으로 참여하였다. 선생이 재학 중이던 1937년 여름방학에는 전도대가 세 개 반으로 나뉘어 전국 각지에서 전도 및 사회봉사 활동을 전개하였고, 1938년 여름에는 기독학생청년회 대표들과 장석영 교목이 서해안의 기린섬을 방문하여 그곳에 최초의 교회를 설립하고, 2주간 전도와 사회사업을 실시하였다. 1940년에도 회원수가 증가하고, 방학을 이용한 전도 활동이 전국적으로 이루어지는 등 다양한 실천적 활동이 계속되었다. 비록 1930년대 후반, 전시체제 하의 일제 강압으로 인해 기독학생청년회의 활동이 점차 위축되었을 가능성이 높지만, 그 정신과 실천의 전통은 여전히 학교 안에 살아 있었을 것이다. 선생 역시 그러한 신앙 공동체의 경험을 통해, 이후 자신의 실천적 신앙의 방향을 더욱 뚜렷이 형성해 나간 것으로 보인다.

선생과 민족시인 윤동주와 그의 사촌 송몽규와의 특별한 인연은 지금까지 널리 알려지지 않았으나, 실로 주목할 만한 관계였다. 강성갑 선생은 이들과 연희전문 재학 시절 교우 관계를 맺었으며, 협성교회를 다니며 함께 신앙생활을 하였다. 윤동주와 송몽규는 1938년 4월 연희전문 문과에 입학하였고, 선생은 이들의 문과 1년 선배였다. 학년 뿐만 아니라 실제 나이 차이도 있었기에, 신앙과 삶의 면에서 선생은 이들에게 자연스레 영향을 미칠 수밖에 없었다.

세 사람은 연희전문 시절, 협성교회를 중심으로 교류하였다. 협성교회는 1935년 7월, 연희전문과 이화여전 양교의 학생 및 교직원들이 연합하여 설립한 대학교회로, 같은 해 9월 이화여전 에머슨홀에서 첫 예배를 드림으로써 시작되었다. 협성교회는 우리나라 최초의 대학교회로 평가되며, 연희전문과 이화여전 학생들 사이에 신앙 공동체의 역할을 수행하였다. 선생과 윤동주는 연희전문을 졸업할 때까지 약 3년 동안 협성교회에서 함께 예배하고 영어 성서공부를 하였으며, 송몽규와도 적어도 1년 이상 신앙생활을 함께했다. 이 교류는 그들의 졸업 이후에도 이어졌으며, 일본 교토 유학 시절에도 서로의 삶에 영향을 주고받았다. 특히 선생의 주체적인 기독교 신앙은, 연희전문 재학 시절 신앙과 삶의 의미를 깊이 고민하던 윤동주에게 조용하지만 깊은 영향을 미쳤다. 윤동주가 도쿄 릿쿄대학을 중도에 그만두고 교토의 도시샤대학으로 옮긴 배경에는, 선배 강성갑의 존재와 영향력이 적지 않게 작용했던 것으로 여겨진다. 결국 선생은 윤동주의 신앙과 사상, 삶의 태도에 있어 단순한 선배 이상의 의미를 지닌 인물이었다.

협성교회 영어 성서반(1938년 11월 27일, 선생은 오른쪽 첫 번째, 그 옆이 윤동주, 송몽규는 왼쪽 네 번째)

협성교회 영어 성서반(1940년 경, 선생은 첫 번째줄 오른쪽에서 세 번째, 윤동주는 마지막줄 오른쪽 첫 번째)

오늘날 윤동주의 내면을 더 깊이 이해하고자 한다면, 그의 곁에서 조용히 빛과 소금의 역할을 감당했던 인물들, 특히 그중에서도 강성갑이라는 이름을 결코 놓쳐서는 안될 것이다.

신학과 함께 실천의 뿌리를 내리다

도시샤대학에서의 질문 - 참된 믿음을 향하여 (1941. 4~1943. 9)

1941년 3월 10일, 선생은 연희전문학교 문과를 졸업했다. 그는 곧바로 일본 도시샤(同志社)대학 문학부 신학과에 입학시험을 치르고 합격하였다. 입학시험 과목은 영어, 독일어(또는 불어), 일본어, 한문, 그리고 인물고사(면접) 등이었고, 입학을 위해 제출해야 할 서류는 입학원서, 이력서, 성적표, 호적초본, 신체검사서, 교회 추천서, 그리고 학교장의 추천서 등이 포함되었다. 시험을 거쳐 선생은 1941년 4월 10일 도시샤대학 신학과에 입학하였으며, 1943년 9월 21일 졸업하였다.

도시샤대학 클라크 기념관(선생 재학중의 신학관)

선생이 일본으로 유학을 떠난 이유는 알 수 없다. 그렇지만 연희전문 졸업 직후 곧바로 도시샤대학 신학과에 진학한 것을 보면, 일본 유학을 미리 계획하고 준비해 온 것으로 보인다. 당시 조선에는 조선신학교가 있었지만, 그는 보다 체계적이고 깊이 있는 신학 교육을 받기위해 도시샤대학을 택했던 것이다. 도시샤는 1912년에 「전문학교령」에 의해 도시샤대학이 되었고 신학부가 설치되었다. 1920년에는 일본의 「대학령」에 의해 도시샤대학 인가를 받았으며 문학부 신학과가 되었다. 이때부터 도시샤대학 신학과는 1948년 일본의 신제대학(新制大學)으로 인가를 받을 때까지 대학 수준의 신학 교육, 연구기관으로서는 일본에서 유일한 학교였다.

도시샤대학 신학과는 당시 일본에서 가장 높은 수준의 신학교육기관이었다. 구약문학, 구약신학, 신약문학, 신약신학, 조직신학, 교리사 등 다양한 필수과목과 함께 그리스어, 라틴어, 히브리어 같은 고전어를 선택과목으로 배우는 엄격한 교육과정이었다. 도시샤대학 신학과의 특징은 '경건한 생활과 학문적 자유의 병행'이었다. 학생들에게 금욕적이고 엄격한 생활을 요구했지만, 학문에 있어서는 이성과 질문이 활짝 열려 있었다. 감정적 신앙에 머무르지 않고, 이성에 근거한 영성을 중시하는 도시샤의 교육방식은 선생에게 큰 영향을 주었다. 신학은 그에게 단지 교리를 연구하는 학문이 아니라, 삶으로 하나님을 고백하는 실천의 기반이었다.

유학생활은 결코 평탄하지 않았다. 선생과 같이 신학과에 입학한 학생은 모두 16명이었으며, 그 중 조선인 유학생은 5명이었

도시샤대학 신학과 재학중의 강성갑 선생(마지막줄 왼쪽에서 세 번째)

다. 조선인 유학생 중에 선생을 포함해 단 2명만이 끝까지 학업을 마쳤다. 그는 학비와 생활비를 마련하기 위해 행상과 중노동을 병행했으며, 때때로 형의 도움을 받기도 했다고 전해진다. 가난하고 외로운 유학생활 속에서도 선생은 끝내 포기하지 않고 학업을 완수하였다. 이는 단순한 성취를 넘어, 그가 지녔던 분명한 목적의식과 실천 의지를 잘 보여주는 사례라고 할 수 있다.

  일본 교토에서 선생은 뜻깊은 인연들을 다시 이어갔다. 그의 동생 강무갑, 연희전문 시절 가까운 후배였던 송몽규와 윤동주도 교토에 있었다. 강무갑은 교토제국대학 공학부 채광학과에, 송몽규는 같은 대학 문학부 사학과에, 윤동주는 릿쿄대학을 거쳐 1942년 10월 도시샤대학 문학부 문화학과 영어영문학 전공으로 편입하였다. 특히 윤동주와는 같은 문학부 소속으로, 근로봉사 활동을 함께 하며 가까운 사이로 지냈다. 윤동주가 도쿄에서 교토로 유학지를 옮긴 데에는 선생의 존재 또한 영향을 미쳤을 가능성이 크다.

선생의 졸업논문은 『로마이어에 있어서의 바울신학의 근본문제』였다. 이는 독일의 신학자 에른스트 로메이어의 독일어 논문을 번역하고 요약한 것이다. 로메이어는 반유대주의와 나치즘에 맞서 싸웠으며, 제2차 세계대전이 끝난 후에는 공산주의 체제에 저항하다 체포되어 사망한 인물이다. 그의 독일어 실력은 이 논문 작업을 통해 입증되었다. 해방 후 부산대학교 교수로 임용될 당시, 많은 이들이 그를 독일어 교수로 기억했다. 비록 공식적인 전공은 아니었지만, 선생의 깊이 있는 언어능력과 성실한 학문 태도는 이후 그가 펼친 교육 활동의 든든한 기반이 되었다.

도시샤대학은 단지 지식을 전달하는 공간이 아니었다. 설립자인 니지마 죠(新島 襄)는 기독교 정신을 바탕으로 덕성과 품격, 양심을 갖춘 청년을 길러내고자 했다. 그는 도시샤가 기독교를 전파하기 위한 기관이 아니라, 기독교의 정신을 통해 인간을 깊이 있게 교육하려는 공간이라고 보았다. 이는 연희전문을 세운 언더우드의 철학과도 통하는 부분이 많았다. 선생은 이 도시샤대학에서 '뜻을 같이하는 사람들'이라는 의미의 '동지(同志)' 개념에 깊은 인상을 받았고, 훗날 그가 설립

도시샤대학 니지마 기념비(양심비)

한 학교의 이름을 '동지중학교'라고 지은 것도 이와 무관하지 않았다.

선생이 도시샤대학에서 배운 가장 중요한 가치는 실천하는 신앙이었다. 단지 학문적 지식을 쌓는 것이 아니라, 신앙을 자신의 삶으로 증명하고 행동으로 살아내는 것이 그의 목표였다. 도시샤대학에서의 교육은 그의 삶과 실천의 방향을 결정짓는 중요한 이정표가 되었고, 해방 이후 혼란의 시대 속에서도 참된 기독교인, 그리고 진정한 교육자로 살아갈 수 있는 정신적 기초가 되었다.

― 창씨명 거부 - 말 없는 저항의 신앙고백

일제가 강요했던 창씨개명은 1939년 11월 10일 공포된 개정「조선민사령」에 의해 법률로 강제되었으며, 해방된 이후인 1946년 10월 23일「조선성명복구령」에 의해 창씨와 개명을 모두 무효로 간주하고 직권으로 원래의 이름으로 되돌아가게 될 때까지 대략 7년여 동안 시행되었다. 창씨개명은 일제의 동화정책인 내선일체(內鮮一體), 황민화 정책의 일환으로 실시되었으며, 조선적인 가족제도, 특히 부계(父系)혈통에 기초한 종족집단의 힘을 약화하고, 일본적인 가족(いえ(家))제도를 도입하여 천황에 대한 충성심을 심고자 하는 것이었다.

일제의 창씨개명 강요는 호주(戶主)가 먼저 가(家)를 창립하고 그에 따라 일본식 성(이른바 氏)을 만드는 창씨(創氏)와, 창씨한 일본식 성과 본래의 이름이 어울리지 않을 경우에 이름도 고칠 수 있는 개명(改名)이라는 두 개념이 합쳐진 것이다. 개정「조선민사령」에 의하면, 호주는 기존의 성(姓)을 대신하는 씨(氏)를 정하여 1940년 2월 11일부터 6개월 내에 부윤(府尹) 또는 읍·면장에게 신고해야 했다. 신고 기간내에 호주의 신고가 없는 경우에는 호주의 성을 씨로 한다고 부칙에 따로 규정함으로써, 호주의 신고에 의한 이른바 설정창씨(設定創氏)와 호주의 신고 없이 법률에 의한 법정창씨(法定創氏)로 구분하였다. 씨를 설정하여 신고하는 자는 호주였으며, 호주 이외의 자는 신고인이 될 수 없었다. 일제가 부칙에 법정창씨 조항을 따로 규정했던 것은 조선인들의 저항과 반발로 창씨 신고율이 높지 않을 것으로 예상했기 때문이었다. 일제는 법정창씨를 통해 조선인의 신고가 없는 경우에도 법적으로 창씨정책을 마무리하겠다는 의도를 분명히 했으며, 동시에 조선인들의 의사와는 전혀 상관없이 창씨정책을 거부할 수 없도록 법률로써 강제했던 것이었다.

 1940년 2월 11일 창씨신고가 시작되었으나 접수가 저조하자 총독부는 조선인을 상대로 다양한 수단을 사용하여 강압적으로 창씨를 독촉하였다. 내선일체를 내건 창씨 정책에 조선인이 동의한다는 것을 보여주기 위해 지역 간의 경쟁을 부채질하였으며, 학교에서 아이들을 통하거나 각종 단체를 통해 신고를 독려하고 입학 또는 취직할 때 불이익을 주는 방법으로 창씨를 강요하였다. 그 결과 신고기간(1940년 2월 11일 부터 8월 10일까지)내에 씨를 신고한 것은 약 80%(조선인 호수에 대한 비율)였고, 이름을 바꾼 것은 약 10%(조선인 인구에 대한 비율) 정도였다.

선생의 제적등본에 의하면, 호주인 그의 형이 창씨 신고를 거부하다가 일제의 강요와 억압에 버티지 못하고 결국 신고 마감일을 앞둔 1940년 8월 5일 '봉산(鳳山)'으로 창씨하는 신고서를 제출하였다. 호주가 제출한 창씨 신고의 효력은 선생에게 당연히 발생하므로 그의 씨명은 '봉산성갑(鳳山成甲)'이 되었다. 그러나 선생의 연희전문 학적부에는 그의 호적과는 달리 '姜成甲'으로 기록되어 있으며, 졸업앨범에도 창씨명을 사용하지 않았다. 뿐만 아니라 도시샤대학의 학적부와 성적표, 그리고 졸업논문에도 창씨명이 아닌 '姜成甲'으로 기록되어 있다.

　도시샤대학의 입학 지원서류에 호적초본이 포함되어 있었으므로, 도시샤대학은 호적초본을 통해 그의 창씨명을 분명하게 확인할 수 있었다. 도시샤대학이 호적에 기재되어 있는 그의 창씨명을 사용하지 않고, '姜成甲'이라는 이름을 공식적인 서류에 사용한 이유는 분명하게 확인할 수 없다. 증언에 의하면 선생의 형이 일방적으로 창씨 신고를 행하였기에, 선생과 함께 일본에 동행하여 대학 당국에 그의 창씨명을 사용하지 않겠다고 강하게 항의했던 것으로 알려져 있다. 이 증언의 사실 여부를 분명하게 확인할 수는 없지만, 도시샤대학에서 선생의 창씨명을 사용하지 않은 것은 분명하다. 도시샤대학이 기독교 사립학교라는 점에서 창씨명 사용을 강하게 거부하는 그의 주장을 용인해준 것으로 이해된다. 일제의 창씨개명 강요와 관련하여 일반적으로 알려진 사실과는 달리 선생이 창씨명을 사용하지 않고 어떻게 일본으로 유학을 떠날 수 있었는지, 창씨에 대한 그의 생각과 유학을 떠난 구체적 과정은 확인할 수는 없지만, 창씨명 사용을 거부한 것은 분명하다. 이러한 사실은 그의 민족의식의 일단을 보여 주는 사례이며, 일제의 창씨개명 강요와 관련하여 매우 특이한 사례임은 분명하다.

선생의 도시샤대학에서의 유학생활과 관련하여 주목할 만한 또 한 가지 사실은, 그가 졸업 논문의 말미에 논문 작성일자를 일본의 연호인 소화(昭和)가 아닌, 서기(西紀)로 표기하였다는 점이다. 논문에는 '一九四三年 六月 二十三日'이라는 날짜가 명기되어 있다. 이는 당시 일제 식민지 체제 하에서 공문서나 학술 논문에 소화 연호를 사용하는 것이 일반화되어 있던 상황을 감안할 때, 매우 이례적인 결정이었다. 이러한 선택은 단순한 표기 방식의 차원을 넘어, 조선인의 역사의식과 자의식, 문화적 저항의 태도를 분명하게 드러내는 상징적 행위였다. 그는 일제의 문화적 강요에 침묵하지 않고, 자신의 신념에 따라 '서기'를 사용함으로써 자신의 정체성을 지키고자 하는 조용한 저항을 실천하였다.

이처럼 도시샤대학에서의 신학 공부는 그에게 단순히 학문적인 탐구만은 아니었다. 해방 이후 그의 삶의 궤적을 통해 알 수 있듯, 선생에게 있어 신학이란 단지 학문으로서의 체계가 아니라, 삶으로써 신의 뜻을 고백하고 실천하는 과정이었다. 다시 말해, 도시샤대학 신학부에서의 배움은 그에게 있어 기독교 신앙의 본질을 깨닫고, '참된 기독교인의 삶'이 무엇인가를 내면화하는 중요한 계기였던 것이다.

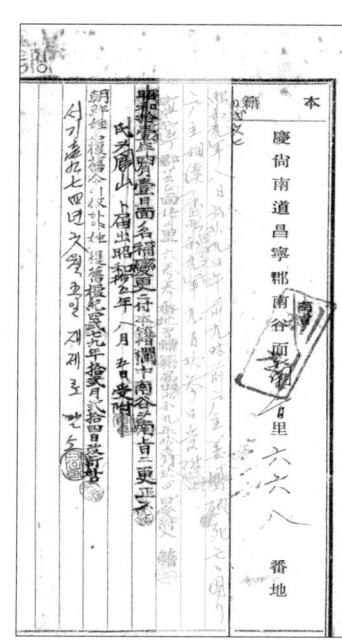

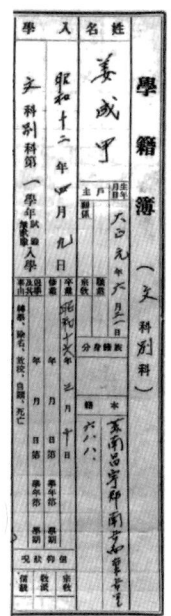

本籍 慶尙南道昌寧郡南旨面 … 里 六六八 番地

강성갑 선생의 제적등본 일부분

學籍簿（文科別科）

姓名 姜成甲

入學 昭和十二年四月九日 文科別科第一學年試驗入學

강성갑 선생의 연희전문 학적부 일부분

ロマイヤに於けるパウロ神學の根本問題

神學科第三課程 姜成甲

神学部 061001655

(同志社大學文學部神學科原稿用紙)

(130)

一九四三、六、二十三日 吉田に於て

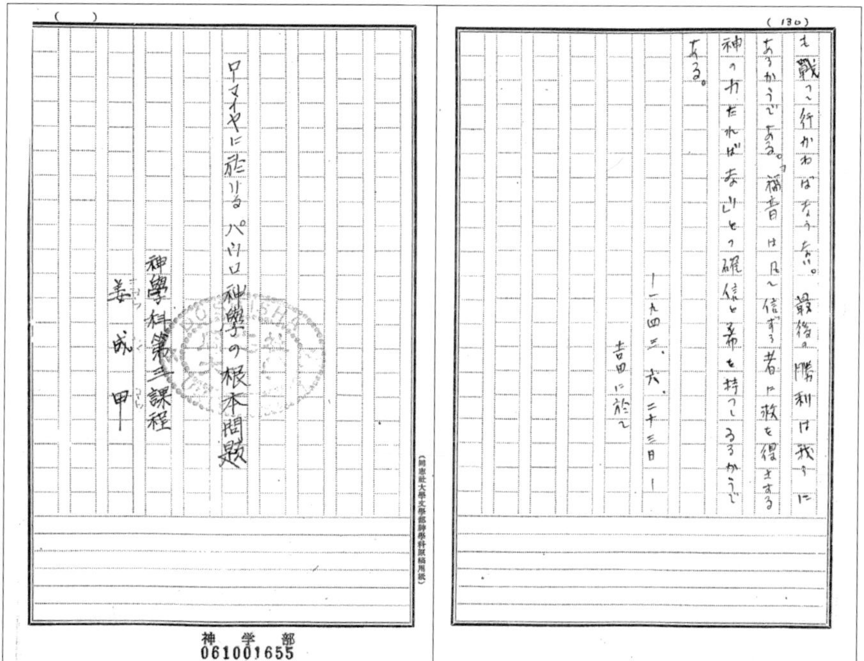

강성갑 선생의 도시샤대학 졸업논문 표지와 마지막 쪽

― 초량교회에서의 첫 목회 - 믿음으로 어둠을 건너다 (1943. 9~1945. 8)

　선생은 1943년 9월, 도시샤대학 문학부 신학과를 졸업한 뒤 귀국하여 목사 안수를 받고 부산 초량교회에서 목회를 시작했다. 일본에서 돌아온 뒤 1945년 8월 해방되기까지 약 2년 동안의 그의 활동에 대해서는, 목사 안수를 받고 초량교회에 부임했다는 기록과 일부 증언 이외에는 객관적인 자료가 거의 없다. 따라서 그가 어떤 생각으로 일제 식민지 말기를 보냈는지는 정확히 알 수 없지만, 당시의 상황을 통해 어느 정도 짐작할 수 있다.

　1941년 12월, 일본이 진주만을 기습 공격하면서 미국을 비롯한 연합국과의 전면전에 돌입하자, 일본은 장기전에 대비한 병력 보충을 위하여 조선인에 대한 징병제를 단행하였다. 이에 따라 1943년 3월, 징병제 관련 법률이 공포되었고, 같은 해 8월 시행되었다. 총독부는 징병제 시행준비위원회 규정을 마련하고, 국민총력연맹 조직을 동원하여 대대적인 징병제 홍보에 나섰다. 이와 동시에, 일제는 조선 내 기독교에 대한 통제와 탄압을 더욱 강화하였다. 신사참배 강요에 이어, 기독교 조직에 대한 직접적인 통제 조치로서 일본기독교 조선장로교단을 강제로 성립시켰다. 이는 조선 장로교회가 자발적으로 선택한 것이 아니라, 일제의 황민화 정책과 종교 통합 정책의 일환으로, 조선 기독교회의 독립성과 신앙적 정체성을 심각하게 훼손한 사건이었다.

　선생이 일본 유학을 마치고 조선으로 귀국하기 직전인 1943년 5월 무렵, 조선의 장로교회는 일본 기독교에 완전히 예속된 상태였으며, 기존의 경남노회는 경남교구로 개편되어 있었다. 그는 이러한 현실 속에서 경남교구 소속으로 목사안수를 받게 되었다. 이 시기의 교회 역사는 일제의 전시 통제 속에서 극도의 침묵과 왜곡을 강요당했기에, 오늘날까지도 관련 자료가 극히 제한적이며, 본격적인 연구 또한 매우 부족한 실정이다. 이는 단지 자료의 소실에 그친 것이 아니라, 일제의 강압에 편승하거나 침묵한 교회의 역사적 부끄러움을 드러내는 것을 꺼리는 분위기 또한 작용한 결과라 할 수 있다.

경남교구에서 목사 안수를 받은 선생은 부산 초량교회에서 목회를 시작하였다. 초량교회는 부산 지역에서 가장 오래된 교회 가운데 하나로, 일제 강점기와 한국전쟁 시기를 거치며 지역 기독교의 중심지 역할을 감당해 온 교회였다. 선생은 1943년경부터 해방이 될 때까지 약 2년여 동안 초량교회에 부임하여 사역하였으나, 당시 구체적으로 어떤 직무를 수행하였는지에 대해서는 분명하게 확인되지 않는다. 교회 역사에는 그가 부목사로 재직하였던 사실이 기록되어 있으나, 구체적인 역할과 활동에 관한 기록은 남아 있지 않다. 초량교회에서의 선생의 활동에 대한 객관적인 자료와 증언은 매우 희소하나, 다행히 선생이 부임하기 직전까지 초량교회에서 목회했던 **김광현**의 회고가 남아 있어, 당시 초량교회의 상황과 일부 정황을 짐작할 수 있게 한다.

> **김광현**
> 김광현(金光顯, 1913~2006)은 1941년 고베중앙신학교를 졸업하고 초량교회에 부목사로 부임하였으며, 1943년 1월 초량교회를 사임하고 경북 안동교회 목사로 부임했다. 안동교회 원로목사, 예수교장로회(통합) 총회장을 역임했다. 그는 『이 풍랑 인연하여서: 나의 목회 일생』이라는 자서전을 남겼다.

> 초량교회는 그 교회에 시무했던 주기철, 이약신, 한상동. 세 분 목사님과 여전도사님도 두 분이나 옥고를 치르고 있는 교회였다. 그리고 당회원과 제직원들 사이에 분쟁이 그치지 않던 교회였다. 노회에서 수습하려고 많은 노력을 했으나 별로 효험이 없었다. 마침내 제직을 총파면하기에 이르렀다. 그리고 생계가 넉넉한 김만일이라는 목사님을 노회가 권위로 파송하여 교회를 주관하게 하고 있었다. (…) 내가 초량으로 간 지 얼마 안 되어서 경북 김천에서 송창근 목사님이 찾아오셨다. (…) 송 목사님은 나를 보고, 어찌 이런 복잡한 교회로 왔느냐고 하시며, 잘못되면 목회 일생에 크나큰 상처를 입기 쉽다고 염려하셨다. (…)
>
> 일경 당국은 내가 초량으로 간 후에 한 번도 교인들을 데리고 참배하러 나오라고 한 일이 없었다. 참배는 원칙적으로 다 하는 것으로 낙착이 된 때문인 듯했다. 그리고 날로 확장되어 가는 전선의 뒷바라지에 급급하여 정신을 차리기 어려운 형편이었기 때문이기도 했다. 그러나 경찰서에서나 도 경찰국에서는 자주 찾아왔다. (김광현, 『이 풍랑 인연하여서: 나의 목회 일생』, 성서교재사, 1993년, 40쪽)

일제의 탄압은 갈수록 거세지고 식량을 비롯한 모든 것이 부족했던 어려운 시기였지만, 선생 개인에게는 오랜만에 가족이 모두 함께 모여 지낼 수 있었던 소중한 시간이기도 했다. 선생의 큰아들은 당시를 회상하며 이렇게 말한다.

> 아버지가 초량교회 목사로 계셨던 어느 봄날이 생각난다. 교회 뒷마당에서는 작은 개구리들이 젖은 이끼 위에서 팔짝팔짝 뛰어다녔다. 어머니는 교회 부속 유치원에서 아이들을 가르치셨고, 어머니가 연주하는 오르간 소리도 기억난다. (「강홍철 진술서」, 2012년 12월 11일)

일제의 침략전쟁이 극에 달하던 일제 강점기 말기, 식민지 조선 사회는 전체적으로 극심한 억압과 물자 부족에 시달렸다. 전시 동원 체제는 민간의 일상마저 무너뜨렸고, 민중은 절망 속에서 하루하루를 버텨야 했다. 선생의 가족 또한 오랜만에 한자리에 모여 잠시나마 따뜻한 시간을 보내기도 하였으나, 사회 전체를 덮은 전시 체제의 암운 속에서 그마저도 오래 지속될 수는 없었다. 당시 사람들에게 삶의 물음은 '어떻게 살아야 하는가'가 아니라, '어떻게든 살아남아야 한다'는 생존의 절박함으로 바뀌어 있었다. 이와 같은 시대의 고통은 선생에게 지울 수 없는 흔적으로 남았다.

일제 말기의 극심한 억압과 결핍을 온몸으로 견뎌낸 그는, 해방 이후 새로운 나라를 세우기 위해 어떤 인간이 필요한지에 대해 깊이 고민하였다. 그가 강조한 '희생할 줄 아는 사람', '공동체를 먼저 생각하는 사람', '교육을 통해 민족을 새롭게 할 사람'이라는 인간상은 바로 이 시기의 체험 속에서 생겨난 통찰이었다. 선생은 태어날 때부터 식민지 조선에서 살았으며, 일제 말기의 전시 체제가 몰고 온 피폐한 현실을 누구보다도 생생히 겪었다. 그리고 그 경험은 단지 고통의 기억으로 머무르지 않고, 해방 이후 실천적 삶의 밑바탕으로 이어졌다. 그는 다시는 이러한 비극이 되풀이되어서는 안된다는 역사의 교훈을 가슴 깊이 새기며, 평생을 교육 실천에 바쳤다.

3장

한 알의 '밀알'이 되다 - '실천'의 삶

밀알의 싹
- 해방된 나라,
  새로운 실천을 준비하다

─ 교회 안의 일제 잔재 청산
  - 좌절 속에 뿌려진 밀알

　선생은 초량교회에서 목회를 하던 중 1945년 8월 15일, 해방을 맞이했다. 해방 후 그는 일제에서 벗어난 새로운 나라를 세우기 위해 교회와 교육 현장에서 힘을 다했다. 교회는 단순한 신앙의 공간을 넘어, 일제의 흔적을 지우고 기독교의 가치를 새 사회 속에서 실천해야 할 곳이라 생각했다. 또한 앞으로 나라를 이끌어 갈 학생들이 자랑스러운 주인이 될 수 있도록 교육에도 깊이 관여했다. 이러한 노력은 선생이 일제 강점기의 고통을 직접 겪었기에 더욱 절실했다.

　그는 다시는 우리 사회가 식민지로 전락해서는 안된다는 강한 의지를 갖고 있었고, 그 출발점으로 교회 내부의 일제 잔재를 청산하는 데 앞장섰다. 비록 일제 말기 약 2년 동안만 목회했기에 특별한 책임이 있는 것은 아니었지만, 그는 교회의 지도자로서 자신도 반성과 회개가 필요하다고 여겼다. 일부 교회 지도자들이

"교회를 지키기 위해 어쩔 수 없이 일제에 협조했다"고 말할 때에도, 그는 그 주장에 동의하지 않았다. 그렇다고 해서 이들을 전면적으로 비난해야 한다고 생각하지도 않았다.

억압적인 시대 상황 속에서 어쩔 수 없는 타협이 있었겠지만, 침략전쟁 협조 등 명백한 잘못에 대해서는 교회가 분명히 책임지고 반성해야 한다는 것이 그의 생각이었다. 특히 교회가 신사참배에 굴복했던 신앙적 실패는 물론, 교회 헌금으로 전쟁을 지원했던 일에 대해서는 도덕적 반성이 꼭 필요하다고 보았다. 물론 당시 강압 속에서 적극적으로 저항하지 못한 현실을 이해할 수 있지만, 그렇다고 모든 것을 쉽게 용인해서도 안되고, 반대로 모든 것을 부정하는 태도 역시 옳지 않다고 생각했다. 그는 친일 목회자들을 모두 배제하는 것도, 아무 일도 없었던 것처럼 새출발만을 외치는 것도 문제라고 보았다.

해방 후, 경남 지역의 목사들은 일제에 의해 강제로 통합되었던 경남노회를 다시 세우기 위한 준비를 시작했다. 선생도 이 일에 함께하며, 1945년 9월 부산진교회에서 열린 경남 재건노회에서 서기(기록 담당)로 활동했다. 재건노회는 일제 강점기 교회가 저질렀던 잘못을 반성하며 자숙안을 발표했다. 그 내용은 교회 지도자들이 스스로 물러난 뒤, 일정 시간이 지나 교인들의 선택으로 다시 자리에 오를 수 있도록 하자는 것이었다. 그러나 당시 경남 지역에는 친일 경력이 있는 인사가 많아 자숙안이 제대로 실행되기 어려웠고, 결국 1945년 12월, 선생을 포함한 임원들은 모두 사임했다. 이후 선생은 경남노회나 교회 내 정치적인 일에 더 이상 관여하지 않았다. 자신이 주장했던 자숙안에 따라 초량교회 목사직도 스스로 내려놓았고, 해방 이후 계속된 친일 청산 문제나 교회 내부 갈등에도 참여하지 않았다.

그 와중에도 그는 교육 활동을 멈추지 않았다. 1945년 11월, 경상남도 교원양성소 교사로 임명되어 학생들에게 한글을 가르쳤다. 해방 직후, 일본 교사들이 떠나고 초등학생 수는 급증해 교사 부족이 심각했기 때문에, 임시 교원을 빠르게 양성할 필요가 있었다. 특히 한글 교육이 시급했다. 일제는 학교에서 한글 사용을 금지했기 때문에, 당시 국민 중 한글을 제대로 읽고 쓸 수 있는 사람은 22%에 불과했다. 선생은 연희전문 재학 시절 한글학자 최현배 선생에게 직접 배운 경험이 있었다. 그래서 그는 한글을 체계적으로 배운 몇 안되는 인물로서, 해방된 조국을 위한 책임감을 가지고 한글 교육에 힘썼다.

선생에게 교회와 학교는 따로 구분된 공간이 아니었다. 하지만 짧았던 경남 재건노회 활동을 통해, 선생은 해방 이후 교회의 현실에 큰 실망을 느꼈다. 일제에 협조했던 과거를 반성하고 새로운 길로 나아가야 할 교회가, 오히려 교회 권력을 둘러싼 다툼에 빠져 본래의 사명을 잃고 있었기 때문이다. 신학적인 입장은 다를 수 있으나, 해방된 나라에서 일제 잔재를 청산해야 한다는 점에서는 교회가 하나 되어야 한다고 그는 믿었지만, 현실은 달랐다. 존중과 배려가 부족하고, 과거를 잊은 듯 행동하는 교회 지도자들의 모습은 그에게 깊은 좌절감을 안겼다. 해방 이후 더 나은 나라를 만들기는커녕 다툼과 혼란만 커져가는 모습 속에서, 그는

경남교원양성소 교사 시절의 강성갑 선생(1945~46년 전후로 추정)

경남교원양성소 교사 시절의 강성갑 선생(1946년 3월 3일)

목사로서 더 이상 자신이 할 수 있는 일이 없다고 느꼈다. 결국 그는 목회 활동을 내려놓고 더 깊이 있는 공부를 위해 미국 유학을 준비하게 된다. 멀리 떨어진 곳에서 조국의 미래를 다시 성찰해 보겠다는 결심이었다.

─ 실천의 땅을 찾아 농촌으로
   - 진영으로 향한 발걸음

1946년 1월, 진영교회 담임목사가 사임하자 교인들은 새 목회자를 찾기 시작했다. 3월에 열린 회의에서 오랜 논의 끝에 강성갑 선생을 초빙하기로 결정했다. 당시 선생은 초량교회 목사직을 그만두고 미국 유학을 준비 중이었다. 하지만 과거 선생이 진영교회를 방문해 설교한 일을 기억하던 교인들은 김용규 장로를 교섭위원으로 보내 정식으로 청빙 의사를 전했다. 선생은 당시 설교 후, 교인들이 "공부할 아이는 많은데 학교가 없다"고 말한 것을 기억하고 있었다. 단순히 설교만을 한 것이 아니라, 교인들의 현실과 고통을 마음에 새긴 것이었다. 선생은 깊은 고민에 빠졌다. 미국 유학을 통해 공부를 이어가고 싶었지만, 해방

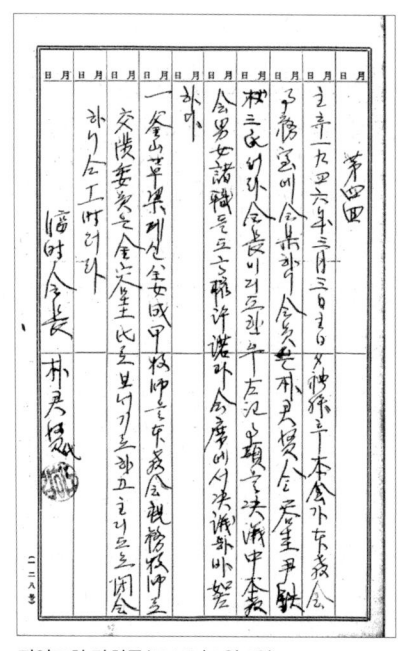

진영교회 당회록(1946년 3월 3일)

이후 새로운 나라를 함께 세우려는 움직임이 시작된 이 시기에 자신이 조국을 떠나는 것이 과연 옳은 일일까? 교회 지도자들의 권력 다툼에 실망해 목회를 그만두려 했던 선생에게, 이번 요청은 달랐다. 이번에는 교회 지도자들이 아니라 평범한 교인들이 그를 기억하고 직접 손을 내밀어, 함께 새로운 교회를 만들어가자고 요청한 것이었다.

교인들은 단지 교회의 빈자리를 채우기 위한 목사가 아니라, 선생의 생각과 삶의 태도에 공감하며 함께하고자 했다. 그가 연희전문 출신으로 일본 도시샤대학 유학 경험과 교원양성소 교사로 일한 이력도 알고 있었고, 그만큼 믿을 만한 인물이라 여긴 것이다. 선생도 교인들의 진심을 느꼈다. 결국 그는 유학을 포기하고 진영교회를 선택했다. 공부 자체가 목적이 아니라면, 공부를 통해 무엇을 도모하느냐가 더 중요했다. 해방된 이 시점에 미국 유학은 어쩌면 현실로부터의 도피일 수 있었다.

선생은 미국 유학보다 사람들과 함께 실천하는 신앙을 택했다. 그는 확신했다. "새로운 교회와 새로운 나라는 지도자 혼자 만드는 것이 아니라, 교인들과 국민이 함께 만들어야 한다." 다만 그는 교인들의 의지를 확인하고 싶었다. 그래서 청빙 수락 전, 한 가지 조건을 내걸었다. "진영교회에서 농촌운동을 해도 괜찮겠습니까?" 이 질문은 단순히 한 가지 활동을 허락받으려는 것이 아니었다. 당시 지식인들 사이에서는 농촌운동이 해방공간의 시대적 과제로 인식되고 있었다. 그러나 실제로 그것을 실천한 사람은 많지 않았고, 특히 기독교 안에서 이를 본격적으로 실천한 인물은 거의 없었다. 선생에게 농촌운동은 단순한 사회참여가 아니었다. 그것은 곧 건국 운동, 새로운 나라를 만드는 일의 핵심이었다. 당시 우리 국민의 90% 이상이 농민이었고, 농촌 문제를 해결하는 것이 곧 나라 전체를 바로 세우는 일이었다. 그래서 이 질문은 신앙 안에 머무르지 않고, 기독교적 가치를 바탕으로 국민 다수인 농민의 삶을 개선하는 데 교회가 함께 할 의지가 있는지를 묻는 것이었다.

선생은 사례비나 목사의 사택 같은 조건에는 관심이 없었다. 그가 궁금했던 것은, 교인들이 그의 목회 방향과 사회적 실천에 함께 할 준비가 되어 있는가 하는 것이었다. 그의 선택은 결코 평범한 결정이 아니었다. 당시 연희전문을 졸업하고 미국 선교사들과 교류가 있던 사람들에게는 미군정이나 새 정부의 요직으로 갈 수 있는 길이 열려 있었다. 당시 대학 졸업자는 조선 전체 인구의 0.05%에 불과했기 때문이다. 하지만 그는 그런 출세의 길 대신, 작은 농촌 마을인 진영을 선택했다. 일제 강점기 금융조합 직원으로 일하면서 농민 문제는 농민 스스로 해결해야 한다는 깨달음을 얻었고, 현장에서 교인들과 함께 실천하는 목회가 필요하다고 믿었다. 교인들도 그의 뜻에 동의하며 함께 하겠다고 했다. 선생이 교인들을 신뢰했듯, 교인들도 그의 의지에 공감하고 함께 행동했다. 이러한 신뢰는 이후의 실천을 통해 확인되었다. 단순한 목사 부임이 아닌, 교회와 교인들이 함께 새로운 시대를 열겠다는 결단이었다.

1946년 4월, 선생은 부산을 떠나 진영으로 향했다. 농촌운동을 하겠다는 뜻은 분명했지만, 처음부터 구체적인 계획이 있었던 것은 아니었다. 다만 금융조합에서의 경험, 연희전문과 도시샤대학에서의 교육, 해방 후 경남 재건노회 활동과 교원양성소에서의 활동을 바탕으로, 진영에서 교인들과 함께 할 수 있는 일을 찾아갈 준비가 되어 있었다. 그는 해방된 새로운 나라가 어떤 모습이어야 하는지를 분명히 인식하고 있었고, 농촌운동이 그 핵심이라는 것도 알고 있었다. 교인들은 비록 선생의 구체적인 계획은 알지 못했지만, 그의 진심을 믿고 적극적으로 함께 했다. 가족 역시 그의 선택을 존중했다. 아내 오중은과 형은 그의 결정을 지지했고, 형은 의령에서 진영으로 이사해 조용히 도우며 선생의 실천에 함께 했다.

선생의 실천은 교회 안에만 머무르지 않았다. 그는 해방 이후 모두가 행복한 나라를 만들기 위해서는 교회를 넘어 지역사회와 함께 해야 한다고 믿었다. 이러한 신념 아래, 그는 여러 차례 농민 집회에 참여하여 연설하였다. 1947~48년 무렵에는 진영 읍내의 도로를 가득 메운 농민들 앞에서 다음과 같이 호소하였다. "이제는 일제의 억압에서 벗어났으니, 우리 모두 함께 잘사는 나라, 서로 돕고 살아가는 행복한 나라를 만들어야 합니다." 그는 모두가 행복한 나라는 단지 가까운 이들의 고통에만 공감하는 것이 아니라, 개인적 인연이 없더라도 같은 민족, 같은 사람이라는 이유만으로도 서로의 아픔에 함께 해야 한다고 강조하였다.

그의 신앙과 철학은 언제나 '사람'을 중심에 두고 있었으며, 좌우 이념이 첨예하게 대립하던 당시의 시대 상황 속에서도 그는 분명히 말하였다. "이념은 인간을 위한 수단일 뿐이며, 인간을 해치는 어떠한 이념도 정당화될 수 없다." 선생에게 기독교 신앙은 결코 특정한 정치 이념을 지지하기 위한 수단이 아니었다. 그것은 오직 인간을 위한, 인간을 살리기 위한 길이어야 했다. 그의 교육운동과 농촌 실천은 종교적 활동을 넘어서, 해방된 조선을 진정한 공동체로 세우기 위한 구체적 실천이자 헌신이었다.

> 그에게는 좌파도, 우파도 중요하지 않았다. 그가 진심으로 품고 있었던 건 사랑하는 우리 민족뿐이었다. 확고한 신념을 가진 그는 두려움도, 망설임도 없이 자신이 믿는 바를 전했다. 사람들이 모인 곳이라면 어디서든, 그는 설득력 있는 말솜씨로 자신의 생각을 또렷하게 전달했다. 교회 설교 시간, 기관장 회의 자리, 좌우를 가리지 않는 대중 집회장 등 어떤 자리든 상관없이 그는 늘 같은 목소리를 냈다. 관혼상제의 낡은 풍습은 버려야 한다, 근면과 노동을 생활의 바탕으로 삼자, 정치 싸움에 휘말리지 말고 초월하자고 강조했다. 그는 이렇게 말했다.
> "좌도 없고 우도 없다. 민족을 다시 일으키는 길은 하나다. 함께 배우고 함께 일하는 것이다."
> "미국도 소련도 우리의 일을 대신 해줄 수 없다. 우리의 문제는 우리 손으로, 몇 세대가 걸리더라도 우리가 해결해야 한다."
> 그가 이렇게 말할 수 있었던 건, 어느 한쪽의 이념이 아니라 민족 전체의 미래를 생각했기 때문이었다. 하지만 그 시대는 좌우 이념 대립이 극심하던 때였기에, 우파의 눈에는 그가 좌파처럼 보였고, 좌파의 눈에는 그가 우파처럼 보였다. 실제로 그는 그 어떤 쪽에도 속하지 않았고, 그저 민족과 진실을 향해 흔들림 없이 걸어가고 있었던 것이다. (심진구, 「향토교육의 선구자 강성갑에 관한 사례연구」, 『인천교대논문집』 3, 1968년, 266쪽)

강성갑 선생의 일가족 사진(1947~48년 전후로 추정)

— 덴마크 그룬트비의 사상을 우리나라에 심다
- 농촌운동의 새 길

진영교회에서 선생이 교인들과 함께 시작한 농촌운동의 목적은 분명했다. 그것은 일제 강점기라는 식민지 지배의 아픔을 극복하고, "나만 아니면 된다"는 이기적인 자세에서 벗어나 이웃의 고통에 공감하며 모두가 함께 행복한 사회를 만들어가자는 것이었다. 이는 단지 교회의 사명이 아니라, 해방 이후 우리 모두의 시대적 과제였다. 선생은 이 과제를 결코 혼자 실천하려 하지 않았다. 교인들과 함께, 지역 주민들과 함께 실천하고자 했다. 실천의 주체는 분명했다. 목적도 분명했다. 그렇다면 중요한 것은 무엇을 어떻게 실천할 것인가라는 구W체적 방법이었다. 해방 이후 이념의 대립으로 혼란이 극심했던 당시, 실천의 방향과 방법을 어떻게 설정할 것인가는 매우 중요한 문제였다.

그 과정에서 선생에게 깊은 영향을 준 인물이 바로 덴마크의 그룬트비 목사였다. 일제 강점기 조선 사회에서도, 농촌 문제 해결의 대안으로 그룬트비의 사상과 실천은 주목받고 있었다. 그룬트비는 "하나님을 사랑하고, 이웃을 사랑하며, 땅을 사랑하자"고 외쳤고, 덴마크 농민들의 삶과 정신을 일깨워 국가 전체의 변화를 이끌었다. 그는 '덴마크 중흥의 아버지'로 불릴 만큼 큰 영향을 끼친 인물이다. 선생은 그룬트비의 사상과 실천을 바탕으로, 진영에서 교육을 통한 농촌 개혁을 꿈꿨다. 단순한 경제적 개선이 아니라, 농민 스스로 자신의 존재를 인식하고, 인간다운 삶을 가꿀 수 있도록 돕는 교육이 핵심이었다. 선생이 자신의 농촌운동을 교육운동으로 시작한 이유가 바로 여기에 있었다.

해방 이후 그룬트비를 우리 농촌 현실의 대안으로 소개하고 해석한 책들이 많이 출간되었다. 이러한 책들을 통해 그룬트비의 사상은 당대 한국 사회에서 의미 있는 참고 자료로 받아들여졌으며, 선생의 실천에도 깊이 스며들어 있었다. 1959년 이기백이 번역하여 출간한 『새 역사의 창조』에서는 덴마크를 바꾼 것은 그룬트비의 교육 실천이라고 주장하였다.

> 덴마크를 직접 가본 사람이라면 누구나, 그 나라의 농민들 속에서 현대 사회가 높이 평가하는 정신과 성품이 널리 퍼져있다는 사실을 느꼈을 것이다. 하지만 이런 모습이 예전부터 그랬던 것은 아니다. 덴마크 농민들이 지금과는 전혀 다른 외모와 마음가짐을 가지고 살았던 시절이 있었고, 그것은 아직도 많은 사람들의 기억 속에 남아있다.
>
> 그렇다면, 어떻게 해서 이렇게 많은 농촌 사람들의 태도와 성격이 크게 바뀌게 되었을까? 독일의 문호 괴테가 말했듯이, "인격은 인격에 의해 형성된다." 즉, 위대한 정신을 가진 애국자들이 교육을 통해, 그리고 스스로 모범을 보이며 국민들을 이끌었기 때문이다. 이들의 교육은 무계획적으로 이뤄진 것이 아니었고, 공동생활 속에서 실제로 실천되며 진행되었다.
>
> 덴마크의 이 사례는 "교육의 끈이 가장 강한 끈이다"라는 격언이 참된 말임을 보여준다. 학생들의 작고 여린 몸 위에, 더 나아가 덴마크 농민 전체 위에 새로운 인격을 심어준 첫 사람은 바로 목사이며 시인이자 역사가이면서 교육개혁가였던 그룬트비히(N.S.F. Grundtvig, 1783~1872)였다. (홀거 베그트룹 외, 이기백 역, 『새 역사의 창조: 덴마크 국민고등학교와 농촌사회의 발전』, 동양사, 1959년, 9~10쪽)

한국전쟁 중에 김영환 목사는 덴마크에서 파견한 병원선 율렌디아호를 방문하고 사령관 카이 해머리크를 만나 한성(韓丁)협회(Korean-Danish Society)설립에 합의하고 결성식을 거행했다. 한정협회는 덴마크의 그룬트비를 널리 알리기 위해 『그룬드비전: 덴마아크 부흥의 은인』을 발간하였다.

> 그룬트비 선생은 축산을 장려하거나 협동조합을 만든 사람이 아니었다. 국민고등학교를 직접 세운 사람도 아니었다. 하지만 그는 덴마크의 종교를 새롭게 바꾸고, 전혀 새로운 교육의 길을 열었으며, 덴마크 국민의 정신을 깨우기 위해 시를 쓰고, 북유럽 신화를 되살리고, 덴마크의 역사를 기록하고, 덴마크말을 되찾고, 강단에서 외쳤으며, 국회에 들어가 새로운 법을 만드는 데 앞장섰다.
> 그룬트비 선생은 어두컴컴하고 차가웠던 덴마크 사회에 빛과 따뜻함을 준, 마치 태양 같은 존재였다. 그가 준 이 열기로 인해, 당시 300만 덴마크 국민들의 마음속에서는 새로운 생명의 싹이 트기 시작했다. (한정협회 편, 『그룬드비전』, 조알사, 1956년, 11~12쪽)

그룬트비가 강조한 교육의 중요성은, 특히 민주주의의 실현과 깊이 연결되어 있다. 해방 직후 민주주의 국가를 세우려 했던 우리나라의 상황에서, 민주주의의 주체인 민주시민을 양성하는 일은 무엇보다 중요한 과제였다. 일제 강점기의 교육은 철저히 식민지의 순종적인 백성, 곧 '노예'를 만들어내는 것이 목적이었다. 따라서 인간이 자신의 삶에 주인이 되고, 비판적으로 사고하며, 공동체에 참여할 수 있는 주체적 인재를 기르는 교육은 아예 존재하지 않았다.

  문제는 해방 이후였다. 겉으로는 민주주의 국가를 세운다고 하더라도, 국민 다수가 여전히 식민지 시대의 교육에 머물러 있다면 진정한 민주주의는 실현될 수 없다. 법과 제도로서의 민주주의는 도입되었을지라도, 그것은 껍데기에 불과하게 된다. 그룬트비는 바로 이 점을 우려했다. 그는 국민이 민주주의적 교육을 받지 못하면, 오히려 권력자들이 민주주의라는 이름 아래 형식적인 선거를 통해 더 큰 권력을 휘두르게 될 것이라고 경고했다. 이름만 민주주의일 뿐, 실제로는 독재에 가까운 구조가 만들어질 수 있다는 것이다. 그래서 그룬트비는 민주주의를 실현하기 위해 가장 먼저 필요한 것은 자신의 삶에 책임을 지는 주체적 인간, 곧 민주시민을 길러내는 민주적인 학교라고 강조했다. 그것이 진정한 교육의 시작이며, 민주주의의 토대였다.

> 더 많은 대중들이 참여할 수 있는 정부가 발전을 이끌 수 있다고 보는 당시의 분위기를 목도하였다. 하지만 그는 이러한 분위기를 그리 탐탁치 않게 생각하였다. 그는 민의가 자유롭고 강력하게 발산될 수 있는 공공영역에 대한 민주적인 교육을 받을 수 없다면 오히려 지도자들이 이러한 자유를 이용하여 더욱 큰 권력을 쥐게 될 수 있음을 보았던 것이다. 따라서 그는 모든 이들이 입학하여 근대 덴마크 사회의 기초가 되는 덴마크 언어와 덴마크 역사를 배우고, 이를 바탕으로 다가올 민주헌정에 대한 관점을 제시하고 이에 모든 이들이 참여할 수 있도록 교육하는 민주적인 학교를 제안하였다. (폴 담, 김장생 역, 『덴마크의 아버지 그룬트비』, 누멘, 2009년, 41~43쪽)

진정한 민주주의 국가, 다시 말해 형식이나 제도로서의 민주주의가 아닌 실질적이고 내용 있는 민주주의를 실현하기 위해서는, 무엇보다 국민 스스로가 주체가 되어야 한다. 누군가에게 모든 것을 맡기고 영웅을 기다리는 자세로는 진정한 민주주의가 이뤄질 수 없다. 우리 모두가 스스로 판단하고, 선택하고, 책임지는 주인이 되어야 한다. 이러한 민주주의의 이상은 단지 이상으로 머물러서는 안 된다. 반드시 현실 속에서 실현되어야 할 가치이다.

강성갑 선생은 자신의 확신에 따라, '할 수 있는 일'보다 '해야 할 일'을 하는 것이 중요하다고 믿었다. 신앙인으로서 그는 '당위의 영역'을 중요하게 여겼고, 그래서 새로운 나라를 만들기 위해 가장 먼저 해야 할 일은 교육이라고 판단했다. 진영에는 배우고 싶어 하는 아이들이 많았지만, 이들을 위한 학교는 턱없이 부족했다. 선생은 이 이야기를 단순히 들은 것이 아니라, 마음으로 들었고, 현실을 외면하지 않았다. 그렇기에 농촌운동의 첫걸음을 교육운동으로 시작한 것은 매우 자연스러운 일이었다. 교인들의 현실적 요구와 그의 신앙적 사명이 만나는 지점이었기 때문이다. 특히 그는 경남 재건노회 활동을 통해 뼈저리게 깨달았다. 소수의 지도자만으로는 새로운 나라를 만들 수 없다는 사실을. 모든 국민이 각자의 자리에서 주인이 되어 직접 실천할 수 있어야 한다고 그는 믿었다. 그리고 그런 자각을 이끌어내는 출발점이 바로 교육이라고 생각했다.

그는 자신이 '한국의 그룬트비'가 되기를 바랐다. 그러나 그에게 중요한 것은 그룬트비라는 이름이나 이론이 아니라, 한국이라는 현실의 땅, 그리고 그 속에서 오며 가며 마주치는 청소년들이었다. 그들이 웃고, 배우고, 질문하고, 성장하는 모습이야말로, 선생이 가장 소중히 여긴 교육의 현장이었다. 그를 가까이서 지켜본 그의 제자들에게 선생은 덴마크의 그룬트비 목사처럼, 교육을 통해 민족의 의식을 깨우고, 교육현장을 개혁함으로써, 우리나라의 진정한 발전을 이루고자 했던 '참된 스승'이었다.

> 선생의 교육 활동은 한반도와 우리 민족을 향한 깊은 사랑과 사명감에서 시작되었다. 그는 민족이 겪고 있는 불행과 고통을 덜어주는 일이 하나님의 뜻이자, 크리스천이 반드시 해야 할 사명이라고 믿었다. 그의 생각과 활동의 출발점은 바로 여기에 있었다. 예수님은 사람들을 무지와 가난과 고통에서 구하는 것을 가장 중요한 사명으로 여겼고, 이를 몸소 보여주었다. 그러나 일제 식민지 시기 한국 교회는 그런 역할을 제대로 하지 못했다. 해방 후에도 한국 교회는 여전히 크리스천이 사회적으로 감당해야 할 책임에 너무 무관심했다.
> 　선생은 덴마크의 그룬트비 목사가 했던 것처럼, 국민교육을 통해 사람들의 의식을 바꾸고, 이를 통해 나라를 발전시킬 수 있다고 믿었다. 하지만 기존 방식의 교육으로는 그런 변화를 이룰 수 없다고 확신했다. 그래서 그는 전혀 새로운 방식의 교육을 추구했던 것이다. (한얼중고등학교 동문회 편, 『위대한 스승 강성갑 교장(그 생애와 사상)』, 한얼중고등학교 동문회, 2000년, 45쪽)

진영에서
밀알이 되다
- 교육으로 실천을 시작하다

복음중등공민학교 설립
- 지역을 깨우는 첫 걸음(1946. 8)

당시 진영에는 배움을 간절히 원하는 청소년들은 많았지만, 이들이 다닐 수 있는 중등학교는 마땅히 없었다. 그나마 가까운 곳에 있었던 것은 도립 김해공립농업보습학교 뿐이었다. 강성갑 선생은 이러한 현실에 주목하고, 우선적으로 공민학교를 설립하는 길을 택했다. 1946년 5월, 미군정은 「공민학교 설치 요령」을 제정하여 공민학교를 정규 교육기관으로 인정하였다. 공민학교는 주로 학교 갈 나이를 지난 아이들이나 청소년을 단기간 수용해 기초 교육을 제공하는 기관으로, 소년과, 성년과, 보수과를 두되 지방의 상황에 따라 필요한 과정만 개설할 수 있었다. 이러한 제도적 기반 아래, 지역 주민이나 종교단체, 기업, 독지가들의 자발적인 참여로 전국 각지에 활발히 설립되었다.

선생은 복잡한 절차나 대규모 자본이 필요하지 않으면서도 비교적 신속히 시작할 수 있다는 점에서 먼저 공민학교를 설립한 것이다. 이는 그의 실천가적 면모를 잘 보여준다. 이상을 추구하지만, 현실에서 가능한 방식으로 한 걸음씩 구체화해 나가는 전략이었다. 청소년 교육이 시급하다는 인식을 바탕으로, 큰 방향을 먼저 세우고 실행을 통해 세부를 채워가는 방식이었다. 필요한 일이라면 주저 없이 행동으로 옮기는 그의 실천적 태도가 여실히 드러나는 대목이다.

　1946년 4월, 선생은 부산을 떠나 진영에 도착하자마자 곧바로 공민학교 설립 준비에 착수했다. 혼자의 힘만은 아니었다. 가족들의 적극적인 지지와 협력이 있었고, 진영교회의 교인들 역시 선생과의 약속을 지켜 함께 힘을 보탰다. 이러한 과정을 거쳐, 마침내 1946년 8월 15일, 해방 1주년이 되는 날 경상남도 도지사로부터 복음중등공민학교 설립 인가를 받았으며, 진영 대흥초등학교 건물을 빌려 야간학교로 문을 열었다. 공민학교 개교일이 일제로부터 해방된 날인 8월 15일이라는 점은 우연만은 아니었을 것이다. 해방된 새 나라의 주인공을 길러내겠다는 상징적 의지의 표현으로 이해할 수 있다. 선생은 이런 방식으로 자신의 뜻을 분명히 드러내고자 했다.

　공민학교의 설립은 단순한 교육시설의 확보를 넘어서, 선생이 꿈꾸던 교육이념을 지역 현실 속에서 구현해 가는 첫걸음이었다. 그것은 진영에서의 농촌운동을 시작하는 실질적 출발점이자, 더 나은 미래를 위한 구체적 실천의 장이었다. 공민학교를 설립하고 선생은 집집마다 찾아다니며 "초등학교를 졸업한 사람으로서 더 배우고 싶은 사람은 남녀노소를 불문하고 노트와 연필을 가지고

복음중등공민학교 창립 및 제1회 입학식(1946년 8월 28일)

복음중등공민학교 제2회 입학식(1947년 8월 15일)

나오기만 하면 무료로 내가 가르쳐 줄 터이니 나오시오!"라고 외치며, 입학을 권유하였다. 또 선생은 스피커를 설치한 지게를 등에 지고, 진영 뿐만 아니라 인근의 대산, 진례, 장유 등의 장날에 장터로 나갔다. 선생은 "일제로부터 해방된 우리나라가 좋은 나라가 되려면 우리들이 배워야 한다·배워야 산다·지금 생활이 어렵더라도 우선 자녀들을 가르쳐야 한다. 내가 무료로 가르쳐 줄 터이니 우리가 배워서 독립된 새 나라의 주인공이 되자"고 외쳤다.

장터에서 선생의 진심 어린 권유를 들었던 많은 사람들은 그들의 자녀들을 학교로 보냈다. 배우지 못해서 한이 맺혔던 청소년들은 그의 열정적인 권유에 자신감을 되찾고, 배우지 못했던 부끄러움과 나이를 극복하고 공민학교로 나왔다. 이들에게 선생의 애정 어린 권유는 구원의 음성이었다. 선생은 특히 남녀 학생을 차별하지 않았다. 누구든 배움을 통해 스스로 생각하고 당당하게 살아갈 수 있으며, 그렇게 모두가 새 나라의 주인공이 될 수 있다는 믿음을 학생들에게 심어주었다. 선생은 우리나라의 아들, 딸들에게 우리 말, 우리 글을 가르쳐 주고 자기의 정신, 자기의 주체성을 바로 찾게 해주는 것이 무엇보다 중요하다고 생각하고 그것을 실천하고자 했던 것이다.

1947년 1학기, 공민학교에는 남학생 203명, 여학생 8명, 총 211명의 학생이 재학 중이었다. 학생들은 김해군 진영읍·진례면·우림면·생림면, 그리고 창원군 대산면·동면·북면 등지에서 배우기 위해 공민학교에 모여들었다. 이들을 가르친 교직원은 교장 강성갑 선생을 포함해 교사 5명, 강사 2명, 회계와 서기 각 1명 등 모두 10명이었다. 선생은 학생들에게 국어, 영어, 수학, 사회생활 등을 가르치기 시작했다. 교육에 필요한 영어 교재는 선교사를 통해 일부 전달받을 수 있었지만, 전반적으로 교과서와 학습 자료는 매우 부족했다. 학생들 대부분은 제때 학교에 진학하지 못했거나, 가정형편이 어려워 낮에는 농사 일을 하고 밤에 공부하는 이들이었다. 학교 건물 등 교육시설은 열악했지만, 배우고자 하는 의지만큼은 누구보다 강했다.

선생은 어려운 상황 속에서도 희망을 잃지 않도록 돕고자 했다. 그가 학생들에게 전한 첫 번째 가르침은 "뜻이 있는 곳에 길이 있다"는 말이었고, 학생들이 가장 먼저 배운 영어 문장은 "Where there is a will, there is a way!"였다. 공민학교의 교가

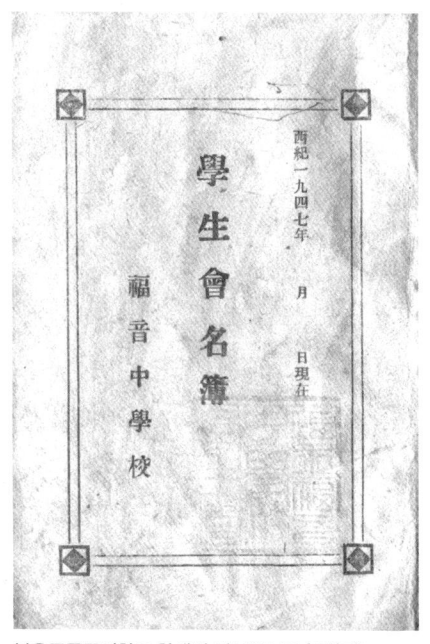
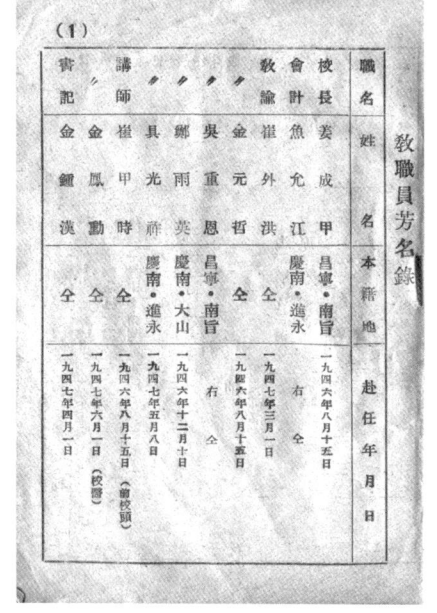

복음중등공민학교 학생회 명부(1947년 1학기)

는 "낮에는 일하고 밤에 배우는 복음 중학생, 씩씩하구나"로 시작되었다. 학생 수가 점차 늘어나자, 1947년 8월 공민학교는 대흥초등학교를 떠나, 일제 강점기에 곡물검사소로 쓰였던 창고 건물로 이전하게 되었다.

> 내가 복음중등공민학교에 입학한 1947년 8월은, 학교가 대흥국민학교의 임시 건물 시절을 마치고 새로 자리 잡은 직후였다. 새 교사는 철하리에 있는, 원래 일본인 소천(小川) 씨가 살던 관사와 일제 때 곡물검사소로 쓰이던 창고였다. 그곳으로 교실과 사택을 옮겼지만, 아직 책상이 다 갖춰지지 않아 일부 학생들은 가마니를 깔고 앉아 공부해야 했다. 그때부터 주간반과 야간반 수업이 함께 시작되었다.
> 창고는 두 동이 있었는데, 그중 한 동을 청소하여 칠판과 전등을 달아 교실로 사용했다. 책상이 없는 학생들은 가마니 위에 앉아야 했지만, 교실 안에는 희망과 열정이 가득했다. (한얼중고등학교 동문회 편, 『위대한 스승 강성갑 교장(그 생애와 사상)』, 한얼중고등학교 동문회, 2000년, 38쪽)

─ 부산대 교수직을 내려놓다
─ 밀알이 되기로 한 선택(1947. 8)

공민학교를 세우고 학생들을 가르치며 바쁜 나날을 보내던 선생은, 1946년 9월 부산대학교 전임 교수로 임용되었다. 부산대학교는 그해 5월 15일 설립이 확정되었고, 5월에는 교사를 확장했으며, 7월에는 신입생을 모집해 9월 개학을 준비하고 있었다. 이

과정에서 인문과학대학에 전임교수 16명과 시간강사 6명이 임용되었고, 선생은 이때 '한글맞춤법'을 담당하는 전임 교수로 발탁된 것이다. 이러한 임용은, 그가 연희전문학교 재학 시절 한글학자 최현배 선생에게서 배운 한글 실력을 인정받은 데 따른 결과였다. 동시에 당시 어려웠던 공민학교 운영비를 보탤 수 있다는 현실적 필요도 작용한 것으로 보인다. 한글을 제대로 배운 사람으로서의 책임감 또한 선생의 마음을 움직였을 것이다.

하지만 진영에서의 목회 활동과 공민학교 운영, 그리고 부산에서의 대학 교수직을 병행하는 것은 결코 쉬운 일이 아니었다. 결국 선생은 하나를 선택해야만 했고, 결국 그는 진영의 교육 활동에 전념하기로 결심했다. 1947년 8월, 선생은 부산대학교 전임교수직을 스스로 그만두었다. 당시 부산대학교 설립을 주도했고, 훗날 총장직을 맡게 되는 **윤인구** 박사는 이 사실을 전해 듣고 직접 진영까지 찾아왔다. 그는 선생에게 이렇게 권유했다. "진영은 지역도 작고, 할 수 있는 일도 많지 않습니다. 지금 하시는 일을 정리하시고 부산에서 함께 대학 교육에 힘을 써주시지요." 그러나 선생은 단호히 고개를 저었다. "대학을 만들고, 대학 교육을 할 사람은 나 말고도 많습니다. 하지만 농촌 사회를 개혁할 사람은 많지 않습니다. 저는 진영에서 계속 일하겠습니다."

선생의 이 결정은 단순한 진로 변경을 넘어서는 깊은 의미를

> **윤인구**
>
> 윤인구(尹仁駒, 1903~1986)는 교육자이며 종교인이다. 부산 출생으로 1919년 부산 동래고등보통학교 3학년 때 3·1운동에 참가하여 퇴학당하였다. 1926년 메이지학원 신학부를 거쳐 1931년 영국 에딘버러 대학원을 수료하였으며 귀국하여 진주장로교회 강도사로 부임하였다. 해방후 미군정의 경남 내무국 학무과장으로 부임하여 부산대학 개교에 앞장섰으며, 1953년 부산대학을 종합대학으로 승격시켜 초대 총장으로 취임하였고, 1961년에는 연세대 총장을 맡았다.

지닌 선택이었다. 이미 그는 진영교회의 청빙을 받아들여, 미국 유학의 기회를 포기한 적이 있었다. 그리고 이번에는, 안정적인 교수직마저도 내려놓았다. 결코 가볍게 내릴 수 없는 선택이었지만, 그가 부산으로 향할 수 없었던 이유는 분명했다. 바로 자신을 믿고 따르던 학생들이었다. "뜻이 있는 곳에 길이 있다." 그가 자주 강조하던 말이다. 그는 자신의 더 나은 미래를 위해 학생들을 외면할 수 없었다. 부산대 교수직을 내려놓은 이 결정은, 학생들에게 선생의 진심을 다시 한번 확인시켜주는 계기가 되었다. 학생들은 그를 더욱 신뢰할 수 있는 사람, 말이 아닌 실천으로 가르치는 사람으로 받아들이게 되었다.

무엇보다 이 선택은 현실적인 안락이나 명예보다, 시대의 절박한 과제를 감당하고자 하는 '소명'에서 비롯된 것이었다. 선생은 진영에서 정규 중학교를 세우고, 본격적인 교육 운동을 시작하겠다는 결심을 굳혔다. 그에게 중학교 설립은 단순히 하나의 학교를 짓는 일이 아니었다. 그것은 사랑하는 제자들의 미래를 위해, 그들에게 필요한 것을 함께 만들어가는 과정이었다. 공민학교 수준의 교육에 불과했지만 선생은 이 과정을 통해 정규 중학교를 만들고, 더 나아가 고등학교와 대학교까지 설립하겠다는 꿈을 품기 시작했다. 그는 이러한 교육 운동이 우리 사회의 미래를 이끌 지도자들을 길러내는 길이라고 믿었다.

선생에게 학생은 단지 지식을 전달받는 존재가 아니었다. 교육의 중심이자 목적 그 자체였다. 그에게 학생들은 각자의 삶을 살아가는 존엄하고 소중한 존재였다. 그렇기에 교육에서 가장 중요한 것은 '학생을 바라보는 시선'과 '함께 하려는 태도'라고 여겼다. 선생은 학생들의 현재 모습으로 그들의 가능성을 제한하시 않았다. 그들이 성장하고 성숙하여, 언젠가 이 사회를 이끌어갈 공동체의 주인공이 될 것이라 분명히 믿었다. 이러한 교육 철학은 그가 신학을 통해 익힌 깊은 신앙과도 맞닿아 있었다. 그는 예수를 믿는다는 것은 예수처럼 살아가는 것이며, 하나님의 뜻을 이 땅에서 실천하는 것이 참된 신앙이라고 생각했다. 그에게 교육은 단지 직업이 아닌, 믿음을 실천하는 삶의 방식이었다.

─ 정식학교 설립의 꿈 - 제도교육을 향한 도전

1947년 말, 복음중등공민학교를 정규 중학교로 전환하려는 움직임이 활발해졌다. 무엇보다도 학생들의 배움에 대한 열망이 뜨거웠다. 단지 공민학교를 졸업하는 것만으로는 미래가 보이지 않았다. 정규 중학교 학생이 되고 싶다는 바람과 상급학교로 진학하고자 하는 열망은 그 어느 때보다 강했다. 이를 위해서는 정규 교육 과정을 이수할 수 있는 학교가 반드시 필요했다.

당시 진영에는 도립 김해공립농업보습학교가 1946년 9월 진영공립중학교로 개편되어 있었지만, 높은 학비와 적은 정원으로 인해 지역의 교육 수요를 충족시키기에는 역부족이었다. 선생이 가장 고민했던 것도 바로 그 지점이었다. 자신이 가르친 학생들이 더 나은 삶을 살고, 상급학교에 진학해 자신의 길을 걸어가기 위해서는 반드시 정규 중학교가 필요했다. "뜻이 있는 곳에 길이

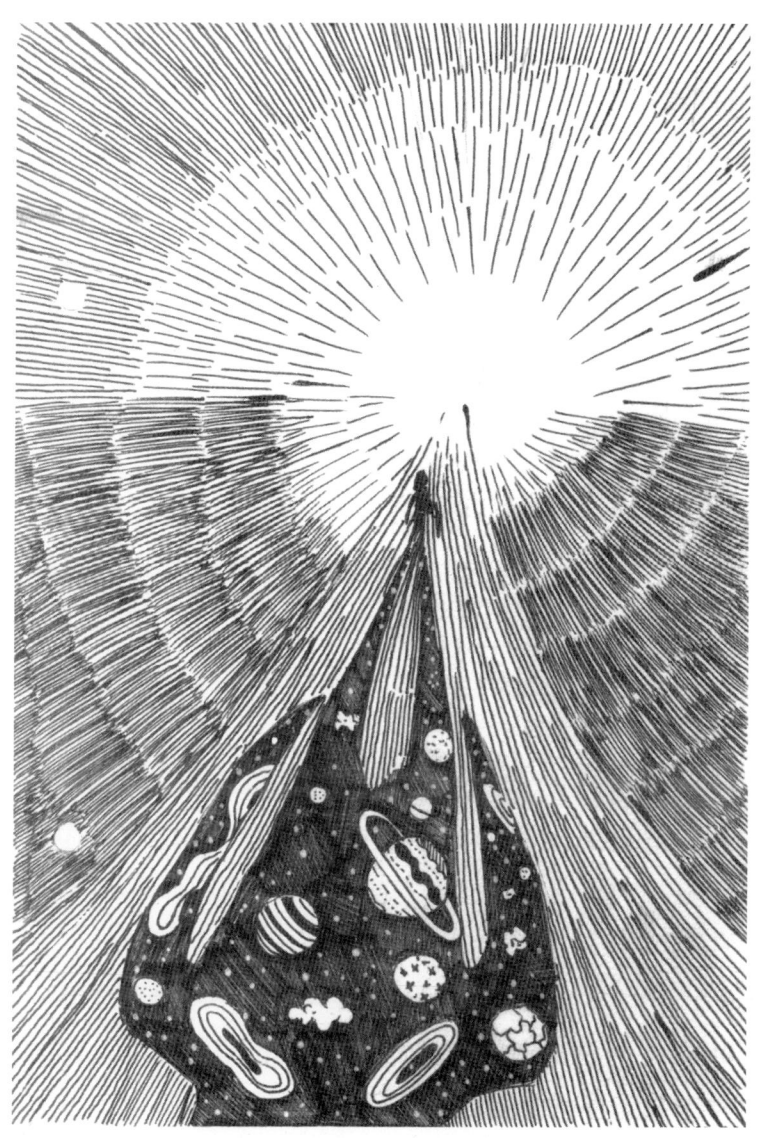

있다"고 늘 가르치던 선생은, 이제 그 '뜻'을 품은 제자들에게 실제로 '길'이 존재함을 보여줘야 한다고 생각했다. 그러나 정규 중학교의 설립은 결코 쉬운 일이 아니었다. 가장 큰 장애물은 학교 설립에 필요한 재산이 전혀 준비되어 있지 않았다는 점이었다.

학교 설립은 지역의 독지가가 재산을 기부해 학교 설립의 기반을 마련하는 방식이 일반적이었으나, 선생에게는 그런 기반조차 없었다. 하지만 그는 "가능한 일인가?"가 아니라 "해야 할 일인가?"를 먼저 물었다. 그리고 그는, 이것은 '반드시 해야 할 일'이라고 판단했다. 현실에서의 '가능성'보다 더 중요한 것은 마땅히 해야만 할 '당위'였다. 그것은 선생이 가진 종교인의 신념이기도 했다. 종교인은 현실을 직시하지만, 현실에 갇히지 않는다. 누구나 할 수 있는 일만 한다면, 어느 누구도 변화의 주체가 될 수 없다. 그리고 선생은 해야 할 일이라면 끝까지 제대로 해야 한다고 믿었다. 단지 '만들어내는 것'이 아니라, '의미 있게 세우는 것'을 중요하게 여겼다.

따라서 선생에게 학교는 목적이 아니라 수단이었다. 학교를 통해 이루고자 하는 바, 즉 학생들의 성장을 돕고, 그들이 자신만의 길을 걸어가도록 하는 것이 진정한 목적이었다. 그러나 이 이상은 상상으로 머물러서는 안되었다. 실현되지 못한 이상은 공상이 될 수밖에 없다. 그래서 선생은 자신의 교육 이상만을 앞세우는 것이 아니라, 지역사회의 현실과 수요를 면밀히 살펴 조율하고 협력하는 길을 찾아나갔다. 그렇기에 정규 중학교는 결코 혼자의 힘으로 세울 수 없는 일이었다. 재정적 이유뿐만 아니라, 교육은 본래 지역사회 전체의 과제이기 때문이다. 선생은 자신의 뜻을 일방적으로 주장하는 것이 아니라, 그 뜻을 실천을 통해 증명하고, 이를 통해 지역사회를 설득하고자 했다. 중등공민학교를 운영하며 이미 선생의 실천력과 진정성은 지역 주민들 사이에 깊은 신뢰를 얻고 있었다. 그가 가진 유일한 자산은 마음속의 교육에 대한 이상, 그리고 그 이상을 실현하려는 단단한 의지였다.

정규 중학교의 필요성은 지역사회 모두가 공감하고 있었지만, 실제로 실현이 가능할지에 대한 두려움, 여건이 갖춰질 때까지 기다려야 하는 것 아니냐는 망설임으로 아무도 쉽게 나서지 못했다. 그때, 선생이 먼저 외쳤다. "우리 자녀들을 위해, 진영에 정규 중학교를 세웁시다." 그는 누군가를 탓하지도, 도움을 먼저 기대하지도 않았다. 왜 도와주지 않느냐고 묻기보다, 자신의 실천으로 꿈을 증명했고, 마침내 사람들의 마음을 움직여 함께 나아가게 만들었다. 비록 준비된 재산은 없었지만, 확고한 신념과 실천으로 공민학교 출신 학생들의 미래를 위한 정규 학교 설립에 매진했다. 그 결실이 바로 '한얼중학교'였다. 그에게 한얼중학교는 단지 하나의 교육기관이 아니라, 믿음을 행동으로 옮긴 결과였고, 교육의 사명을 구체적으로 실현해 낸 의미있는 열매였다.

─ 제자와 스승 - 함께 세워나간 우리들의 미래

제자들이 기억하고 있는 선생의 모습은 키가 크고 건강한 체격을 가진 따뜻한 분이었다. 선생은 "여러분과 나는 학생과 선생의 관계가 아니고 뜻과 힘을 합쳐 이 나라를 바로 세워나갈 동지입니다"라고 말하며, 학생들과는 여러 가지 문제가 있을 때마다 의논하고 의견을 나누었다.

> 강성갑 목사님은 키가 크고 건강한 체격을 가진 분이었습니다. 눈매에는 늘 부드러운 미소가 머물러 있었고, 말투는 서울말에 경상도 억양이 약간 섞인 편이었습니다. 목소리에는 비음이 조금 섞여 있었는데, 듣기에 부드럽고 친근한 느낌을 주는 말씨였습니다. 목소리가 또렷하고 울림이 좋아, 교회 주일 낮 예배 때 시편을 낭송하실 때면 마치 하늘에서 들려오는 소리처럼 맑고 힘찬 울림이 느껴졌습니다. (※ 그 당시 교회에는 마이크가 없었습니다.)
> 항상 단정한 정장을 입으셨고, 여름철에는 소매 없는 시원한 옷차림을 하셨습니다. 영어와 국어 문법 과목을 직접 가르치셨고, 수업 외에도 학생들과 자주 대화를 나누셨습니다. 학생들을 진심으로 존중하셨고, "우리는 서로 동지다"라는 말씀을 자주 하셨습니다. 화를 내시는 모습을 거의 본 적이 없었고, 학생을 야단칠 때도 조용한 목소리로 차분히 설득하는 방식이었습니다. 머리 모양도 항상 단정하셨는데, 머리를 짧게 깎는 것을 군국주의의 남은 흔적이라며 반대하셨습니다. 대신, 어릴 때부터 스스로 머리를 깔끔하게 손질하는 습관을 들여야 진정한 신사로 성장할 수 있다고 강조하셨습니다. (한얼중고등학교 동문회 편, 『위대한 스승 강성갑 교장(그 생애와 사상)』, 한얼중고등학교 동문회, 2000년, 39쪽)

선생은 학생들을 단순히 자신의 가르침을 받는 존재가 아니라, 같은 뜻과 목적을 지닌 '동지(同志)'로 여겼다. 그렇기에 선생과 학생의 차이는 단지 나이에 따른 경험의 차이일 뿐이라고 생각했다. 자신이 학생들보다 먼저 태어나 먼저 배웠을 뿐이며, 특별히 더 뛰어나서가 아니라 가르치는 재능을 하나님께 받아 교사가 된 것이라고 믿었다. 그렇기에 자신은 공부를 했고, 공부를 했기 때문에 가르칠 수 있었을 뿐이므로 특별히 자랑할 것도 우월하게 여길 이유도 없다고 생각했다. 더구나 자신이 알고 있는 지식은 현재까지 밝혀진 것의 일부일 뿐이라는 점을 분명히 인식하고 있었다. 따라서 선생은 학생들에게 이렇게 강조했다. "지금 내가 가르치는 것은 지금까지 알려진 답에 불과하다. 너희는 이 답을 그대로 받아들이는 데 그치지 말고, 의심하고 고민하고 새롭게 생각해야 한다. 그래야 주체적이고 자율적인 인간이 된다."

선생의 권위 또한 학생의 복종에서 나오는 것이 아니라, 학생의 존중으로부터 나오는 것이라고 보았다. 학생들 또한 자신들의 기준에서 선생을 바라보고 평가할 수 있다고 생각했기 때문에, 그는 진심으로 학생들의 눈치를 보았다. 예를 들어, "뜻이 있는 곳에 길이 있다"고 가르쳐 놓고, 정작 학생들의 앞날엔 왜 길이 보이지 않느냐는 의문을 가진다면, 선생은 그 물음에 책임 있게 답해야 한다고 여겼다. 말로만 가르치고 끝나는 것이 아니라, 자신이 한 말을 행동으로 실천하는 것이 선생의 책임이라는 것이었다. 그래서 선생은 학생들에게 늘 이렇게 말했다. "학생인 너희는 너희 자신을 중심에 놓고 생각해야 한다. 그러므로 권위에는 맹목적으로 복종하는 것이 아니라, 스스로 존중함으로써 관계가 세워지는 것이다."

이러한 생각을 바탕으로, 선생은 정규 중학교를 만들고자 했고,

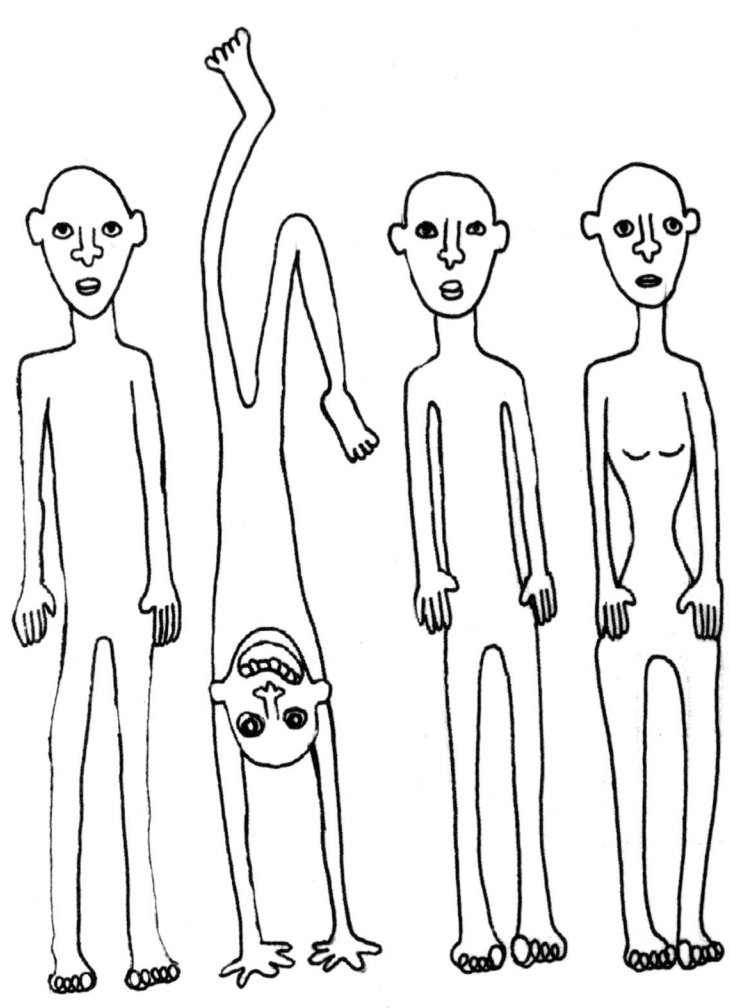

그 속에서 자신의 교육 철학을 구체화해 나갔다. 그는 학생들의 현실을 교육의 출발점으로 삼아 그들과 함께 변화와 대안을 꿈꾼 교육자였다. 자신의 생각을 강요하지 않고, 함께 길을 찾는 동지로서 학생을 대했던 것, 그것이 선생이 추구했던 교육의 핵심이었기에, 선생은 학생들과 새로 만드는 정규학교의 교명(校名), 학교의 건축, 교육 목적 등을 학생들과 함께 의논하였다.

> 교장 선생님은 새로 세워질 학교의 이름을 무엇으로 하면 좋을지 학생들과 함께 상의하셨습니다. 당시 학교 이름은 '복음중학교'였는데, 공민학교 시절을 떠올리게 한다는 이유로 학생들이 반대 의견을 냈습니다. 그러자 교장 선생님은 "'동지중학교'는 어떻겠니? 우리는 모두 새 나라를 함께 세우는 동지잖니"라고 말씀하셨고, 학생들은 그 말에 깊이 공감하며 찬성했습니다.
> 얼마 뒤 교장 선생님은 '한얼'이라는 이름을 제안하셨습니다. "'얼'은 사람의 마음과 뜻, 그리고 혼(정신)을 뜻하는 순수한 우리말이고, '한'은 우리 민족을 의미하기도 하고, 크다는 뜻(예: 한 길 = 큰 길), 또는 하나·같음을 뜻하는 말이기도 해. 그래서 '한얼'이라는 이름은 크고 하나 된 민족 정신, 모두가 함께 품는 큰 뜻을 담고 있어"라고 설명해 주셨습니다. (한얼중고등학교 동문회 편, 『위대한 스승 강성갑 교장(그 생애와 사상)』, 한얼중고등학교 동문회, 2000년, 40쪽)

국가기록원에 보관되어 있는 한얼중학교 설립 인가신청서 표지에는 학교 이름을 바꾼 흔적이 남아있다. '동지중학교'라는 교명에 두 줄을 긋고 '한얼중학교'로 고쳐 제출한 것이다. 한얼은 단군을 중심으로 한 우리 고대 신앙을 계승한 대종교의 핵심 개

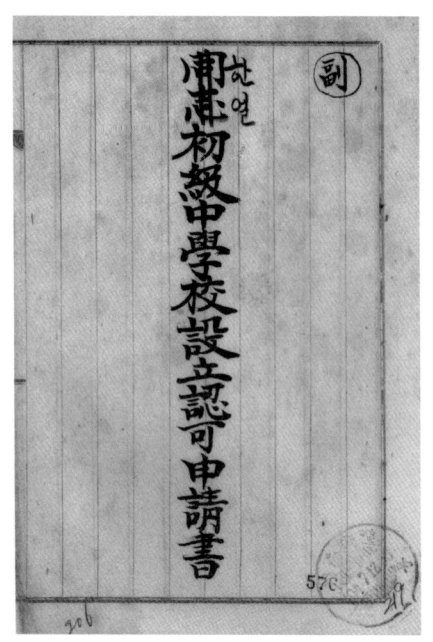
한얼중학교 설립인가신청서 표지

념이다. 대종교에서 한얼은 '큰 혼', 즉 '우주'니 '신'을 의미하며, 우리 민족이 전통적으로 믿어온 절대자에 대한 한국적 표현이라고 할 수 있다. 해방 직후, 민족을 재건하고 새로운 인간상을 교육으로 실현하려는 분위기 속에서 일부 교육자들과 민족주의적 기독교 지식인들은 기독교 정신과 민족 정신(한얼)을 결합한 새로운 교육이념을 정립하고자 했다.

강성갑 선생이 '한얼'을 학교 이름으로 택한 것은 바로 이와 같은 시대적 흐름과 실천적 고민에서 비롯된 선택이었다. 이러한 맥락에서 '한얼'이라는 이름은 단순히 종교적 신을 지칭하는 단어가 아니라, 인간의 존엄성과 민족의 정체성, 그리고 이상적인 인간성을 상징한다고 볼 수 있다. 또한 '한얼'이라는 교명은 마치 그룬트비 목사가 덴마크의 언어, 역사, 신화를 통해 덴마크적 교육을 추구했던 모습과도 닮아 있다. 즉, 해방된 조국의 현실 속에서 기독교적 가치를 어떻게 실천할 것인가에 대한 강성갑 선생의 응답이 바로 '한얼'이라는 이름에 담겨 있는 것이다. 이후 선생이 강조한 국민신앙 또한 특정 종교에 갇히지 않으며, '한얼'이라는 개념을 구체화한 실천적 표현이었다.

선생이 사용한 '한얼'은 우리나라의 교육이념인 '홍익인간'과도 통하는 면이 있다. 홍익인간은 단군신화에 등장하는 고조선의 건국이념으로, 오늘날 우리나라의 「교육법」이 정한 기본 교육이념이기도 하다. 홍익인간이라는 개념은 『삼국유사』나 『제왕운기』등에 등장한 이후 오랫동안 주목받지 못했지만, 1920~30년대 진보적 민족주의자들이 이를 새롭게 조명했다. 이들은 좌우를 넘어선 통일 민족국가의 이념으로서 홍익인간을 부활시켰다. 해방 직후, 미군정의 교육 자문기구인 조선교육심의회는 이 개념을 교육의 기본 이념으로 채택했고, 대한민국 정부 수립 후에는 교육법을 통해 법적으로 제정되었다. 1958년 문교부에서 발간한 『문교개관』에서는 교육이념으로서 홍익인간의 의미를 다음과 같이 설명한다.

> 홍익인간은 우리나라의 건국이념일 뿐 아니라, 결코 편협하거나 고루한 민족주의 이념이 아닌, 인류 공영을 뜻하는 민주주의의 기본정신과도 부합하는 이념이다. 이는 우리 민족정신의 정수이자, 기독교의 박애, 유교의 인(仁), 불교의 자비심과도 통하는 인류 공동의 이상이다.(문교부, 『문교개관』, 문교부, 1958년, 4~5쪽)

이처럼 선생이 정규 중학교의 교명으로 선택한 '한얼'은, 기독교 신앙과 민족적 정체성, 그리고 인류 보편의 가치가 만나는 접점이자, 그의 교육 철학을 담은 상징적 표현이었다. 선생은 학교의 교육이념도 학생들과 함께 의논하며 정립해 나갔다. 교육의 방향은 덴마크의 교육가 그룬트비의 사상을 따르기로 했고, 그 사상을 어떻게 한국의 현실에 맞게 적용할지 학생들과 함께 고민하고 토론했다. 그룬트비는 '삶을 위한 학교(School for Life)', 즉 모든 사람을 위한 교육을 주장한 인물이다. 그는 교육의 중심에 사람과 사람을 향한 사랑이 있어야 한다고 믿었다. 그리고 교육의 핵심 가치로 '조국을 사랑하라 (애국·愛國)', '이웃을 사랑하라 (애민·愛民)', '노동을 사랑하라 (애노·愛勞)' 등 세 가지를 강조하였다. 그룬트비 자신은 이 세 가지를 '삼애정신'이라 부르지 않았지만, 일제 강점기 조선의 농촌운동가들과 교육운동가들은 그의 사상을 발전시켜 이 개념을 '삼애정신'으로 정리했다. 다만, 삼애정신을 구성하는 요소는 시대와 사람에 따라 조금씩 달랐다.

강성갑 선생과 학생들은 함께 삼애정신의 구체적인 내용을 고민했다. '하나님을 사랑하자'와 '이웃을 사랑하자'는 부분에는 모두가 공감했지만, 세 번째 항목을 둘러싸고는 의견이 갈렸다. 특히 '애토(愛土)', 즉 땅을 사랑하자는 표현을 놓고, 그 '토(土)'를 '땅'으로 표현할지, '흙'으로 표현할지에 대해 깊이 있는 토론이 이어졌다. 결국 학생들과 선생은 "'흙'이야말로 우리 삶과 더 가까우며, 진정한 애국과 애민의 정신을 잘 드러낸다"는 데 의견을 모았다. 그렇게 해서 한얼중학교의 교훈은 다음과 같이 정해졌다. "하나님을 사랑하자, 이웃을 사랑하자, 흙을 사랑하자." 이것이 곧 한얼중학교의 삼애정신이었다.

선생은 이 시골 농촌의 작은 학교, 한얼중학교를 해방된 새 나라에 꼭 필요한 교육 개혁의 실천 공간으로 삼고자 했다. 더 나아가, 일제 식민지 치하에서 노예처럼 길러졌던 민족의 의식을 바꾸는 의식 개혁의 거점으로 만들고자 했다. 그는 진정한 해방이란, 단지 정치적 독립을 의미하는 것이 아니라, 우리 민족이 노예 의식을 벗어나 새로운 가치관을 가진 주체적 인간으로 거듭나는 것이라고 믿었다. 선생은 가난한 우리나라가 정치, 경제, 문화, 과학 등 모든 분야에서 발전하기 위해서는 새 나라의 주인으로서의 의식과 책임감, 곧 민주국가의 주인의식이 꼭 필요하다고 확신했다.

해방공간의 교육 현실, 오늘날 우리의 교육

정규 중학교 설립을 준비하던 시기, 선생이 처한 현실은 매우 어려웠다. 공민학교 교실로 사용하고 있던 원래 곡물창고였던 낡은 건물 두 채 외에는 학교 설립에 필요한 시설도, 재산도, 기반도 준비된 것이 전혀 없었다. 선생에게는 자신이 학생들에게 가르쳐온 "뜻이 있는 곳에 길이 있다"는 말을 현실로 증명해야 한다는 의지가 분명했다. 선생에게는 분명한 뜻이 있었고, 그 뜻을 함께 나누는 사람들이 있었다. 무엇보다 배움에 목말라 있는 학생들이 있었고, 그의 교육 정신에 공감하며 공민학교 운영을 기꺼이 도왔던 진영교회 교인들과 지역의 많은 사람들이 있었다. 그리고 중요한 것은, 진영 지역사회가 정규 중학교를 필요로 하고 있었다는 점이다.

그의 생각에 가장 시급한 과제는 정규 중학교 설립에 필요한

'인가'를 받는 일이었다. 인가만 받는다면, 어떤 어려움이 있더라도 반드시 정규 중학교를 세우고 자신이 꿈꾸는 교육을 실현할 수 있으리라는 믿음이 있었다. 그러나 인가를 받기 위해서는 학교 설립과 운영에 필요한 기본 재산을 갖춘 학교 재단법인이 필요했다. 그것이 당시 교육 행정상 요구되던 절차였다. 하지만 선생에게는 그 재산이 없었다. 통상적인 방식으로는 결코 인가를 받을 수 없는 상황이었다. 그럼에도 선생은 포기하지 않았다. 그는 규정을 넘어, 뜻을 들어줄 사람을 찾아 설득해야겠다고 결심했다. 현실의 벽 앞에서도 선생은 늘 그랬듯 '어떻게든'이 아니라 '왜 해야 하는가'를 먼저 묻고 앞으로 나아갔다.

정규 중학교 설립을 위한 그의 구체적인 노력과 과정에 대해, 그가 직접 남긴 기록은 따로 없다. 그러나 다행히도 그와 직접 이야기를 나누었던 사람들, 또는 그의 강연을 들었던 이들의 증언이 일부 남아있어서 그때의 상황을 짐작할 수 있다. 그 가운데 가장 주목할 만한 자료는 1950년 4월, 선생이 부산사범학교 졸업반 학생들을 대상으로 했던 강연이다. 이 강연을 들은 학생 중 한 명이 훗날 인천교육대학교 교수가 된 심진구였다. 심 교수는 이 강연에서 받은 감동을 잊지 못하고, 내용을 자세히 기록해 두었다. 그리고 20여 년이 지난 뒤, 선생에 대한 논문을 집필하면서 이 기록을 주요 자료로 사용했다. 심진구 교수의 논문에 담긴 선생의 육성은, 왜 그가 정규 중학교를 세우려 했는지, 그 과정에서 어떤 어려움과 결단이 있었는지를 오늘의 우리에게 생생히 들려주고 있다.

> 모인 학생들에게 제가 국어, 영어, 수학, 사회생활 같은 과목들을 가르치기 시작했습니다. 그런데 제가 마음속에 그리던 교육을 제대로 실현하려면, 정식 중학교로 인가를 받아야겠다는 생각이 들었습니다. 하지만 중학교 설립 인가를 받는다는 게 얼마나 까다로운 일입니까. 당시 저에게는 그런 까다로운 규정에 맞는 학교를 미리 만들어 놓고 인가를 받을 수 있는 여건이 전혀 없었습니다. 그럼에도 불구하고 저는, 인가만 받을 수 있다면 학교도 만들 수 있고, 제가 구상하던 교육도 제대로 펼칠 수 있다는 확신이 있었기에, 무엇보다 먼저 인가를 받아야겠다고 결심했습니다. 그래서 인가신청서를 작성했는데, 그 내용이란 것이 고작해야 학교 이름으로 '한얼중학교'라고 적은 것과, 설립 취지로 제가 가지고 있는 교육관을 적은 것이 전부였습니다. (심진구, 「향토교육의 선구자 강성갑에 관한 사례 연구」, 『인천교대논문집』 3, 1968년, 276쪽)

선생이 교육당국을 설득하기 위해 준비했다는 「나의 교육관」이라는 글은, 재단법인 3·1학원 설립인가 신청서에 포함된 설립취지서를 가리킨다. 현재 국가기록원에 설립인가신청서 원본이 보관되어 있기에, 이를 통해 선생의 교육관이 담긴 내용을 직접 확인할 수 있다. 선생은 자신의 교육관을 정리하면서, 먼저 당시 우리나라의 교육 현실에 대한 명확한 인식과 평가부터 시작했다. 교육 당국을 설득해 정규 중학교 설립 인가를 받기 위해서는, 단지 자신의 이상을 말하는 것으로는 부족했다. 당시 교육의 문제점을 분명히 지적하고, 그것을 해결하기 위한 대안으로 자신의 교육관이 필요하다는 점을 논리적으로 제시해야 했다. 다시 말해, 선생은 당시 우리 사회의 시대적 과제를 분명히 인식하고, 그 과제

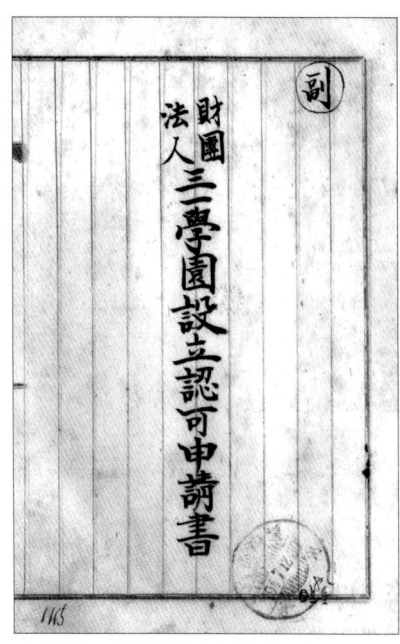

재단법인 3·1학원 설립인가신청서 표지

를 해결하는 데에 자신의 교육관이 실질적인 대안을 제시할 수 있음을 강조하고자 했다. 그러나 그가 제기한 당시 우리 교육 현실에 대한 비판이 단지 선생 개인의 의견으로 끝나서는 교육 당국을 설득하기 어렵다는 점을 분명히 알고 있었다. 그렇기에 그는 널리 공감될 수 있는 교육 현실의 문제를 날카롭게 짚어냈다.

그는 해방 이후의 교육 현실을 다음과 같이 진단했다. 당시의 교육은 뚜렷한 목적과 방향 없이, "그저 막연히 가르치고 막연히 배우는 맹목적 교육"에 머물러 있었고, '장이' 즉 전문가를 천시하는 사회 풍조 속에서, 결국에는 아무런 실용성도 없는 '고등유민(高等遊民)'만 양산하고 있다고 지적했다. 여기서 말하는 '고등유민'이란, 고등교육을 받았음에도 사회 속에서 쓸모 있게 자리 잡지 못하고 직업 없이 허송세월을 보내는 사람들을 의미한다. 선생은 이러한 현실을 방치하는 한, 해방 이후의 새로운 나라를 제대로 세울 수 없다고 보았다. 그렇기 때문에 그는, 이러한 교육의 방향을 바로잡고, 실제로 쓸모 있는 인간, 책임 있는 민주시민을 길러내는 교육이 필요하다고 역설했던 것이다.

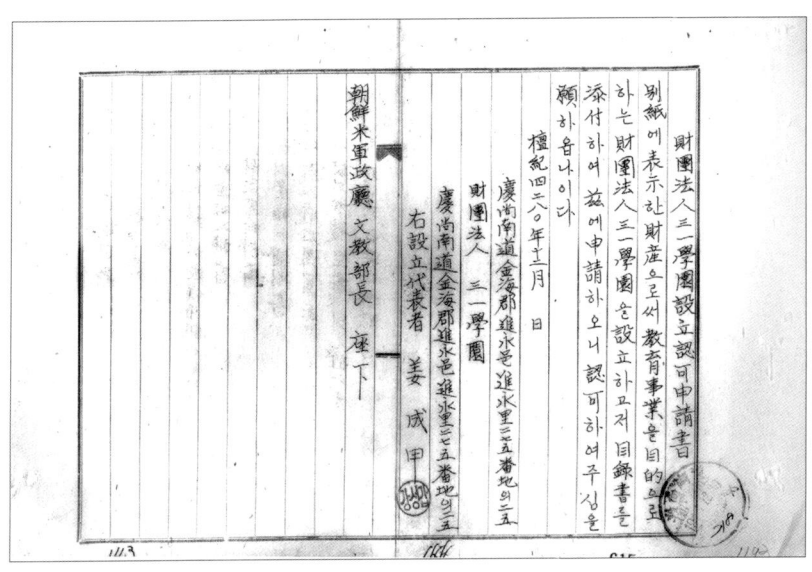

재단법인 3·1학원 설립인가신청서

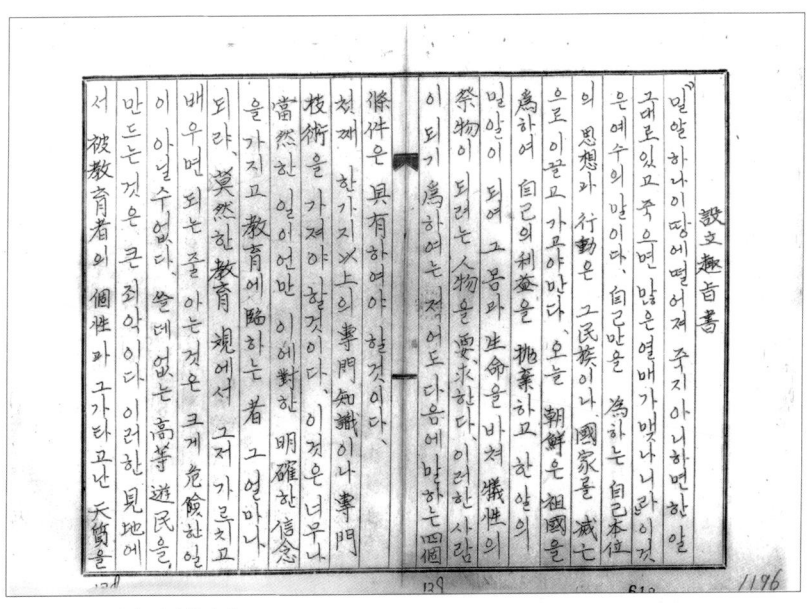

재단법인 3·1학원 설립취지서

부산사범학교 졸업반 학생 여러분과 함께 우리나라의 교육에 대해 이야기할 수 있게 되어 정말 기쁩니다. 해방 후 지금까지 우리나라의 교육자들이 어떤 교육을 해왔는지 먼저 생각해 보겠습니다. 우리나라 교육은 오랫동안 성리학만 중시하고, 실학과 노동을 천하게 여기는 조선시대의 잘못된 생각과 일제시대의 관료주의를 그대로 이어받았습니다. 그래서 기술이나 직업 교육은 천하게 여기고 인문 교육만 최고로 생각해서, 실업고등학교조차 모두 인문고등학교처럼 바뀌었습니다. 대학에서도 법학과 정치학만 인기가 있어서 거의 모든 대학생들이 법이나 정치만 공부하고 있는 현실입니다.

우리 조상들은 기술자나 직업인을 '쟁이'라며 무시했고, 그래서 우리나라는 결국 후진국이 되었고, 식민지라는 고통스러운 역사와 가난이라는 유산을 물려받았습니다. 지금도 대학생 대부분이 법과 정치만 공부하는데, 우리처럼 작은 나라에 법관이 얼마나 필요하고 정치인이 얼마나 필요하겠습니까? 대통령은 한 명이면 되고, 도지사도 13명이면 충분합니다. 그런데 이렇게 많은 학생들이 법과 정치만 공부해서 무엇을 하겠다는 겁니까? 교육은 명확한 목적과 방향을 가져야 합니다. 지금처럼 잘 교육을 받는 목적은 각자의 생활을 행복하게 하고, 동시에 국가와 사회를 위해 일할 수 있는 능력을 키우는 것입니다. 그런데 우리의 현실은 어떻습니까? 오히려 학교를 오래 다닐수록 일을 하려고 하지 않습니다. 초등학교도 나오지 않은 사람은 당연히 농사를 짓고 살며 사회에 기여하고 있는데, 초등학교만 나와도 농사짓기를 꺼리고, 중고등학교나 대학을 나오면 더 이상 일을 하지 않으려고 합니다. 요즘 대학 나온 사람들의 사정은 여러분이 더 잘 알 것입니다. 대학을 나온 사람들이 할 일이 없어서 이력서를 들고 관공서나 회사만 돌아다니는 것이 현실입니다. 그러다가 결국 지쳐서 좌절하거나 심지어 자살을 생각하기도 합니다. 이런 상황에 빠지게 만든 책임이 누구에게 있습니까? 사회 경제 구조의 문제도 있지만, 가장 큰 책임은 바로 교육자들에게 있습니다.

교육이 분명한 목적 없이 막연하게 이뤄졌고, 직업을 가진 사람들을 낮춰보는 분위기 속에서 쓸모없는 지식인들만 길러내고 있습니다. 우리나라 교육을 이대로 방치해도 좋겠습니까? 외국인들은 우리 민족을 게으르다고 합니다. 그들은 한국 농촌을 보고 이해하지 못합니다. 흙을 구워 벽돌을 만들어 집을 짓고, 산에 있는 돌을 깨서 돌집을 지으면 될 텐데, 왜 토굴 같은 집에서 어렵게 사느냐는 것입니다. 물론 그 말대로 돌집이나 벽돌집을 짓는 게 간단한 일은 아닙니다. 하지만 그들의 말에는 분명 일리가 있습니다. 우리에게는 실제로 게으름이라는 나쁜 습관이 있습니다. 이런 게으른 습관은 하루빨리 바꿔야 합니다. 학교 교육을 받을수록 게을러지고 무능해진다는 것이 말이 됩니까? 직장을 구하기 힘든 건 국가나 사회 구조의 문제지만, 일을 못하는 건 제대로 된 지식과 기술을 가르치지 않은 교육의 잘못입니다. 또, 대학을 나왔다는 이유로 농사를 못 짓고 힘든 일을 못한다는 건 개인의 마음가짐과 게으름 문제라고 생각합니다.

나는 우리나라 교육이 이렇게 잘못된 방향으로 가고 있는 걸 보고 참을 수가 없었습니다. 그래서 대학 교수직을 내려놓고, 직접 실천하며 교육을 바로잡기 위해 김해 진영에 중학교를 세웠습니다. (…) 내가 꿈꾸는 교육은 쓸모없는 지식인을 만들지 않고, 실제로 일을 잘할 수 있는 사람, 즉 기술자를 키우는 교육입니다. 기술자를 천하게 생각하는 잘못된 생각 때문에 나라가 망했습니다. 이제 기술자를 키워서 다시 나라를 살리는 시대를 열어야 합니다. (…) 우리나라의 발전과 운명은 국민의 70% 이상이 사는 농촌 사회를 얼마나 개선하고, 직업

> 교육과 기술교육을 얼마나 성공시키느냐에 달려 있습니다. 어려운 환경에서 이런 일을 해내기는 정말 쉽지 않습니다. 남을 위해 나 자신을 희생하는 일은 어렵습니다. 하지만 지금 우리 조국은 자기 몸과 생명을 아낌없이 바칠 사람을 원하고 있습니다. 나는 높은 지위나 명예를 바라지 않습니다. 끝까지 가난한 농민의 아들·딸 들과 친구가 되어 함께 살아가고 싶습니다.
> (심진구, 「향토교육의 선구자 강성갑에 관한 사례연구」, 『인천교대논문집』 3, 1968년, 274~278쪽)

해방 직후, 80여 년 전의 시대 상황과 오늘날 우리가 살아가는 사회는 많은 점에서 다르다. 따라서 그 시기 선생이 제기했던 교육 문제를 오늘의 우리가 그대로 공감하기는 어려울 수도 있다. 그러나 선생이 던졌던 문제의식과 교육의 본질을 향한 질문은 지금 이 시대에도 여전히 유효하다. 선생은 해방 직후의 교육이 분명한 목적과 방향 없이 그저 '막연히 가르치고, 막연히 배우는' 수준에 머무르고 있다고 비판했다. 교육은 현실의 삶과 유리되어 있었고, 사회에 실제로 필요한 기술인이나 직업인을 기르는 데에는 무관심한 채, 인문계 교육에만 지나치게 집중되어 있었다. 그 결과, 고등교육을 받은 이들이 오히려 노동 현장과 단절되어 일자리를 구하지 못하고 사회 주변을 떠도는 이른바 '고등유민'이 생겨났다. 선생은 이러한 교육을 단호히 '실패한 교육'이라 명명하며, 국민 개개인이 자립의 힘을 갖추지 못한다면 그 교육은 오히려 삶을 불행하게 만드는 구조가 될 것이라고 경고했다. 교육은 개인을 행복하게 하고, 나아가 사회에 기여할 수 있는 능력을 길러야 한다는 것이 그의 확고한 신념이었다.

이러한 선생의 비판과 제안은 단지 과거에만 해당되는 것이 아니다. 물론 오늘날의 한국 교육은 과거에 비해 훨씬 다양하고 유연해졌으며, 기술직에 대한 인식도 개선되었고, 진로의 폭 또한 넓어졌다. 창의성과 융합을 강조하는 교육도 점차 시도되고 있다. 그러나 선생이 지적했던 교육의 구조적 모순은 여전히 현재진행형이다. 대학 입시 중심의 교육 체제는 여전히 견고하며, 교육은 '좋은 대학에 들어가기 위한 수단'으로 인식되는 경우가 많다. 대학 서열화 역시 해소되지 않았고, 대학교육이 개인의 삶을 실질적으로 보장해주지 못하는 현실도 여전히 존재한다. 사회는 여전히 학력과 간판을 주요한 평가 기준으로 삼고 있고, 그 결과 또 다른 형태의 '고등유민'이 지금도 양산되고 있다.

이러한 현실 속에서 선생이 강조했던 교육의 본질, 즉 '실제 생활에 필요한 능력을 기르는 교육', '개인의 자립과 행복을 가능하게 하는 교육', '국가와 사회에 기여할 수 있는 힘을 기르는 교육'은 오늘날 우리에게도 깊은 울림을 준다. 이제는 대학에 왜 가는가, 그리고 대학 교육이 이후의 삶에서 어떤 의미를 지니는가를 진지하게 묻는 시대다. 의과대학과 같은 특정 진로에 대한 사회적 관심이 집중되는 현상은 대학이 개인의 미래를 책임져주지 못한다는 불안을 반영한다. 따라서 '좋은 대학'은 더 나은 미래를 위한 하나의 수단일 수는 있으나, 그것이 곧 행복을 보장해 주는 것은 아니다.

선생이 남긴 교육에 대한 성찰은 지금 이 순간에도 여전히 유효하다. 그가 꿈꾸었던 교육은 단순한 지식 전달이 아니라, 삶을 위한 교육, 사람을 위한 교육, 그리고 사회를 변화시키는 교육이었다. 그의 철학은 오늘의 우리에게 다음과 같은 근본적인 질문을 던진다. "지금의 교육은, 당신의 삶과 우리 사회를 더 나은 방향으로 이끌고 있는가?" 앞으로 우리가 교육을 통해 나아가야 할 길은 어쩌면, 그가 남긴 이 질문에서 다시 출발해야 하는 것인지도 모른다.

밀알의 철학
– 삼애(三愛)주의와
  기독교 교육관

― 오늘 우리에게 필요한 한알의 밀알

 선생은 이러한 교육 현실을 극복하지 않고서는, 일제로부터 해방된 새로운 나라를 이끌 인재를 길러낼 수 없다고 판단하였다. 이러한 문제의식 아래, 그는 자신의 교육철학을 구체적으로 정리한 글 「나의 교육관」, 즉 설립취지서를 작성하였다. 주목할 만한 점은, 당시 설립된 다수의 학교들이 설립인가신청서를 제출할 때 별도의 설립취지서를 포함하지 않았다는 사실이다. 물론 모든 학교의 사례를 일일이 확인한 것은 아니나, 선생이 남긴 이 설립취지서는 확연히 예외적이고도 특별한 문서로 평가된다. 설립취지서는 단순히 학교 설립을 위한 형식적 요건을 갖추기 위해 필요한 서류는 아니었다. 그것은 어디까지나 정규 중학교 설립인가를 얻기 위한 행정 문서의 차원을 넘어, 해방 이후 새 시대의 교육이 어떤 방향으로 나아가야 하는가에 대한 선생의 확고한 결단이자 실천의 선언문이었다. 바로 이러한 철저한 문제의식과 실천적 결의가 있었기에, 선생의 교육은 추상적 이상에 머무르지 않고 현실 속에서 구체적으로 실현될 수 있었던 것이다.

설립취지서는 성서의 한 구절, 즉 신약성서 요한복음 12장 24절로 시작된다.

> "한 알의 밀이 땅에 떨어져 죽지 않으면 한 알 그대로 남지만, 죽으면 많은 열매를 맺는다." 이 말씀은 예수님의 말입니다. 자기만을 위한 이기적인 생각과 행동은 결국 그 민족과 국가를 망하게 합니다. 오늘날 우리나라에는, 나라를 위해 자신의 이익을 기꺼이 내려놓고, 한 알의 밀알처럼 몸과 생명을 바쳐 희생할 수 있는 사람을 필요로 합니다. 이런 사람이 되기 위해서는 적어도 다음에 말하는 네 가지 조건을 갖추어야 합니다.

선생이 설립취지서의 서두를 성서의 한 구절로 시작한 것은 매우 중요한 의미를 지닌다. 이는 그의 교육관의 핵심을 드러냄과 동시에, 교육자로서 앞에 내세우고자 한 삶의 전형(典型)을 담은 다짐이었다. 최근 새롭게 번역되어 출간된 새한글 성경에서 이 구절의 전후 맥락을 살펴보면, 해당 단락의 제목은 "그리스 사람들이 예수님을 보고 싶어 하다"로 되어 있다.

> 명절에 예배하러 올라온 사람들 가운데 그리스 사람들이 몇 명 있었다. 이들이 갈릴래아의 벳새다 출신인 필립에게 다가갔다. 그들이 필립에게 요청했다. "필립 선생님! 우리가 예수님을 뵙고 싶습니다." 필립이 가서 안드레에게 말한다. 안드레와 필립이 가서 예수님께 말씀드린다.
> 예수님이 그들에게 답변하신다. 때가 왔습니다. 이제 인자가 영광을 받게 될 겁니다. 아멘 아멘 그대들에게 말합니다.

> 밀의 씨앗이 땅에 떨어져 죽지 않으면, 씨앗 자체만 남습니다. 그러나 죽으면 많은 열매를 맺습니다. 자기 목숨을 대단하게 여기는 사람은 그 목숨을 잃어버립니다. 그러나 이 세상에서 자기 목숨을 돌아보지 않는 사람은 영원한 생명에 이르도록 그 목숨을 지킬 것입니다. 누구든지 나를 섬긴다면, 나를 따라와야 합니다. 나 자신이 있는 곳 거기에 나를 섬기는 사람도 있을 것입니다. 누구든지 나를 섬기면 아버지께서 그를 귀하게 여기실 것입니다.

성서의 이 구절은 예수의 삶과 가르침을 궁금해 했던 그리스인들에게 예수가 했던 말이다. 예수는 그들에게 이렇게 말했다. "한 알의 밀알이 땅에 떨어져 죽지 않으면 그대로 있고, 죽으면 많은 열매를 맺는다." 이 말은 단순한 희생이 아니라, 움켜쥐기보다 내려놓고, 나를 중심에 두기보다 공동체를 향하는 태도가 진짜 삶이라는 뜻이었다. 예수가 덧붙인 "나를 섬기려거든 나를 따르라. 내가 있는 곳에 그도 있으리라"는 말은 따름이란 모방이 아니라, 같은 방향과 책임을 지는 것임을 말하는 것이었다. 선생은 이 말씀을 자신의 삶의 지표로 삼았다. 그에게 신앙은 생각이나 이론이 아니었다. 기독교인이란 예수를 따라 사는 사람이었고, 말이 아닌 실천이 제자의 모습이라 믿었다. 그래서 그는 먼저 밀알이 되겠다고 다짐했다. 그리고 그 다짐을 학교의 설립취지서 첫머리에 담은 것이었다.

그가 본 일제 식민지의 비극은 외세의 폭력만이 아니라, '나만 아니면 된다'는 이기심과 자기중심성에서 비롯된 것이었다. 그는 단호히 말했다. "교회도, 사회도, 제도를 지키기 위해 본질을 팔

앉다. 이웃의 고통을 알면서도 '내 일만 아니면 된다'는 생각에 안주했다." 그렇기에 해방된 새 나라는 단순한 정치적 독립 뿐만 아니라, 새로운 인물과 의식의 탄생을 필요로 했다. "자기 이익을 기꺼이 내려놓고, 밀알처럼 자신을 바쳐 희생할 줄 아는 사람, 그런 사람이야말로 해방된 나라에 필요한 인재다"라는 주장이었다.

이 말은 강요가 아닌 선택을 전제로 한다. 희생은 타인을 위한 소멸이 아니라, 삶의 본질을 찾기 위한 깊은 자기결단이었다. 그래서 그는 자기 스스로부터 시작했다. 그는 실제로 미국 유학의 기회, 도시의 안정된 목회, 부산대학교 전임 교수직까지 모두 내려놓았다. 그 이유는 단 하나. "나를 따르라고 말하려면, 내가 먼저 그 길을 걸어야 한다." 그의 설립취지서가 오늘날까지도 울림을 주는 이유는, 그가 자신이 말한 대로 살았기 때문이다. 그는 직접 흙벽돌을 구워 학교를 세웠고, 가난한 아이들을 모아 가르쳤으며, 자신의 신념을 삶으로 증명했다. 그는 이어서 질문했다. "이 시대에 어떤 사람이 이웃과 더불어 살아가는 행복한 나라를 만들 수 있을까? 그런 사람을 길러내기 위해 우리는 어떤 교육을 해야 하는가?" 그리고 이렇게 답했다. "진정한 인재는 실력과 개성을 살리는 교육을 통해 길러져야 한다."

― 전문 지식과 기술로 먼저 일어선 사람

> 첫째, 한 가지 이상 전문적인 지식이나 기술을 가져야 합니다. 이것은 너무나 당연한 이야기입니다. 하지만 여기에 대해 확고한 믿음을 가지고 교육에 임하는 사람이 얼마나 될까요? 막연한 생각으로, 그냥 가르치고 배우면 된다고 여기는 것은 매우 위험한 일입니다. 아무 쓸모 없는 '고등유민'(이름만 고등교육을 받은 사람들)을 만들어내는 것은 큰 죄입니다. 이런 관점에서 볼 때, 교육은 학생 개개인의 개성과 타고난 소질을 충분히 살릴 수 있는 방향으로 이루어져야 한다고 믿습니다. 이 점에서 과학 중심의 교육이 반드시 필요하다는 것은 말할 것도 없습니다.

선생의 교육관은 무엇보다 먼저, 자기 자신으로부터 출발한다. 그는 자기 삶을 책임지는 개인, 실력 있는 한 사람이 되어야만 진정한 공동체적 삶이 가능하다고 믿었다. 그렇다면, 그런 사람은 어떻게 길러낼 수 있을까? 선생의 대답은 단순명료했다. "한 가지 이상의 전문 지식이나 기술을 가져야 한다."

그가 말한 '지식과 기술'은 단지 직업을 위한 기술교육에 그치지 않았다. 그것은 스스로 설 수 있는 힘, 다시 말해 타인의 도움 없이도 자기 삶을 꾸려갈 수 있는 능력을 의미했다. 그는 확신했다. "세상에 기여하고자 한다면, 먼저 내가 바로 서야 한다." 그러나 당시의 교육 현실은 그렇지 못했다. 해방 직후에 교육은 시험과 성적 중심의 체제에 머물러 있었고, 학생 개개인의 개성이나 소질은 철저히 무시된 채, 모두가 획일적인 기준에 맞춰지는 현실이었다. 그 결과, 이름만 고등교육을 받은 '고등유민'이 생겨나게 되었다. 배운 만큼 사회에 기여하지 못하고, 스스로 삶을 꾸려 가지도 못하는 이들이 늘어났다. 선생은 이를 단순한 교육 실패가 아닌, 사회의 미래를 가로막는 큰 죄악이라고 경고했다.

그는 교육이란, 학생 한 사람 한 사람의 고유한 가능성을 존중하고, 그 가능성이 충분히 발현될 수 있도록 돕는 일이라고 믿었다. 이상이나 감성만으로는 부족하다. 그는 논리적 사고, 과학적 분석, 실천적 지식과 기술을 교육의 중심에 두어야 한다고 강조했다. 그의 교육은 말에 머물지 않았다. 선생은 직접 몸으로 일하고 배우는 '노작 교육'을 통해 실천했다. 학생들과 함께 흙벽돌을 굽고 학교를 짓는 일은, 단지 학교 건물을 짓는 일이 아니라 삶을 주체적으로 살아가는 태도와 정신을 길러주는 과정이었다.

그는 분명히 말했다. "진정한 인재는 타인을 위해 헌신할 준비가 된 사람이어야 하며, 그 이전에 먼저 자기 삶에 당당한 사람, 실력을 갖춘 사람이어야 한다." 이것이 바로 선생이 말한 교육의 출발점이며, 오늘날 우리가 다시 되새겨야 할 가장 중요한 가치이기도 하다. 선생은 이를 자전거 타기에 빗대어 설명하곤 했다. 그의 처남은 생전에 이런 증언을 남겼다. "자전거를 타고 온 자형이, 내가 몰래 그 자전거를 타고 있을 때 아무 말 없이 뒤에서 자전거를 잡아주었다. 내가 쓰러지지 않도록, 넘어지지 않도록… 그는 그렇게 가르쳤다." 자전거를 타기 위해선 먼저 일어서야 한다. 넘어지지 않고 앞으로 나아가기 위해서는 균형을 잡아야 하고 스스로 페달을 밟아야 한다. 선생은 이 말을 자주 학생들에게 전했다. 일어서는 것이 자립(自立)이고, 페달을 밟아 앞으로 나아가는 것이 자조(自助)라고. 자립 없이 자조는 불가능하다. 그리고 자립·자조의 힘이 없이는 다른 사람을 돌아볼 여유도, 공동체를 위한 책임도 생기지 않는다. 자기 삶에 책임지지 못하는 사람은 다른 이의 고통에도 공감할 수 없다.

이러한 교육을 실현하기 위해, 선생은 당시로서는 매우 선진적인 방식을 도입했다. 강압적이고 획일화된 일제의 잔재 교육에서 벗어나, 학생들의 자율성과 개성을 존중하는 교육을 선택했다. 그는 심지어 두발에까지도 교육 철학을 담았다. 당시 대부분의 학교가 일제 군국주의의 잔재로 남은 짧은 머리를 강요하던 시절, 그는 빡빡 깎은 머리는 자율성을 해친다며 이를 반대했다. 학생들에게 어릴 때부터 스스로 머리를 손질하는 훈련, 즉 신사의 훈련을 강조했다. 이는 무려 1982년 교복·두발 자유화가 이루어지기 수십 년 전, 시대를 앞선 교육적 통찰이었다.

선생의 교육은 개인을 키우되, 사회와의 연결을 놓치지 않는 교육, 실력과 인간됨을 함께 기르는 교육, 그리고 사람이 스스로 설 수 있도록 돕는 교육이었다. 그가 말한 자립과 자조는, 결국 행복한 개인, 책임 있는 시민, 그리고 따뜻한 공동체로 가는 가장 현실적인 출발점이었다. 먼저 일어서야 한다. 그래야 앞으로 나아갈 수 있다. 그리고 나 자신이 행복해야, 이웃과 더불어 살아갈 수 있다. 이것이 바로, 선생이 꿈꾸었던 교육이었고, 지금 우리 교육이 다시 돌아보아야 할 첫걸음이다.

― 애토(愛土)의 정신 – 우리 땅과 얼을 사랑하라

> 둘째, '애토(愛土)의 정신', 즉 자기 땅을 사랑하는 마음을 가져야 합니다. 여기서 말하는 '흙'은 단순한 땅이 아니라, 우리 민족의 고유한 역사, 문화, 전통을 의미합니다. 또한 이 '흙'은 노동을 뜻하기도 합니다. 노동을 소중히 여기고, 일하지 않으려는 사람은 먹지도 말아야 한다는 정신이 담겨 있습니다. 즉, 노동을 신성하게 여기고, 성실하게 살아가야 한다는 뜻입니다. '애토의 정신'은 한마디로 말해, 우리 민족의 얼을 사랑하고 아끼며, 그것을 갈고닦아 세계 인류에 기여할 길을 찾기 위해 노력하자는 것입니다. 그 속에서 새로운 창의성과 독창성도 나올 수 있습니다. 또한 이 애토의 정신에는 덴마크 농민운동이나 국민교육의 정신처럼, 자기 땅을 사랑하고 일터를 소중히 여기는 자세도 함께 포함되어 있습니다.

선생이 강조한 교육의 두 번째 조건은 '애토의 정신', 즉 땅을 사랑하는 마음이었다. 여기서 말하는 '땅'은 단순한 자연환경이 아니라, 우리 민족의 정체성, 역사, 문화, 노동, 그리고 삶의 터전을 모두 아우르는 상징이었다. 선생은 먼저, '땅'을 우리 민족의 뿌리로 보았다. 땅은 우리가 누구인지, 어떤 가치를 지켜야 하는지를 되돌아보게 한다. 일제는 우리 민족을 일본에 동화시키려 했고, 많은 이들이 정체성을 잃고 살아갔다. 그러나 선생은, 우리 민족의 고유한 역사와 문화, 얼(혼)을 소중히 여기지 않으면 진정한 해방도, 자주적인 미래도 없다고 보았다.

그는 민족의 독자성을 강조했지만, 동시에 타인의 고유함도 존중할 줄 아는 열린 태도를 가르쳤다. 진정한 자존감은 단순한 자신감이나 우월감이 아니라, 내가 누구이고 어떤 배경에 속해 있는지를 정확히 인식하는 데서 출발한다고 보았다. 비교나 경쟁을 통해 만들어지는 자신감이 아니라, 나와 공동체에 대한 성찰에서 비롯되는 건강한 자각이 필요하다고 보았다.

'애토의 정신'은 또 다른 측면에서 노동의 가치를 의미하기도 했다. 선생은 땅을 일구는 행위, 곧 노동을 삶의 기본이며 교육의 출발점으로 여겼다. 그는 당시 교육이, 일하는 것을 천하게 여기고 과학기술과 실업교육을 무시하는 풍조에 깊은 우려를 나타냈다. 일하지 않고 편히 살고 싶은 마음은 결코 건강한 사회를 만들 수 없으며, 노동을 부끄러워하지 않는 교육, 일하는 사람을 존중하는 사회가 되어야 한다고 주장했다.

이러한 선생의 교육철학은 그가 자주 인용했던 덴마크의 사상가 그룬트비의 사상과도 닿아 있다. 덴마크가 자국의 언어, 역사, 농업을 바탕으로 교육과 문화를 발전시킨 것처럼, 우리도 우리 현실과 전통에 맞는 교육과 경제 자립을 이뤄야 한다고 보았다. 이것이 바로 그가 말한 '덴마크적인 의미'였다.

결국, 선생이 말한 '애토의 정신'은 다음 세 가지 핵심으로 정리할 수 있다. 첫째, 우리 민족의 얼과 정체성을 지키는 마음 – 우리 문화, 역사, 전통에 대한 자긍심을 갖고 그것을 계승·발전시켜야 한다는 의지. 둘째, 노동을 존중하고 성실하게 살아가는 자세 – 일하는 것을 부끄러워하지 않고, 실생활과 연결된 교육을 통해 삶의 기초를 다져야 한다는 믿음. 셋째, 우리 것을 바탕으로 세계에 기여하려는 창의적 정신 – 우리 고유의 문화적 기반 위에서 새로운 가치와 창의성을 창출하고, 그것으로 인류 공동체에 이바지하자는 비전이었다. 이처럼 '애토'는 감성적 구호가 아니라, 민족의 자립과 공동체의 성장을 위한 실천적인 교육 원리였다. 선생의 교육은 언제나 현실을 딛고, 사람과 삶을 위한 방향으로 나아갔다.

─ 애린(愛隣)의 정신 - 이웃을 사랑하는 실천

> 셋째, '애린(愛隣)의 정신'을 가져야 합니다. 애린이란, 이웃을 위해 내가 가진 가장 좋은 것을 기꺼이 내어주는 마음입니다. 즉, 남을 위해 자신을 희생하는 것이고, 더 나아가 내 민족과 조국을 진심으로 사랑하는 태도입니다. 나라를 사랑한다는 것은 결국 내 주변의 이웃, 형제를 사랑하는 데서 시작됩니다. 형제 중 한 사람이 도움이 필요하다고 할 때, 내 이익을 내려놓고 그를 위해 헌신하는 것이 진짜 애국입니다. 만약 이런 구체적인 실천 없이 말로만 애국을 외친다면, 그것은 결국 관념적인 말장난에 불과합니다.
>
> 이처럼 이웃을 사랑하는 정신, 즉 '애린'과 반대되는 것이 바로 '이기심'입니다. 이기심은 자기중심적인 생각에서 비롯되며, 모든 죄악은 여기서 출발합니다. 개인적인 잘못이든, 사회적인 문제든, 국가적인 죄악이든 그 뿌리는 결국 나만 생각하는 마음에서 비롯됩니다. 이런 태도를 '이기적인 개인주의'라고 부를 수 있는데, 과거 일제강점기 시절 우리는 이런 사고방식을 주입받으며 교육받았습니다. 그 결과, 많은 사람들의 머릿속에는 민족도, 국가도, 사회도 사라지고 '나'만 남게 되었습니다. 설령 '조국을 위한다'는 좋은 말이 붙어 있더라도, 실제로는 자신만을 위한 행동이었던 경우가 많았습니다.

> 만약 애린의 정신이 없는 사람에게 지식이나 기술을 가르치면 어떻게 될까요? 그것은 마치 칼을 갈아서 도둑에게 쥐여주는 것과 같은 일입니다. 오늘날 우리가 마주하는 많은 매국노들 – 그들은 자신이 가진 지식과 기술을 나라를 위해 쓰는 것이 아니라, 오히려 개인의 이익을 위해 무기로 삼아 사용하고 있지 않습니까?

사람은 먼저 자기 자신을 존중할 줄 알아야 한다. 내가 누구인지, 어디에 속해 있는지를 분명히 인식하는 것이, 타인을 향한 시선의 출발점이다. 올바른 자기 인식 위에서만 공동체 속에서 어떻게 살아가야 할지를 판단할 수 있다. 내가 삶을 지탱할 수 있는 지식이나 기술을 갖추고 스스로를 일으켜 세웠다면, 이제는 주변을 돌아볼 수 있어야 한다. 나 혼자만으로는 살아갈 수 없으며, 나만 소중한 것이 아니라 다른 이들도 똑같이 존귀한 존재이기 때문이다. 선생은 이 마음을 '애린(愛隣)의 정신'이라 불렀다.

애린이란 단지 친절이나 감정적 연민이 아니라, 이웃을 위해 기꺼이 자신을 내어놓을 수 있는 실천적 자세이다. 나를 넘어서는 구체적인 헌신과 봉사, 그리고 공동체를 향한 책임 의식이 여기에 담겨 있다. 선생은, 말로만 이웃 사랑을 외치며 실제로는 자신의 이익만을 추구하는 이기적 행태를 단호히 비판했다. 그는 이렇게 말했다. "이웃을 사랑하는 마음이 없는 사람에게 어떤 기술을 수여하는 것은 칼을 갈아 강도에게 주는 결과를 가지고 오고 말 것이다. 우리는 가는 곳마다 그들이 가진 지식이나 기술을 무기 삼아 자기의 이익을 꾀하는 매국노를 발견하지 않는가." 이 말은 지금도 유효하다. 공공의 이름으로 사익을 추구하는 이들, 공동체보다 자신의 권력을 우선시하는 사람들은 여전히 우리 사회에 존재한다.

 선생이 강조한 애린의 정신은, 단순한 윤리가 아니다. 그는 공동체의 건강성과 사회적 신뢰를 회복하는 핵심 가치로 애린을 보았다. 일제 강점기 조선의 교육은 철저히 이기주의와 개인주의를 심어주었고, 그 결과 공공은 껍데기만 남았으며, 실상은 각자의 이익만 좇는 구조로 변질되었다. 선생은 이런 현실을 극복하기 위해, 곁에 있는 사람을 위한 작은 실천이 진짜 애국이라고 믿었다. 지식과 기술은 그것이 사람을 위한 방향으로 쓰일 때만이 의미가 있으며, 이웃을 사랑하는 마음이 없다면 오히려 그것은 공동체를 해치는 무기가 될 수도 있다고 보았다. 그는 이를 자신의 삶으로 증명했다. 말로 가르치지 않고, 직접 살아내며 보여주었다. 애린은 그에게 이론이 아니라 삶의 방식이었다.

 그렇기에 애린의 정신은 단순한 선의나 감정이 아니다. 진정한 이웃 사랑은 동정(sympathy)을 넘어선 공감(empathy), 다시 말해 타인의 고통을 있는 그대로 받아들이고 이해하려는 태도에서 출발한다. 작가 이길보라는 청각장애를 가진 부모 아래서 자라며 고통이 단순히 부정적인 것만은 아니라고 말한다. 그는 『고통에 공감한다는 착각』에서 "고통에 공감한다는 말에는 고통이 반드시 불행해야 한다는 전제가 깔려 있다. 그러나 고통을 있는 그대로 받아들일 때, 우리는 타인의 삶을 단편화하지 않고, 오히려 우리의 세계를 확장할 수 있다"고 말한다. 우리는 종종 "타인의 고통에 공감할 줄 아는 사람입니까?"라는 질문 앞에서 주저 없이 '예'라고 대답한다. 그러나 과연 그 공감은 충분한가? 공감은 가능하기나 한 것인가? 이 질문은 애린의 의미를 더 깊이 성찰하게 만든다.

브래디 미카코의 『나는 옐로에 화이트에 약간 블루』에서는 엠퍼시(empathy)를 '타인의 신발을 신어보는 것'이라고 말한다. 이 말은 영어의 관용구로, 다른 사람의 입장에서 생각해 보는 것을 뜻한다. 타인의 삶을 온전히 이해할 수는 없지만, 그의 자리에 서 보려는 노력, 그것이 바로 공감이며, 애린의 정신이 향하는 방향이다. 심퍼시(sympathy)는 타인의 감정에 동조하고, 연민하거나 동정하는 감정이다. 반면 엠퍼시(empathy)는 타인의 감정과 경험, 삶의 맥락을 이해하려는 능력이다. 그것은 단순한 감정이 아니라, 의식적인 태도이며 학습 가능한 능력이다.

선생이 말한 '애린'이란, 바로 이와 같은 공감의 능력을 실천하는 것이다. 그는 이웃을 위해 기꺼이 자신을 내어놓을 수 있는 구체적이고 실천적인 자세를 강조했다. 그리고 그것은 공공과 공동체를 진심으로 생각하는 이들의 출발점이기도 하다. 오늘 우리가 애린의 정신을 되살리기 위해 필요한 것은 동정이 아닌 공감, 그리고 그 공감을 실천으로 이끄는 책임감이다. 애린은 단지 선한 감정이 아니라, 사회를 다시 건강하게 만들 수 있는 윤리적 토대이자 교육의 핵심 가치이기도 하다.

애천(愛天)의 정신
– 인간의 한계를 받아들이는 겸손과 성찰

> 넷째, '애천(愛天)의 정신'입니다. '애천'이란 하늘을 사랑하는 마음, 다시 말해 하나님을 믿고 사랑하는 신앙을 뜻합니다. 앞서 말한 '애토(愛土, 땅을 사랑하는 마음)'나 '애린(愛隣, 이웃을 사랑하는 마음)' 같은 가치도, 결국은 이 '애천의 정신' 위에서만 온전히 살아날 수 있습니다.
>
> 인간은 본래 자기 중심적인 존재입니다. 태어날 때부터 '나'만을 생각하는 본성을 가지고 있습니다. 교육을 통해 좋은 길을 배우고, 도덕을 통해 바르게 살아야 한다는 명령을 들을 수는 있지만, 실제로 그 길을 따라 살 수 있는 힘까지는 주지 못합니다. 이게 바로 교육과 도덕의 한계입니다. 그렇기 때문에 인간은 스스로의 힘만으로는 완전히 바뀔 수 없습니다.
>
> 진정한 변화, 즉 자아중심성을 넘어서 이웃을 위해 살고 땅과 하늘을 존중하는 삶은 인간 안에 있는 능력만으로는 이뤄질 수 없습니다. 이런 변화는 인간을 창조하신 절대자의 힘, 즉 하나님의 도우심을 통해서만 가능하다는 것이 선생의 생각입니다. 하나님을 사랑하고, 그분의 뜻을 따르려는 신앙이 있어야 진정한 인간 변화가 일어날 수 있습니다. 그래서 신앙이라는 기초 위에 서지 않은 인간의 노력은 결국 불안정합니다. 마치 모래 위에 세운 집처럼, 겉보기엔 괜찮아 보일 수 있어도 비가 오고 바람이 불면 쉽게 무너지고 맙니다.

'애천'은 말 그대로 하늘을 사랑하는 것이다. 여기서 말하는 하늘은 단순한 자연이 아니다. 그것은 인간을 넘어선 절대적 존재에 대한 경외심, 그리고 그 뜻을 따르려는 삶의 태도를 말한다. 선생은 이 '애천'이야말로 인간의 이기심을 넘어설 수 있는 가장 근본적인 힘이라고 확신했다. 그는 "교육은 방향을 제시할 수는 있어도, 그 길을 걷게 하는 힘까지 주지는 못한다"고 말하곤 했다. 즉, 교육이나 도덕만으로는 인간의 본성, 특히 사기중심성을 완전히 바꿀 수 없으며, 그 한계를 넘어서는 힘이 필요하다는 것이다. 선생이 말한 그 힘은 바로 신앙, 다시 말해 '나'라는 존재를 넘어선 '무엇'을 신뢰하는 마음이었다. 그는 "신앙 없는 실천은 모래 위에 지은 집과 같다"고 했다. 겉으로는 멀쩡해 보여도 위기가 닥치면 쉽게 무너진다는 뜻이다. 여기서의 신앙은 특정 종교의 교리를 뜻하지 않는다. 오히려 그것은 검증할 수 없는 자신의 확신을 강요하지 않고, 자신의 삶에서 겸허하게 실천하며 증명해내는 내면의 태도였다.

선생은 애토(愛土, 땅을 사랑함), 애린(愛隣, 이웃을 사랑함)의 실천도 결국 애천의 신앙 위에 세워질 때 지속될 수 있다고 보았다. 인간의 마음에서만 비롯된 선의는 위기 앞에서 흔들릴 수 있고, 자기이익으로 쉽게 회귀하기 때문이다. 그래서 그는 단호히 말했다. "애천 없는 애토와 애린은 지속될 수 없다." 이 신념은 그의 교육철학으로도 이어졌다. 그는 해방 이후 새로운 시민 윤리를 정립하기 위해 '국민신앙'이라는 과목을 제안했다. 이 과목은 단순한 종교교육이 아니라, 공동체의 윤리와 책임을 기르는 실천적 시민교육이었다. 그가 덴마크의 그룬트비를 모델로 삼은 것도, 기독교의 정신을 바탕으로 민족을 부흥시킨 사례에서 깊은 통찰을 얻었기 때문이다. 물론 당대 한국 사회는 기독교가 주류가 아니었기에, 그와 같은 시도는 어려운 도전이었다. 그럼에도 불구하고 선생은 진정한 변화는 인간 너머에서 온다는 신념을 끝까지 놓지 않았다.

그에게 신앙은 '내가 믿는다'는 자기 확신이 아니라, 나의 한계를 인정하고 그 너머의 가치에 자신을 맡기는 겸허한 태도였다. 다시 말해, 신앙이란 "내가 무엇을 믿는다"라는 것에서 '나'를 중심으로 하는 자기 확신이 아니며, 믿을 뿐만 아니라 더 나아가 따라 살아가고자 그 '무엇'이 중요하다는 것이다. 즉 신앙에서 '나'는 단순히 객체일 뿐, 진정한 주체는 흔히 믿음의 대상으로 여기는 그 '무엇'이라는 것이었다.

오늘날 우리는 급속한 변화 속에서 방향을 잃고 흔들리곤 한다. 선생이 말한 '애천'의 정신은 지금 우리에게 세 가지 중요한 교훈을 준다. 첫째, 자신의 한계를 인정하는 겸손 - 우리는 완전하지 않으며, 언제든 흔들릴 수 있다. 둘째, 삶의 방향에 대한 성찰 - 무엇을 위해, 누구를 향해 살아가고 있는가? 셋째, 공동체 윤리의 회복 - 사회는 제도나 기술이 아니라, 내면의 도덕성과 영성이 함께 작동할 때 건강하게 유지된다는 것이다. 결국 애천은 특정 종교에 갇힌 말이 아니다. 그것은 삶의 중심을 어디에 둘 것인가를 묻는 질문이며, 스스로를 지탱하는 내면의 질서를 말한다. 겉이 화려한 사회, 빠르게 돌아가는 세상 속에서 단단한 중심을 가진 사람, 신뢰할 수 있는 공동체, 흔들리지 않는 가치를 다시 세우기 위해 우리가 회복해야 할 것은 바로 이 하늘을 향한 사랑, 애천의 정신일지도 모른다.

선생은 설립취지서를 맺으며, 자신의 기독교적 교육관을 애토,

애린, 애천의 삼애주의로 집약해 정리하였다.

> 앞서 말한 바와 같이, '애토'는 민족 문화를 사랑하는 마음, '애린'은 이웃을 사랑하는 국민 도덕, '애천'은 하나님을 사랑하는 국민 신앙을 의미합니다. 이 세 가지를 조화롭게 실현하는 '삼애주의'를 우리 학교의 교육 이념으로 삼고 있습니다.
> 이러한 정신을 바탕으로, 학생들이 한 가지 이상의 전문 지식과 기술을 갖춘 사람으로 성장하여 조국에 이바지하고, 더 나아가 인류 문화에 기여할 수 있는 인재로 자라나게 하는 것이 바로 우리 학교의 설립 취지입니다. 이것이 곧, 기독교적 교육관이 지향하는 핵심입니다. (「재단법인 3·1학원 설립인가신청서」 1947년 12월)

지역사회와 함께하는 학교

> **한얼중학교 교육방침**
> 우리는 덴마크의 교육 방식을 참고하여, 농촌의 청소년을 대상으로 유능한 농촌 지도자를 길러내는 데 중심을 두고자 합니다. 조선의 재건은 농촌의 재건에 달려 있고, 농촌을 바로 세우려면 농촌에 대한 바른 생각과 올바른 기술을 갖춘 지도자를 길러내야 합니다. 농촌의 청년이 자기 마을의 흙을 사랑하고 이웃을 아끼는 마음을 가질 수 있도록, 그런 정신을 실현하며 마을을 지키고 일하는 인물이 필요합니다.
> 하지만 지금까지의 일본식 교육은 도시 중심이었고, 학교만 졸업하면 대부분 농촌을 떠나 도시로 몰려갔습니다. 그 결과 농촌에는 무지한 노인, 여성, 어린아이들만 남게 되었고, 농촌은 점점 문화에서 소외된 공간으로 전락했습니다. 이런 식의

> 교육이 계속된다면 조선의 미래는 어둡고 희망이 없을 수밖에 없습니다.
>
> 그래서 우리는 농촌을 지키고 변화시킬 수 있는 실천적 지도자를 길러야 한다고 봅니다. 학교 교육을 통해 배운 지식을 이론에 그치지 않고 실제 생활 속에서 실천할 수 있도록 해야 하며, 학교에서 배운 것을 집과 마을에서 그대로 적용하여 이상적인 농촌 공동체, 즉 '이상촌'을 만들어가야 합니다. 그리고 바로 우리 학교는 이런 교육적 이상을 실현하기에 가장 적합한 곳에 있습니다. 이곳은 교통의 중심지이자, 다양한 문화를 접할 수 있는 지역이며, 만여 정보에 이르는 넓은 평야와 여러 마을이 인접해 있어 교육과 실천을 함께 이뤄가기 위한 최고의 환경을 갖추고 있습니다. (「한얼중학교 설립인가신청서」 1947년 12월)

선생의 교육철학과 교육의 목표를 잘 보여주는 자료 가운데 하나는 한얼중학교 설립인가신청서에 첨부된 교육방침이다. 이 문서에는 선생이 어떤 인간을 길러내고자 했는지, 교육을 통해 어떤 사회를 만들어가고자 했는지가 분명하게 담겨 있다. 선생은 한얼중학교를 통해 "농촌을 지키고 개척할 수 있는 지도 인물을 양성하되, 학교를 중심으로 하여 이론과 실천을 일치시켜, 학교에서 배운 것을 가정과 마을에 가서 실지로 살려 이상촌 건설에 착수하겠다"고 자신의 뜻을 분명히 밝혔다. 이 교육적 비전은 단순한 직업 교육이나 기능 습득을 넘어, 농촌의 미래와 조선 사회 전체의 재건을 위한 철학적 기반을 담고 있다. 핵심은 농촌을 단순한 생산의 공간이 아닌, 인간의 정신과 공동체적 가치가 실현되는 이상적 삶의 공간으로 바라보는 데 있다.

일제 강점기의 식민지 교육은 도시 중심, 관료 중심으로 운영되었다. 그 결과 학교를 졸업한 많은 청년들이 농촌을 떠나 도시로 향했고, 농촌은 늙은 어른들과 어린아이들만 남게 되었으며, 문화와 교육에서도 소외된 공간이 되었다. 이 현실을 안타깝게 바라보며, 선생은 "농촌은 스스로 지키고 개척할 수 있는 젊은 지도자가 필요하다"고 강조했다. 그가 말한 지도자는 단순히 지식이 많거나 말솜씨가 좋은 사람이 아니라, 자기 고향과 마을을 진심으로 사랑하며, 흙을 직접 일구고 사람들과 더불어 살아가려는 실천적인 인물이었다. 그런 인물은 도시 문명을 동경하기보다,

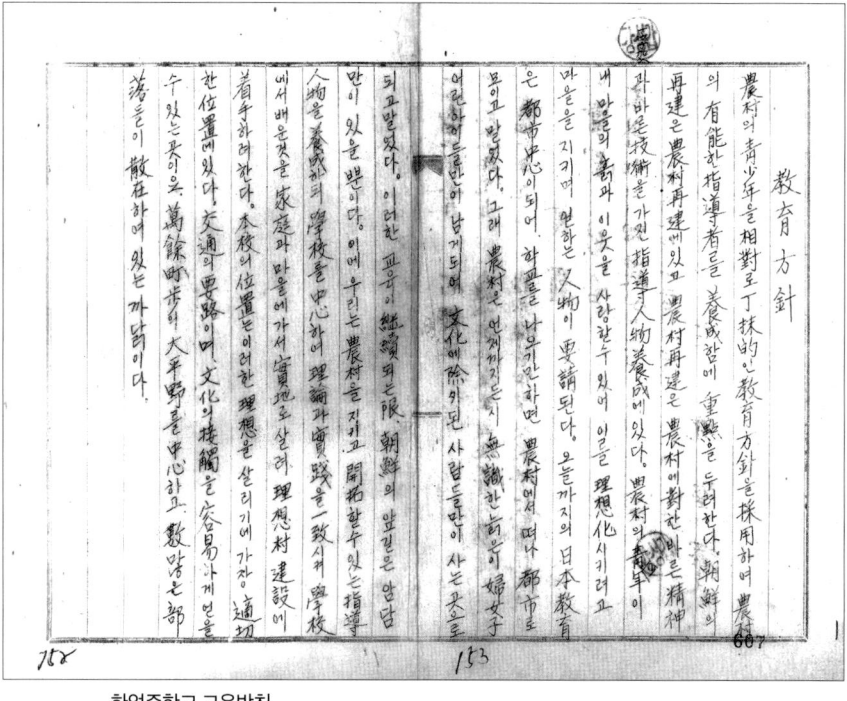

한얼중학교 교육방침

자신이 살고 있는 마을과 이웃을 사랑하며, 삶을 바꾸기 위해 땅을 일구고 공동체와 함께하는 삶을 실천할 수 있어야 했다.

일제로부터 지금 막 해방된 우리나라의 재건은 곧 농촌의 재건이며, 이를 위해 올바른 정신과 기술을 겸비한 농촌 지도자의 양성이 무엇보다 시급하다고 선생은 믿었다. 해방된 새 나라의 재건은 도시가 아니라 농촌에서 시작되어야 하며, 그 변화의 중심에는 젊은이들의 교육이 있어야 한다고 보았다. 그가 추구한 교육은 기술 교육이나 시험 대비에만 치중하는 것이 아니었다. 그는 덴마크의 농민교육 운동에서 영감을 받았지만, 당시 우리나라의 현실에 맞는 방식으로 '삶과 연결된 교육', '실천과 연결된 교육'을 강조했다. 책상에 앉아 이론만 배우는 교육이 아니라, 마을과 흙, 그리고 이웃을 사랑하는 마음까지 함께 키우는 교육이 필요하다는 것이 그의 생각이었다.

이를 위해 그는 학교를 중심으로 이론과 실천이 일치되는 교육, 지역을 변화시킬 수 있는 주체를 길러내는 교육을 추구하였다. 그의 교육은 외국 제도의 단순한 모방이 아니라, 당시 우리나라의 현실에 맞게 자립적이고 공동체 중심적인 교육 모델을 만들고자 한 실험이자 실천이었다. 농업 기술만을 가르치는 것이 아니라, 지역을 사랑하는 삶의 태도와 문화적 가치를 함께 키우는 통합적인 교육관이었다. 그러한 태도는 학교에서 배운 지식을 단순히 머릿속에 담아두는 것이 아니라, 삶의 현장에서 실천하려는 자세에서 비롯된다고 보았다. 그래서 그의 교육관은 단순히 농촌에 남아야 한다는 권고가 아니라, "어디에 살든 내가 뿌리내린 이 땅과 사람들을 사랑하고 책임지는 삶을 살라"는 메시지였다. 배운 것을 나만의 성공을 위한 도구로 삼는 것이 아니라, 이웃과 공동체를 위해 나누고 실천하는 태도, 그것이 바로 교육의 진정한 목표라고 그는 가르쳤다.

이러한 선생의 교육 철학은 오늘날에도 유효하다. 지금도 수도권 집중과 지방 소멸 문제가 이어지고 있고, 많은 청년들이 도시로 떠나며 농촌과 지역은 고령화되고 있다. 선생이 남긴 이 글은 농촌과 지역 공동체가 단순히 '지원'의 대상이 아니라, 미래 사회를 함께 세워 나갈 자립적 주체라는 인식을 되새기게 한다. 교육 역시 단지 입시나 이론 중심에 머물러서는 안되며, 삶과 연결되지 않는 교육은 결국 의미를 잃게 된다. 따라서 지역과 연계된 체험 중심 교육, 학습이 실천으로 이어지는 교육이 중요하다. 무엇보다 공동체 중심 가치의 회복이 절실하다. 오늘날 사회는 지나치게 경쟁적이고 개인주의적이다. 그러나 선생은 흙과 이웃을 사랑하는 사람이 진정한 지도자라고 믿었다. 공동체에 대한 애정과 함께 살아가는 태도는 지금도 여전히 유효한 시대정신이다.

선생이 제시한 농촌 교육의 방향은 과거의 이상이 아니라, 우리가 다시 회복해야 할 교육의 본질, 인간의 성장, 공동체의 회복이라는 깊은 통찰을 담고 있다. 농촌에서 미래를 꿈꾸고, 교육을 통해 삶을 변화시키려 했던 그 비전은 지금의 우리에게도 여전히 살아 있는 물음으로 다가온다. 이러한 선생의 비전은 당시 우리 사회의 미래를 위한 의미 있는 대안으로 평가되었고, 이를 널리 알리고자 노력한 교육학자가 있었다.

성균관대학교 교육학과의 **허현** 교수는 선생의 교육 활동을 직접 도우며, 여러 차례 그를 만나 교육 이념과 방법에 대해 깊이 논의하였다. 허 교수는 선생에 대한 존경의 뜻으로 외국 인사들을 한얼중학교에 초청해 시찰하게 했으며, 선생의 교육 목적과 방법에 전적으로 공감하였다. 허현은 "농민들과 읍내의 가난한 사람들은 강성갑 선생을 하나님처럼 생각했다"며, 선생에게 한국의 그룬트비가 되어야 한다고 권하기도 했다.

> **허현**
>
> 허현(許鉉, 1903~1964)은 한국 해방 이후를 대표하는 교육학자이자 교육평론가이다. 황해도 평산 출생으로 송도고보, 동경고등사범학교를 졸업하고 미국으로 유학하여 에모리와 보스톤 대학에서 공부하였고 1934년 보스톤에서 석사학위를 취득했다. 귀국하여 송도고보, 동래고보의 영어교사를 지냈고 해방 후 미군정이 1945년 11월 조직한 조선교육심의회에서 미군정이 새롭게 개설한 사회생활과의 성격을 밝히기도 했으며 한국전쟁이 끝난 후 성균관대 교수로 취임하여 정력적으로 교육활동을 폈으며 많은 글을 썼다.

허현은 『새교육』 1957년 1월호부터 6월호까지 6회에 걸쳐 「지역사회학교」라는 제목으로 글을 연재하였다. 그는 일제강점기 일본과 미국에서 유학한 뒤 민족주의적이면서도 진보적인 교육사상을 형성하였으며, 교육의 사회 변혁적 역할을 강조했다. 교육을 통해 학생들이 현실 개조의 의지와 방법, 기술을 배울 수 있다고 믿었고, 그 실천 방안으로 제시한 것이 바로 '지역사회학교'였다. 허현에게 지역사회학교 이론은 당시 한국 교육 개혁에 매우 중요한 의미를 갖는 개념이었다. 그는 획일주의를 버리고 지역 중심, 경험 중심의 교육이 필요하다고 보았고, 이를 실천하기 위해 교사는 사회와 국내·외 동향에 주의를 기울이는 정치가이자 사회운동가가 되어야 한다고 주장했다.

> 유능한 교사는 학교를 중심으로 지역사회의 문제를 인식하게 하고, 그것이 왜 발생했는지를 파악하도록 도우며, 앞으로 나아가 그 문제를 함께 협력해 해결하도록 이끌어야 합니다. 학교는 정치 단체가 아닙니다. 따라서 학교가 해야 할 일은, 지역 주민 모두와 협력하여 지적으로 그리고 실천적으로 지역의 문제를 발견하고, 이를 바탕으로 아동과 성인 모두에게 필요한 다양한 방면의 교육을 제공하는 것입니다. (…)
> 이와 같이 각 지역이 자신들의 특성을 제대로 이해하고, 그에 따른 문제를 정확히 인식하며, 나아가 그 문제를 다른 지역의 상황과 연결시켜 사고할 수 있어야 합니다. 그리고 궁극적으로는 이러한 문제들을 세계적인 관점에서 바라볼 수 있을 때, 우리는 비로소 진정한 평화를 얻고 자유를 누릴 수 있을 것입니다. (허현,「지역사회학교 제6회」,『새교육』1957년 6월, 135쪽)

강성갑 선생이 세운 한얼중학교는 지역사회학교 이론을 현실에서 실천한 대표적인 사례였다. 허현은 "비록 초지(初志)를 완전히 이루지 못한 채 세상을 떠났지만, 그가 남긴 뜻은 오늘 우리에게 깊은 시사점을 준다"고 말하며, 선생의 활동을 세상에 널리 알리고자 했다. 그는 강성갑 선생이 "이 학교를 중심으로 지역을 경제적·사회적으로 개혁하려 하였고, 성공하면 이를 다른 지역으로 옮겨 교육운동을 전국적으로 확산하려 했다"고 회고하였다. 허현은 이러한 운동이 단순한 정당 활동보다 훨씬 더 지속적이고 강력한 영향력을 가질 수 있다고 믿었다.

허현의 회고에는 다소 과장된 면이 없지 않다. 그러나 오히려 그 짧은 시간, 선생의 실천이 그만큼 강렬했기에, 그런 기억과 평가가 가능했는지도 모른다. 강성갑 선생의 교육 실천은 당대 농촌에 새로운 희망을 심었고, 교육의 본질이 무엇인지 다시 묻게 만드는 계기가 되었다.

> 그는 학생들에게 일하는 과정에서 '협동'을 직접 체험하게 했고, 그 정신은 결국 거리 청소와 공동변소 청소로까지 이어졌다. 이것이야말로 '행동함으로써 배우는 교육'이었다. 그 학교에는 정해진 학기가 따로 없었다. 농번기에는 일손이 필요한 아동들이 집으로 돌아가 동생을 돌보고, 소를 먹이고, 꼴을 베고, 모를 심었다. 또 어떤 농가에 사람이 부족하면, 학생들이 직접 가서 농사일을 도와주기도 했다. 학교에서 흙집 짓기가 성공하자, 마을 사람들 중 집이 너무 낡고 열악한 이들에게는 학생들이 흙집을 지어주기도 했다.
> 이런 실천은 자연스럽게 마을 사람들의 이해와 협력, 성원을 얻게 되었다. 다시 말해, 학교는 결국 마을의 공동 자산이 되었고, '커뮤니티 스쿨(community school)'로 자리잡게 된 것이다. 이로써 마을의 일이 곧 학교의 일이 되었고, 학교의 일이 곧 마을의 일이 되었다. 그 결과 학교에는 여러 종류의 반(班)이 만들어졌다. 성인반도 있었고, 주간반과 야간반도 있었다. 학교에서는 가능한 모든 자원을 활용해 채소도 심고, 화초도 길렀다. 학비는 물론 실비(實費) 수준이었기 때문에, 학생과 교직원은 쌀 몇 말과 약간의 부식비로 공동생활을 꾸려나갔다. 이러한 생활을 이어가는 동시에, 교직원과 학생들은 인근 마을에 찾아가 농한기에는 시사 이야기도 나누고, 양계(養鷄) 같은 실용적인 주제도 이야기하며, 편안하게 잡담도 나눴다.
> (허현, 「지역사회학교 제6회」, 『새교육』 1957년 6월, 131~133쪽)

허현 교수는 선생의 교육 실천을 세 가지로 정리하며, "그가 남긴 발자취는 오늘을 사는 우리에게도 깊은 울림을 준다"고 높이 평가했다. 이는 선생의 활동을 가까이에서 지켜본 당대 교육학자의 진심 어린 평가였기에, 더욱 중요하고 의미가 크다.

넌서, 선생은 농촌을 떠나시 않고노 농빈늘이 문화석인 삶을 살 수 있도록 하려 했다. 허현 교수는 이 시도가 오늘날 사회 구조의 관점에서 보면 이론적으로 완전히 타당하다고 보긴 어렵다고 평가했다. 하지만 그는 중요한 점은 강성갑 선생이 그러한 대담한 일을 실제로 시도했다는 데 있다고 보았다. 교육이란 결국 사람의 인격을 형성하고, 그 인격은 사회와 경제에 직간접적인 영향을 미치기 때문에, 그 실천 자체에 큰 의미가 있다는 것이다.

둘째, 교육이 널리 확산되면 민주주의의 기반이 자연스럽게 넓어진다는 점을 강조했다. 허 교수는 외국의 사례를 보더라도 교육의 보급이 민주사회의 발전과 깊은 연관이 있다고 보았으며, 지금 우리에게 꼭 필요한 일은 현재의 자유로운 분위기를 잘 살려서 농민과 노동자들을 위한 교육을 더 확대하는 것이라고 말했다.

셋째, 현재 교육계의 흐름이 대규모 학교 중심으로 흘러가고 있는 데 대한 우려를 나타냈다. 큰 건물과 강당을 갖추고 많은 학생을 동시에 수용하는 형태가 점점 늘어나고 있지만, 이는 사회구조나 지역 현실을 충분히 고려하지 않은 방식일 수 있다고 보았다. 그는 아무리 큰 학교라도, 사회와 지역의 현실에 부응할 수 있는 '종합학교'의 성격을 갖추어야 한다고 강조했다.

이러한 세 가지 평가를 통해 허현 교수는 강성갑 선생의 교육 실천이 단순한 지역 활동이 아니라, 오늘날 우리가 고민해야 할 교육의 본질과 방향을 다시 생각하게 만든다고 평가했다.

함께 세운
우리 모두의 학교
- 한얼중학교

─ 재단법인 3·1학원과 한얼중학교 설립인가(1948. 1)

여러 가지 어려움이 있었지만, 마침내 정규 중학교인 한얼중학교의 설립 인가를 받아낼 수 있었다. 선생은 1950년, 부산사범학교 졸업반 학생들을 대상으로 한 강연에서 한얼중학교 설립인가를 받을 수 있었던 이유를 '특수 목적의 학교'라는 예외를 인정받았기 때문이라고 밝혔다.

> 학교 인가를 받기 위한 신청서는 원래 도청에 먼저 제출한 뒤, 그곳에서 문교부로 올려 보내야 했습니다. 그런데 제가 준비한 서류는 규정에 맞지 않아서, 저는 직접 들고 다니며 설명하기로 했습니다. 경남도청에 찾아가 제 교육에 대한 포부를 설명드렸더니, 담당자가 이렇게 말하더군요. "선생님의 교육이념에는 공감이 갑니다. 하지만 이런 서류를 우리 도청을 통해 올려보내면, 위에서 문제가 생길 수 있어서 곤란합니다." 그래서 저는 그분들께 이렇게 말했습니다. "제가 문교부에 가서도 인가를 못 받는다면, 그 자리에서 자살하겠습니다. 그러면 당신들도 제 처지를 이해하지 않겠습니까?" 그 말을 듣고서야 도청에서 서류를 받아 문교부로 보내주더군요.

> 이후 저는 그 서류를 들고 직접 문교부로 찾아갔습니다. 관련된 부서들을 하나하나 찾아다니며 제 교육 철학을 설명하고, 인가를 꼭 해달라고 부탁드렸습니다. 하시만 돌아온 내답은 같았습니다. "규정에 맞지 않기 때문에 인가해 줄 수 없습니다." 저는 참다 못해 화를 내며 이렇게 말했습니다. "당신들이 여기 앉아서 도장만 찍고 있으면 이 나라 교육이 바로잡히겠습니까? 교육의 방향을 제대로 세우는 일은 내가 해야 할 일입니까, 아니면 당신들이 해야 할 일입니까? 나라의 교육을 바로 세우는 일마저도 규정 때문에 못 한다면, 그게 말이 됩니까? 지금 당장 인가장을 내주든지, 아니면 제가 여기서 자결할 테니 제 시신을 수습하시든지 선택하십시오."
>
> 그렇게 강하게 이야기하자, 담당자들이 서로 상의한 끝에 "이 학교는 특별한 목적이 있으니 예외적으로 인가해 주겠다"고 하면서 인가장을 내주었습니다. 그리고 제가 가장 많이 귀찮게 했던 사무 담당관 한 분을 따로 모시고 나와서 이렇게 말했습니다. "다른 사람들은 학교 인가 받으려고 돈도 쓴다고 하던데, 저는 당신께 점심 한 끼 대접하겠습니다." 그러고는 곰탕 한 그릇을 대접해 드렸습니다. (심진구, 「향토교육의 선구자 강성갑에 관한 사례연구」, 『인천교대논문집』3, 1968년, 276~277쪽)

국가기록원에는 한얼중학교 설립과 관련된 두 종류의 신청서가 남아 있다. 하나는 '재단법인 3·1학원 설립허가신청서'이고, 또 하나는 '한얼중학교 설립허가신청서'이다. 정식 중학교를 세우기 위해서는 먼저 학교를 운영할 수 있는 재단법인을 만들고, 그 재단이 학교 설립을 신청해야 했기 때문에 두 종류의 신청서가 존재하는 것이다.

선생이 학교를 세우고자 한다면, 가장 먼저 해야 할 일은 학교를 운영할 재단법인을 만드는 것이었다. 하지만 이것은 결코 쉬운 일이 아니었다. 당시 사립학교는 보통 큰돈을 낸 기부자들의 도움으로 세워졌지만, 선생의 경우는 달랐다. 그는 돈보다 먼저 교육에 담긴 뜻과 신념을 중요하게 생각했다. 그래서 재정적으로 어려운 상황에서도 포기하지 않았다.

그는 자신이 세운 재단의 이름을 '3·1학원'이라 지었다. 단순한 이름처럼 보일지 모르지만, 이 안에는 깊은 뜻이 담겨 있다. '3·1'은 모두가 알다시피 1919년 3·1운동을 가리킨다. 그날은 우리 민족이 일제의 억압에 맞서 비폭력으로 독립을 외쳤던 역사적인 날이다. 이 이름에는 우리 민족의 자존과 자유, 독립의 정신이 담겨있다. 한편, '한얼중학교'라는 이름에도 특별한 의미가 담겨 있다. '한얼'은 우리 민족의 얼, 정신, 정체성을 뜻하는 말이다.

광복 직후의 시대는 혼란과 희망이 뒤섞인 시기였다. 미군정 체제 아래 정치적으로 불안정했지만, 사회적으로는 일제의 잔재를 청산하고 새로운 나라를 세우려는 열망이 컸다. 많은 교육자들이 단순히 학교만 짓는 것이 아니라, 무너진 민족 교육을 다시 세우는 것을 사명으로 삼았다.

선생도 마찬가지였다. 그는 교육이 나라를 바로 세우는 출발점이라고 생각했다. "나라를 바르게 세우려면, 먼저 바른 교육이 있어야 한다"는 것이 그의 믿음이었다. 그 바른 교육이란, 민족을 사랑하고, 하늘의 뜻을 따르며, 이웃을 품을 줄 아는 사람을 기르는 것이어야 했다. 그래서 재단은 '3·1학원', 학교는 '한얼중학교'로 이름 붙인 것이다. 이는 단지 이름이 아니라, 교육을 통해 민족의 정신을 다음 세대에 전하겠다는 선생의 신념이 담긴 결정이 었다.

하지만 이상과 신념만으로 학교를 세울 수는 없었다. 재단법인을 만들기 위해서는 기본재산, 즉 학교 운영에 필요한 일정한 재산이 있어야 했는데, 현실은 녹록지 않았다. 선생과 함께 학교 설립을 준비했던 **최갑시** 선생은 이렇게 회고했다. "그때엔 아무것도 없이 그냥 했다. 그러니까 재단이 문제지, 재단이. 이제... 유령재단이지." 신청서에 따르면, 재단법인이 소유한 것으로 기재된 토지는 김해군 가락면 제도리의 전답 24건이었다. 이 토지는 부산 좌천동에 사는 지원홍이라는 인물이 제공한 것으로 되어 있다. 그를 "15만 평의 거재를 희사한 특지가(特志家)"라고 하여 재단 이사로 추천한 문서도 남아 있다. 하지만 실제로는 대부분의 토지가 재단 명의로 정식 이전된 사실이 확인되지 않는다.

> **최갑시**
> 최갑시(崔甲時, 1904~1991)는 마산 창신학교 고등과, 상해 법조계 삼일전문을 졸업하였고 해방후 진영과수조합 조합장, 대한원예협회 상무이사 겸 경남지부장을 역임했으며 제헌의회 선거에 출마하였다. 강성갑 선생의 마산창신학교 선배이며 진영교회 교인으로 복음중등공민학교 강사로 활동했다. 한일중학교 설립 당시 학교 부지 확보를 위해 강성갑 선생과 함께 노력하였으나, 대한원예협회 업무 등으로 바빠 학교 관련 직위를 맡지는 않았다.

결국 필요한 재산 없이 서류만 갖춰진 상태였던 것이다. 지원홍이라는 인물이 누구였는지는 지금도 확실치 않다. 그럼에도 불구하고 선생은 단 한 장의 설립취지서만 가지고 문교부를 설득했다. 문교부는 그의 설명을 듣고 이 학교가 '특수목적의 학교'라는 점을 받아들였고, 결국 재정 요건이 충족되지 않았음에도 예외적으로 설립을 허가하는 것으로 결정했다. 이후 선생은 형식적인 서류를 갖춰 제출했고, 문교부는 내락을 바탕으로 형식적 요건을

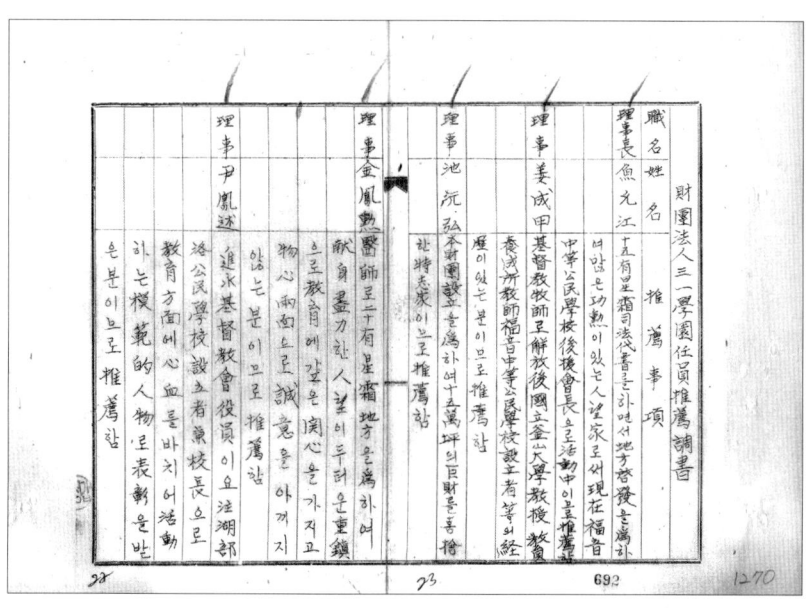

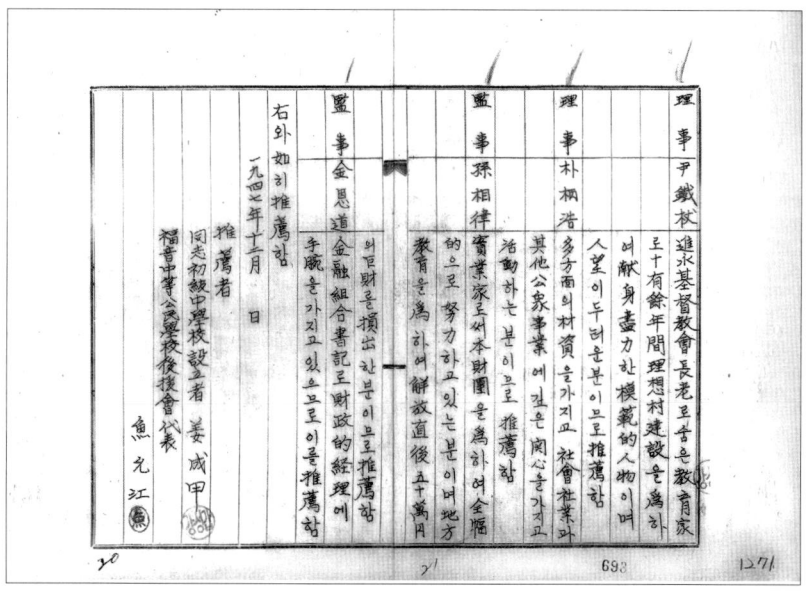

재단법인 3·1학원 임원 추천조서

심사해 학교 설립을 허가했다. 그리하여 마침내 한얼중학교는 정식 중학교로 세워질 수 있었다. 뜻이 앞섰고, 현실은 어려웠지만, 교육에 담긴 선생의 신념은 결국 하나의 학교를 만들어낸 것이다.

한얼중학교가 설립되던 시기는 아직 대한민국 정부가 세워지기 전, 미군정이 통치하던 혼란의 시기였다. 정치적으로는 불안정했고, 이념의 갈등도 격렬했다. 모든 것이 불완전했던 그 시대, 강성갑 선생은 오히려 그런 현실을 직시하고, 혼란 속에서 미래를 준비해야 한다는 신념으로 움직였다. 학교 설립을 위한 그의 실천은 그런 시대 분위기 속에서도 사람들의 주목을 받았다. 그가 학교 설립 허가를 받는 데에 연희전문 출신 선후배들의 도움이 있었을 가능성도 있다. 당시 미군정에는 연희전문 출신 인사들이 많았다. 하지만 무엇보다 중요한 것은 그의 확고한 의지와 행동 그 자체였다.

당시 미군정 문교부장 오천석은, 한얼중학교 설립 신청서에 대해 기본재산 등 요건이 부족함에도 불구하고 선생의 설립취지에 깊이 공감했고, 특수목적 학교라는 예외를 인정하여 설립을 승인했다. 국가기록원에 보관된 자료에 따르면, 강성갑 선생은 1947년 12월에 신청서를 제출했고, 1948년 1월 26일 공식 허가를 받았다. 오천석은 허가 조건으로 "교지(학교 땅), 교사(학교 건물) 및 시설을 6학급 학생을 수용·교육할 만한 수준으로 빠르게 확보할 것"이라는 지시를 덧붙였다. 이는 당시 학교 준비 상황이 얼마나 미비했는지를 보여주는 대목이기도 하다.

여기서 말하는 '특수목적'이란 오늘날 대안학교처럼 독특한 교

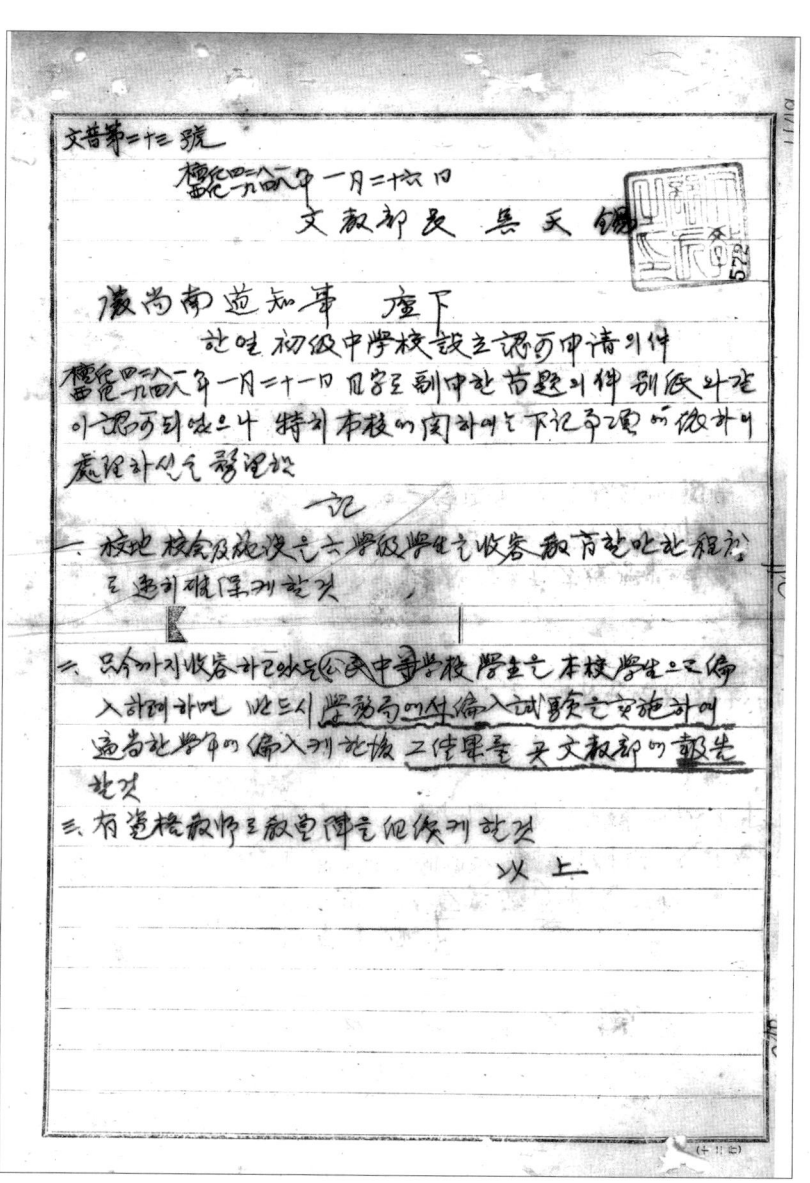

한얼중학교 설립 인가서(1948년 1월 26일)

육 방향을 지닌 학교라는 뜻이 아니다. 그것은 해방 이후 새로운 시대를 살아갈 교육을 먼저 실천해보려는 모범적 시도였고, 선생의 기독교적 교육 철학이 그 시대의 요구와 맞아떨어졌기 때문에 가능했던 일이었다. 오천석은 해방 이후 새교육 운동을 이끌며, 일제 잔재를 청산하고, 민족의 자주성과 민주주의를 바탕으로 한 새로운 교육 체계를 만들고자 했다. 그는 단순히 일본식 교육을 없애는 것이 아니라, 새로운 국가에 걸맞은 새로운 교육 철학이 필요하다고 강조했다. 그리고 바로 이 점에서, 강성갑 선생이 추구한 교육 이념은 오천석의 생각과 깊이 닿아 있었다. 강성갑 선생은 교육이 단지 지식을 전달하는 것이 아니라, 사회를 바르게 이끌고 이웃을 사랑할 수 있는 인격을 기르는 것이라고 믿었다. 그런 교육이야말로 해방 이후의 시대에 꼭 필요한 정신이었다.

오천석이 이끈 새교육 운동은 기대만큼 큰 변화를 만들지는 못했다. 1960년에 발간된 『한국교육 십년사』에서는 해방 이후 10년간의 교육 성과를 다음과 같이 평가하고 있다.

> 교육제도에는 여러 차례 개혁이 있었지만, 교육 내용의 변화는 매우 미미했다. 교육 방법 역시 크게 달라지지 않았다. 시대의 변화와 사회의 요구가 분명하게 존재하지만, 현재의 교육은 여전히 오래전부터 다져진 익숙한 길을 따라가고 있다. 지식 전달에만 초점을 맞춘 주입식 교육 방식이 여전히 중심에 있다.
> 교육의 궁극적인 목적은 사람을 길러내는 데 있지만, 지금의 교육은 문자 중심 교육에만 집중하고 있다. 초등교육에서는 낡은 틀을 벗어나려는 일부 노력이 보이지만, 중등과 고등

> 교육에서는 변화에 대한 감각조차 희박한 상태다. 과거의 방식에 안주하는 일부 보수적인 인사들은 새로운 성장을 꿈꾸는 젊은 세대의 열정마저 억누르고 있다. 한국 교육이 질적으로 발전하기 위해서는 이러한 보수적 태도를 극복할 필요가 있다. 시대의 변화에 발맞추어 끊임없이 자신을 성찰하고, 더 나은 방향을 모색하는 젊은 동지들의 세계가 와야 한다고 믿는다. (한국교육십년사간행회 편, 『한국교육십년사』, 풍문사, 1960년, 78쪽)

이러한 평가는 지금 우리의 교육 현실에도 시사하는 바가 크다. 강성갑 선생의 실천은 단지 과거의 일이 아니라, 지금 우리에게도 여전히 유효한 역사적 교훈이다. 무엇을 말하느냐보다 중요한 것은, 그것을 어떻게 실천하느냐는 것이다. 말은 누구나 할 수 있지만, 행동으로 옮기기란 어렵다. 그래서 선생의 삶은 더욱 빛나며, 오늘날 우리에게도 깊은 울림을 준다.

한얼중학교는 단순히 행정적 예외로 세워진 학교가 아니었다. 선생의 형과 가족들, 그리고 진영교회 공동체의 실제적인 참여와 헌신이 없었다면 불가능했던 일이었다. 진영교회는 선생의 교육 취지에 전적으로 공감하며 재정적으로 후원했고, 교인들은 학교 재단의 이사, 감사, 교사 등으로 참여했다. 실제로 재단법인 3·1학원의 이사장과 이사, 감사 9명 가운데 선생을 포함한 7명은 진영교회 교인들이었다. 기본재산이 부족했음에도 선생이 학교를 시작할 수 있었던 것은, 믿고 함께한 가족들과 교회 공동체의 지지 덕분이었다. 하지만 학교가 세워졌을 때, 그 과정에 함께한 가족들의 이름은 공식 명단 어디에도 남아 있지 않다. 이는 학교 재산은 개인의 것이 아니라 공공의 것이라는 선생의 신념 때문이었다.

〈재단법인 3·1학원 임·역원 명단〉

직위	이름	주요경력
이사장	어윤강	사법서사, 복음중등공민학교 회계, 진영교회 집사
이사	강성갑	진영교회 목사, 한얼초급중학교 교장
	지원홍	명치대학 법학부 전문부 졸업, 재단법인의 기본재산 명의 제공
	김봉훈	의사
	윤철장	진영주호야학교 설립자 겸 교장, 진영교회 장로
	박병호	대판사진학교 졸업, 진영미활원 운영, 진영기독교청년회 총무
	윤봉술	진영공립농업학교 졸업, 진영주호공민학교 설립 및 교장, 진영교회 집사
감사	손상율	진영교회 집사, 마산 경양고무공업소 소장
	김은도	진영교회 집사, 진영금융조합 서기

선생이 억울하게 세상을 떠난 뒤, 한얼중학교 학생들은 설립자인 그의 가족을 도와야 한다고 주장했다. 학교를 세우고도 아무런 개인적 이익을 취하지 않았던 선생과 가족들의 모습은, 당시의 사회 분위기와는 정반대의 길을 보여준 것이다. 그 시절은 누구나 자신의 몫을 먼저 챙기기 바빴던 시대였다. 그런 시대에 자신의 것을 내놓고, 공동체를 위해 헌신한 선생과 가족들의 헌신은 우리가 잊지 말고 기억해야만 한다.

선생과 함께 학교 설립에 앞장섰던 최갑시 선생도 중요한 역할을 했다. 그는 공식적인 직함은 없었지만, 학교 설립 과정에 적극 참여했다. 많은 사람들은 그를 학교 재단의 이사장으로 알고 있었다. 한국전쟁 중에는 강성갑 선생과 함께 납치되었지만, 기적적으로 살아남았고, 이후 선생의 억울한 죽음을 세상에 알리고 그 뜻을 이어가기 위해 힘썼다.

— 뜻 있는 사람은 누구나 오라, 와서 배우라

정규학교 설립허가를 받았다고 해서 모든 것이 해결된 건 아니었다. 한얼중학교는 문교부의 허가를 받아 정규 중학교로 출발했지만, 현실은 녹록지 않았다. 당시 공민학교였던 복음중등공민학교 학생들이 자연스럽게 한얼중학교 학생이 되었다. 문교부장 오천석은 공민학교 학생들을 중학교로 편입시키려면 시험을 치르고 학력을 인정받아야 한다고 지시했으나 당시의 상황은 매우 혼란스러웠고, 실제로 그런 시험이 치러졌는지는 확인되지 않는다. 아마 시험 없이 그냥 이어졌을 가능성이 크다.

정규 학교가 되었으니, 이제는 학비를 받아야 하고, 학교 건물도 지어야 했다. 교사와 직원들에게 급여도 줘야 했지만, 돈은 턱없이 부족했다. 뜻으로 학교를 세울 수 있었지만, 뜻만으로는 학교를 운영할 수 없었다. 재단에는 기본재산도 부족했고, 운영에 필요한 최소한의 비용조차 모자랐다. 선생의 형과 진영교회 교인들이 함께 했으나, 당장 필요한 자금은 여전히 부족했다. 선생은 경남 지역의 여러 교회에 편지를 보내 도움을 요청했지만, 충분한 지원을 받기는 어려웠다. 하지만 선생은 지금 이 나라의 주인은 우리 모두라며, 교육받을 권리는 누구에게나 있다고 믿었다. 그래서 그는 외쳤다. "뜻이 있는 사람은 누구나 오라. 와서 배우라." 학비가 없어도 배우고자 하는 뜻만 있다면 누구든지 받아주었다.

학교 운영에 필요한 돈은 선생의 몫이었고, 학생에게 필요한 것은 오직 배우고자 하는 마음뿐이었다. 이 말은 가난하고 배움의 기회를 얻기 어려웠던 농촌 청소년들에게 정말 복음(기쁜 소식)과도 같았다. 형편이 어려운 학생들에게 선생은 수업료를 요구하지 않았다. 단지 낼 수 있는 형편이 되면서도 내지 않는 사람에게는 "수업료를 내 달라"고 정중히 설득했을 뿐이다. 수업료는 대략 벼 한 섬이나 보리 한 가마 정도로 대신 낼 수 있었기 때문에, 한얼중학교는 지역 사회에서 인기가 많았다.

　선생은 교장과 교사 사이를 상하관계로 생각하지 않았다. 그는 모두를 새로운 나라를 함께 만드는 교육 동지로 여겼고, 기쁨도 어려움도 함께 나누었다. 선생님들의 월급도 제대로 줄 수 없었지만, 강성갑 선생의 뜻에 공감한 교사들이 모였기 때문에 특별한 불만은 없었다. 이런 학교에 공부하러 온 학생 중에는 선생의 고향인 의령에서 온 학생도 있었다. 7~8명의 의령 학생들은 학교 근처에서 지내야 했고, 선생은 그들의 숙식까지 책임졌다. 교사들에게도 봉급을 다 줄 수 없었던 상황에서, 모든 사람의 식사를 해결할 방법이 필요했다. 그래서 한얼중학교에서는 '공동식사'가 시작되었다. 공동식사에 참여한 사람은 선생의 가족, 교사 가족, 의령에서 온 학생들, 그리고 교실 짓는 일을 돕던 몇몇 학부모까지 모두 50~60명 정도였다. 큰 식당이 없었기 때문에, 모두 평상이나 교무실, 또는 사택에서 음식을 나눠 먹었다. 식사는 간단한 국 한 그릇과 채소 반찬 한 가지 정도였다. 이렇게 소박한 공동식사는 어려운 상황이 만든 선택이었지만, 때때로 힘들어하는 사람도 있었다. 그럴 때마다 선생은 말했다. "이것이 우리 농촌의 현실인데, 우리도 견딜 수 있어야 한다." 그리고 이 생활이 앞으로도 10

년은 더 계속될지도 모른다고 이야기했다.

선생이 억울하게 세상을 떠난 뒤, 선생의 뒤를 이어 한얼중학교 교장으로 재직했던 **조향록**은 강성갑 선생을 이렇게 평가했다. "그는 학생들에게 꿈을 가지게 해야 한다는 것을 누구보다 잘 알고 있었던 사람이었다"며, 때로는 허황될 만큼 크고 원대한 꿈을 불어넣어 주던 이상주의적 교육자였다고 회상했다.

> **조향록**
>
> 조향록(趙香祿, 1920~2010)은 함경남도 북청 출신으로 1943년 조선신학교를 졸업하였고 서울 초동교회의 담임목사로 오래 재직했다. 한국기독교장로회 총회장과 한국신학대학 학장 등을 역임하였으며 유신체제에 저항한 민주화운동의 지도자 중 한 명이었으나, 제5공화국 출범에 협조하여 국가보위입법회의에 참여하였다.

강성갑 선생은 열정적인 실천가이면서 동시에 이상주의자였다. 그는 여전히 일제의 영향을 벗지 못한 당시의 교육 방식, 기계적이고 강압적이며 주입식 교육을 과감하게 거부했다. 대신 학생들의 자유로운 성장을 돕는 선진적인 교육 방법을 선택했다. 사람을 사람답게 키우는 교육은 그렇게 갈 수밖에 없다고 믿었던 것이다. 좋은 국민도, 훌륭한 사회인도 결국은 '인간다운 사람'에서 출발한다고 생각했다. 그만큼 그는 '인간 교육'에 대한 신념이 확고했다.

선생의 교육은 학생들의 자유로운 의사를 최대한 존중하면서도, 학생으로서 지켜야 할 책임과 약속은 철저히 요구했다. 꾸짖고 혼내는 방식이 아니라, 이성에 호소하고 스스로 판단하고 책임지게 하는 방식이었다. 그는 학생들을 자유롭고 동시에 자율적인 인격자로 키우고자 했다. "사람의 정신이 올바르면 공부도 저절로 잘하게 된다." 이 말은 그의 교육 철학을 가장 잘 보여주는 믿음이었다.

또한 그는 때로는 허황되게 보일 만큼 크고 원대한 꿈을 학생들에게 불어넣어 주는 이상주의자이기도 했다. 10대 학생들에게는 꿈을 가지게 해주는 것이 무엇보다 중요하다는 사실

> 을 잘 알고 있었다. 그 꿈이 비현실적이고 동화 같을지라도, 그 시기의 상상력은 삶의 방향을 잡는 데 큰 힘이 된다고 생각했다. 그래서 그는 학생들에게 현실을 비판하는 능력보다는, 현실을 더 나은 세상으로 바꾸려는 용기와 창의력, 의지를 길러주고자 했다.
> 학생들에게 선생은 단순히 지적이고 냉철한 교장이 아니었다. 오히려 믿고 따를 수 있는 따뜻한 지도자, '무조건 신뢰할 수 있는 어른'으로 받아들여졌다. 그리고 그것이야말로 10대 청소년에게 가장 이상적인 교육자의 모습이었다. (서울특별시 교육연구원 편, 『스승의 길』, 서울특별시 교육연구원, 1984년, 278~279쪽)

강성갑 선생이 살아가던 그 시절에도, 그리고 오늘날에도 듣기 좋은 말을 하는 사람은 많다. "뜻이 있는 곳에 길이 있다", "하면 된다" 같은 말은 누구나 쉽게 한다. 하지만 정작 그 말을 그대로 살아가는 사람, 말한 대로 행동하는 사람은 많지 않다. 선생은 그런 드문 사람이었다. 말과 삶이 다르지 않은 사람, 그의 실천과 삶 자체가 바로 교육이었다. 선생은 단지 교실에서 이론만 가르치는 사람이 아니었다. 그는 삶 전체로 학생을 가르쳤고, 그것이야말로 진짜 교육이라고 믿었다. 많은 교육자들이 '삶의 교육'을 이야기하지만, 선생은 그 철학을 몸으로 실천한 교육자였다.

한얼중학교의 설립 과정은 바로 그런 실천의 대표적인 사례다. 학교를 세운다는 건 말처럼 쉬운 일이 아니었다. 교실 하나 마련하는 것도 힘들었고, 돈도 거의 없었다. 하지만 선생은 포기하지 않았다. 오히려 그 어려움을 학생들과 함께 나누고, 함께 이겨내려 했다. 그는 "힘들어도 할 수 있다", "함께하면 해낼 수 있다"는 말을 그냥 위로로만 하지 않았다. 직접 앞장서서 그 말을 실천하며 살아갔다.

이런 선생의 모습은 학생들에게 큰 감동과 위로가 되었다. 어떤 말보다도, "선생님도 우리와 같은 어려움을 견디며 살아가고 있다"는 그 사실 자체가, 가장 진실한 교육이고, 가장 큰 격려가 되었다. 그는 단지 교단에서 가르치는 선생이 아니라, 인생을 함께 살아가는 동반자, 동지였다. 선생의 고민은 언제나 학생들을 향해 있었다. 어떻게 해야 학생들의 미래를 돕고, 그들이 자기 길을 찾도록 힘이 되어줄 수 있을까, 그것이 선생의 삶의 목표였다. 그래서 선생이 학교를 세우고 운영하며 이루어가는 모든 과정은, 학생들에게 살아 있는 교육 그 자체였다. 학생들은 선생을 통해 '꿈은 이루어질 수 있다'는 것을 배웠고, 그 꿈을 이루기 위해 필요한 자세와 삶의 태도를 배워나갔다.

또한 선생은 학생들을 위로했을 뿐만 아니라, 학생들로부터도 위로와 힘을 받았다. 함께 흙을 나르고, 벽돌을 쌓고, 부족한 살림 속에서도 웃음을 나누던 그 시간들 속에서 선생은 학생들의 신뢰와 진심에서 큰 힘을 얻었다. 그렇게 한얼중학교는 단지 하나의 학교가 아니라, 서로가 서로를 지지하며 함께 성장하는 공동체가 되었다. 결국, 강성갑 선생이 보여준 교육은 지식을 전달하는 것을 넘어서, 사람과 사람 사이의 믿음, 함께 사는 삶 그 자체였다. 그것이 바로 선생의 교육이었고, 오늘을 사는 우리가 다시 돌아보아야 할 '진짜 교육'의 모습이다.

― 직접 구운 흙벽돌로 함께 세운 우리 학교

　선생은 자신이 품은 교육적 신념을 실현하기 위해 직접 교육당국을 찾아가 설득했고, 마침내 한얼중학교의 설립 허가를 억지로라도 받아냈다. 하지만 허가를 받았다고 해서 곧바로 교육이 가능한 것은 아니었다. 가장 시급하고도 심각한 문제는 학교 부지와 건물이었다. 수업을 할 공간조차 제대로 마련되어 있지 않았기 때문이다.

　선생은 교장으로 국어와 성서 과목을 직접 맡아 학생들을 가르치는 한편, 교사 신축과 학교 운영을 위한 기반 마련에 온 힘을 쏟았다. 가장 먼저 해결해야 할 일은 학교 부지를 확보하는 일이었다. 선생은 많은 노력을 기울인 끝에 진영역에 인접한 약 3,000평의 부지와 곡물창고 3동을 학교 시설로 사용할 수 있게 되었다. 이 부지는 일제강점기 동안 곡물건조장으로 사용되었지만, 해방 이후에는 방치되어 사용되지 않고 있던 땅이었다. 이후 한얼중학교가 다른 곳으로 이전한 뒤, 진영여자중학교가 사용하다가, 현재 진영고등학교가 사용하고 있다.

　이 부지의 소유주는 김경진이었다. 그는 1930년대 진영 하자마 농장에서 격렬하게 벌어졌던 소작쟁의 당시 하자마 농장의 지배인으로 근무했던 인물이다. 하자마 농장 소작쟁의는 그 격렬함과 지속 기간에서 전국적인 주목을 받았던 사건이었다. 당시 선생은 바로 인근에 있는 장유금융조합에 근무하고 있었기에, 그 소작쟁의의 모든 과정을 직접 지켜볼 수 있었다. 선생은 최갑시 선생과 함께 부산에 거주하던 김경진을 직접 찾아가 학교 부지로 해당 토지를 사용할 수 있도록 도와달라고 요청했다. 그들은 학교가 처한 어려운 상황을 진심을 다해 설명하고, 당장은 땅을 무상으로 사용할 수 있게 해달라고 부탁했다. 김경진은 지역 교육을 위한 일이니만큼 이를 거절하지 못하고 협조해 주었고, 후일 선생은 이 땅을 비교적 저렴한 가격으로 매입할 수 있었다.

학교 부지를 확보한 후에는 본격적인 교사 건축이 남았다. 하지만 막막한 현실이 기다리고 있었다. 당시 상황에서 학교를 짓기 위한 자금이나 자재는 턱없이 부족했다. 선생은 고심 끝에 진영 일대에 풍부한 좋은 흙을 활용해 흙벽돌을 구워 직접 건물을 짓기로 결정했다. 이는 어쩔 수 없는 선택이기도 했지만, 동시에 매우 실용적이고 창의적인 대응이었다. 흙벽돌 교사는 자재와 예산의 부족을 보완할 수 있는 현실적 대안이었고, 동시에 지역 자원을 활용한 자립적 교육 공간의 상징이기도 했다.

> 1948년 봄이 되자 학생 수는 늘고 교실이 부족하였다. 교장선생님은 교실부족 문제를 어떻게 해결할 것인가를 학생들과 함께 고민하시고 의논하셨다. 진영에는 나무도 없고 돌도 없으며, 흙밖에 없는데, 여러 사람에게 물어 보았더니, 만주(滿洲)에서는 흙으로써 벽돌을 만들어 집을 짓는다는데, 겨울에 따뜻하고 여름에 시원해서 장점이 많다는 것이었다. (한얼중고등학교 동문회 편, 『위대한 스승 강성갑 교장(그 생애와 사상)』, 한얼중고등학교 동문회, 2000년, 40쪽)

흙벽돌을 구워 학교 건물을 짓는 것으로 정했으나, 그 다음 문제는 흙벽돌로 만든 건물이 장마철의 습기와 빗물을 견뎌낼 수 있을까 하는 것이었다. 여러 고민 끝에 해결책을 찾아냈다. 흙벽돌 담장 아래 기초를 파고, 잡석을 깔아 배수를 원활하게 하면 장마철에도 견딜 수 있을 것이라는 판단이었다. 선생과 학생들은 그 즉시 실천에 나섰다. 한편으로는 흙벽돌을 만들고, 한편으로는 학교 주변 도랑과 골짜기를 누비며 잡석을 모았다. 문제는 이 잡석을 학교로 운반하는 일이었다. 가까운 거리의 잡석은 학생들이 직접 나르고, 멀리 떨어진 산기슭의 돌들은 수레나 트럭이 필요한 상황이었다. 당시 일부 주민들은 나중에 운반비를 받기로 하고 자발적으로 잡석을 실어다 주었다. 그러나 학교 형편은 운반비를 제때 지불할 여유가 없었다. 선생은 바쁜 일과 중에도 운반비를 받고자 학교를 찾아온 이들을 교장실로 정중히 모셨다. 허름한 교장실이었지만, 차 한 잔과 함께 진심을 담아 학교의 사정을 설명하고, 교육에 대한 비전을 나누었다. 그렇게 이야기를 나눈 이들은 결국 마음을 돌려, 운반비를 요구하지 않고 돌아가거나 "괜찮다"고 손을 내저었다. 교육을 향한 선생의 열정은 때로는 말보다 깊은 설득력이 있었다.

선생의 제자 심사수 선생은 그 시절을 떠올리며 이렇게 회상했다. "선생님은 기초공사를 하시면서 '어여 영차, 나라가 선다'고 외치셨습니다. 그 말에는 교육을 통한 나라 세우기의 신념이 담겨 있었어요. 밤낮없이 일하셨죠." 교사 건축 당시 선생의 모습은 전형적인 시골 농부에 가까웠다. 삼베로 짠 베잠방이에 무릎이 드러날 만큼 바짓가랑이를 걷어 올리고, 삽을 어깨에 메고, 흙을 이기고 밟고 나르며 직접 벽돌을 만들었다. 흙 묻은 맨발로 학교

완공된 한얼중학교 흙벽돌 건물

와 사택을 오가는 그의 모습은, 한 명의 교장이라기보다 이 땅을 일구는 농민이자, 교육을 실천하는 건축자였다. 학교 건물을 직접 짓고 있던 선생의 모습에 대한 또 다른 증언이 남아있다. 이때 학교를 찾은 손님은 아마도 오스트레일리아 선교사들일 것이다. 경남 지역은 일제 강점기부터 오스트레일리아 선교사들이 주로 활동하던 지역이었다.

> 하루는 코가 크고 눈이 샛노란 호주 손님 두 분이 와서는 강성갑 교장을 찾았습니다. 그때 저와 함께 흙집을 짓느라고 흙심을 시고 지붕에 올라가 있을 때입니다. 호주에서 오신 귀빈은 사절로서 문교부에 들려 해방 후 한국 교육을 살피러 왔다가 문교부 장관의 소개를 받고 「무-비 카메라」를 들고 학교에 찾아와서 교장을 찾았습니다. 학생이나 교장이나 작업복에 흙짐을 지고 있었습니다. 그가 지붕에서 내려와서는 "제가 교장입니다." 그들은 숫제 믿으려 하지 않습니다. 그들은 교장 선생이 어찌 학생과 이런 일을 할 수 있는가고 묻습니다. 교장은 "황폐화된 내 조국에 흙을 뭉쳐 집을 짓는게 무엇이 그렇게 대단한가"하고 말할 때, 그들이 교장의 손을 잡고 땡큐를 연발했습니다. (문희봉, 『두무산 민들레』, 형설출판사, 1980년, 86쪽)

한얼중학교를 짓는 과정은 단순히 건물을 세우는 일이 아니었다. 그것은 곧 교육이었고, 삶을 함께 만드는 일이었다. 선생은 언제나 "이 일은 지역을 위한 것이니 협조해 달라"고 일방적으로 요구하지 않았다. 명령하거나 부탁하는 대신, 자신의 삶으로 먼저 보여주었다. 교장인 그가 밤낮없이 흙벽돌을 만들고 삽을 들고 일하는 모습은 학생들의 입을 통해 학부모들에게 전해졌고, 일부는 그것을 직접 보기도 했다. 이러한 솔선수범은 교직원과 학생들뿐만 아니라 학부모들에게까지 깊은 감동과 자극을 주었다. 선생의 뜻에 공감한 교육자들과 학생들, 학부형들까지도 하나가 되어 그 꿈을 함께 이루어갔다. 그 모습을 본 진영 지역 주민들은 스스로 학교에 모여 회의를 열고, "어떻게든 돕자"는 뜻을 모았다. 누구의 지시도, 강요도 없었다. 단지 선생의 진심과 실천이 사람들의 마음을 움직인 것이다.

> 그는 교실을 짓기 위해 어느 부자나 정부의 원조금을 얻으려고 찾아 다니지 않았다. 교육에 뜻을 가진 교육자와 교육을 받으려 모여든 학생들과 아들, 딸을 학교에 보낸 부형들과 함께 힘을 합하여 스스로 이룩한 것이다. 그것이 구체적으로는 학생들의 손으로 진흙을 이겨서 흙벽돌을 만들어 교실을 짓게 한 일이다. 학생들과 학부형들을 학교 교육에 근원적으로 참여하게 하여 땅과 눈물과 노력을 함께 바쳐 교육의 장을 개설해 가게 한 것이다. 학부형들은 매우 열성으로 참여했다. 왜냐하면 자기들이 바칠 수 있는 것은 오직 노력뿐인데 노력을 바침으로써 자기 자녀들의 교육의 장이 세워져 간다는 사실과 거기서 자기 자녀들이 배움의 길을 열고 있다는 사실에 만족감을 얻게 된 것이다. (서울특별시 교육연구원 편, 『스승의 길』, 서울특별시 교육연구원, 1984년, 272~273쪽)

선생은 자신에게 주어진 열악한 현실에 결코 좌절하지 않았고, 언제나 대안을 찾아 실천으로 돌파해 나갔다. 경남 지역의 여러 교회들에도 편지를 보내 학교의 상황과 자신의 교육 철학을 설명하며 협력을 요청했다. 선생의 편지는 단지 물질적인 도움을 청하는 호소문이 아니었다. 먼저 자신이 할 수 있는 일을 다한 뒤에, 함께할 동지를 찾고자 손을 내민 것이었다. 그가 도움을 요청한 목적은 자금 확보가 아니라, 교육을 통한 사회 개혁이라는 자신의 신념을 알리고, 그 뜻에 공감하는 사람들과 함께하고자 하는 것이었다.

그렇기에 학교 건물을 짓는 과정은 단순한 노동이 아니었다. 학생과 교사, 학부모가 함께 손으로 흙을 다지고 벽돌을 구우며 세운 교사는, 단순한 공간이 아니라 자기 삶을 책임질 줄 아는 인재를 기르는 살아 있는 교실이었다. 이렇게 함께 만든 경험은 학교 교육에 대한 학부모와 지역의 근원적인 참여를 이끌어냈고, 한얼중학교는 더 이상 '강성갑의 학교'가 아닌, '우리 모두의 학교'가 되었다. 사람들은 자연스럽게 자각하게 되었다. "이 학교는 우리의 학교다." "이 나라의 미래는 우리 손에 달려 있다." 한얼중학교는 그렇게 한 사람의 신념에서 시작되었지만, 모두의 손으로 세운 학교가 되었다.

선생은 학생들이 진영까지 통학해야 하는 불편을 덜기 위해 1949년 3월, 한얼중학교 진례분교를 설립하였다. 이어 같은 해 10월에는 녹산분교를 설립하여 더 많은 지역 학생들에게 교육의 기회를 넓혔다. 녹산분교에는 장유금융조합 근무 시절의 친구였던 조남기를 이사장으로 파견하였고, 그는 지역 유지들의 협력을 얻어 인근 야산에서 채취한 돌로 석조건물을 짓도록 이끌었다.

선생이 학교를 짓기 위해 애쓰던 모습은 소설가 김원일의 자전적 소설 『아들의 아버지』에 생생하게 묘사되어 있다. 소설에는 선생의 나이 등 일부 사실과 다른 내용도 포함되어 있으나, 흥미로운 점은 자원봉사자 가운데 공청(공산주의청년동맹) 소속 청년이 있었다는 기록이 남아 있다는 것이다. 이는 당시 해방공간의 이념적 혼란 속에서도, 교육을 위한 실천에는 서로 다른 입장의 사람들이 힘을 모았음을 보여주는 귀중한 단서다. 또한, 김원일의 아버지는 강성갑 선생과 마산상업학교 시절의 선후배 사이였으며, 경남 지역에서 활동하던 공산주의 계열 운동가였다. 이런 배경은 김원일의 소설 속에 담긴 사회적 시선과 역사적 맥락을 이해하는 데 중요한 열쇠가 된다.

낮이 긴 오후 서너 시쯤이면 "에미하고 한얼학교 짓는 거 구경이나 가자"라며 나를 데리고 나섰다. 극장 앞 아랫장터를 빠져나가면 신작로였고 철길 건너는 오일장 장날에만 장이 서는 쇠전이 있었고 주위에는 몇 채의 집이 흩어져 있었다. 그 뜸마을 옆에 한창 중학교 교사가 들어서는 참이었다. 흙벽돌에 초가지붕 올린 교실 두 동이 완공되었다. 밤낮으로 교실을 늘여 지으려 교장 선생이 직접 나서서 흙벽돌을 찍어 내기가 한창이었다.

낮이 긴 오후 서너 시쯤이면 "에미하고 한얼학교 짓는 거 구경이나 가자"라며 나를 데리고 나섰다. 극장 앞 아랫장터를 빠져나가면 신작로였고 철길 건너는 오일장 장날에만 장이 서는 쇠전이 있었고 주위에는 몇 채의 집이 흩어져 있었다. 그 뜸마을 옆에 한창 중학교 교사가 들어서는 참이었다. 흙벽돌에 초가지붕 올린 교실 두 동이 완공되었다. 밤낮으로 교실을 늘여 지으려 교장 선생이 직접 나서서 흙벽돌을 찍어 내기가 한창이었다.

한얼중학교가 지난 9월 초에 교실 하나와 천막 한 채로 개교하였다. 흙벽돌을 한 장 한 장 손수 찍어선 벽돌로 벽을 쌓아 교실을 만들었다. 중학교를 세운 사람이 향토교육의 선구자로 알려진 강성갑(1923~50) 목사였다. 강 목사는 진영 출신이 아니었다. 그는 경남 의령군 출신으로 올여름 들고 진영에 정착한 스물세 살 난 젊은 목사였다. 그는 새벽별이 스러지기 전에 임시 천막에서 잠이 깨면 기도로 아침을 맞아선 그때부터 흙벽돌 만들기에 나섰다. 찰흙을 지게로 날라와 짚을 섞어선 목제 사각 틀에 질흙을 넣어 흙벽돌을 한 장 한 장 찍어냈다.

아침밥을 한술 뜨고 다시 일을 시작하면 그때야 읍내 청년들이 찾아와 강 목사의 작업을 도왔다. 자원봉사자 중에는 읍내 공청 회원도 있었다. 강 목사는 집으로 아버지를 찾아와 공청 회원을 보내주어 고맙다고 인사하기도 했다. 연희전문학교와 일본 동지사대학 신학교를 나온 뒤 해방 직후 부산대학교에 잠시 재직했으나 농민운동과 농민교육에 헌신하기로 작정해 사직했다.

그는 진영에 정착하자 근동 마을을 돌며, 해방된 조국을 바로 세움에는 무엇보다 청년 학도들의 배움이 필요하다며 근로장학생 명목으로 학비 면제를 내걸고 학생을 모은 입지전적인 향토 교육자였다. 9월이 중순에 들자 교실 두 동이 완성되었고 낮반 학생 수가 스물다섯 명, 낮에는 집안 농사일을 도왔기에 야간반에 등록한 학생 수가 서른 명이 넘어 교실 증축이 절실했는데, 방과 후는 학생들이 자발적으로 흙벽돌 만들기에 나섰다.

강 목사의 헌신적인 자세와 교육에 대한 열의, 근면하고 겸손한 인품이 읍내에 알려져 그를 존경하여 따르는 사람이 늘어났다. 진영 장터 주변의 일정한 일거리 없이 빈둥거리며 노름에 빠진 자나, 허구한 날 술주정을 일삼는 주정뱅이나 건달패를 두고는, "성인군자가 어데 책에만 있더냐, 지발 한얼핵교 맹근 강 목사 뽄 좀 봐라"라는 말이 회자되기도 했다. (김원일, 『아들의 아버지』, 문학과 지성사, 2013년, 179~180쪽)

당시 건축 자재가 극심하게 부족했던 시대, 한얼중학교의 교사 신축은 흙벽돌을 이용한 창조적이고 자립적인 건축 사례로 각계의 주목을 받았다. 『남조선민보』는 1948년 12월, 한얼중학교의 첫 번째 흙벽돌 교사에 대해 "강 교장과 전 생도는 점토로 교사 건축에 착공, 현재 2교사를 완전히 준공하였다. 이는 목수나 토공 인부 한 명 없이 순전히 사제노력으로 지은 벽돌 양옥 못지않은 건물이며, 장차 대학까지 확장할 포부를 품고 있다"고 보도하였다. 이어 『남조선민보』는 1950년 4월 5일자 기사에서 한얼중학교에 총 5개 교사가 완공되었다는 소식을 전하였다. 이는 단순한 물리적 성과를 넘어, 교육이 어떻게 한 지역사회의 의지와 열정으로 구현될 수 있는지를 보여주는 상징적인 사례였다. 흙과 땀, 뜻과 실천이 하나가 되어 세워낸 교사. 그것은 바로 이 나라의 새로운 미래를 향한 첫 걸음이었다.

『남조선민보』 1948년 12월 15일

실천 중심의 교육 방침으로 잘 알려진 읍내 한얼중학교는, 창립자 강성갑 선생의 구상에 따라 4년 전부터 학생들이 직접 흙담 교사(교실 건물)를 짓는 활동을 해 왔다. 그 결과, 지금까지 총 5개의 교사(건물)가 완공되었고, 이 학교는 지역 사회에서 높은 평가를 받고 있다. 이러한 사례는 주변에도 큰 자극을 주었고, 그 영향을 받아 여러 국민학교(초등학교)에서도 흙담 교사를 짓는 움직임이 잇따르고 있다. 이처럼 자발적이고 실천적인 교육 방식은 당시 교육 기관들의 학교 건축 정책에도 긍정적인 영향을 주고 있다.

지난 2월에는 문교부(현 교육부)에서 서울공과대학 건축과장 이균상 씨를 현장에 파견하여 실태 조사를 진행했다. 그는 조사 후, 한얼중학교에서 사용된 흙담 교사는 약 40년 이상의 내구성을 갖춘 건물이라고 평가했다. 며칠 전에는 경상남도 최대현 교육국장과 최명환 초등교육계장이 학교를 직접 방문해 시찰했으며, 이들은 한얼중학교의 흙담 교사를 보고 크게 감탄했고, 최국장은 "앞으로 흙담 교사 건축 방식을 전국의 초등학교에 확대·보급하는 운동을 펼치겠다"고 말했다고 한다. (『남조선민보』 1950년 4월 5일, 「혈루응결된 한얼교 5개 교사를 완성, 형설지공은 이곳에서」)

청년, 학생들의 스승
– 선생을 찾아 진영에 온 대학생 봉사대

박형규

박형규(朴炯圭, 1923~2016)는 도쿄신학대학을 졸업하였고 한국기독학생회총연맹(KSCF) 총무, 서울제일교회 담임목사, 한국기독교장로회 총회장, 민주화운동기념사업회 이사장, 남북평화재단 이사장 등을 역임했으며 민주화운동에 앞장서서 남산 부활절 사건, 민청학련 사건, 긴급조치 9호 위반, 김대중 내란음모사건 등에 연루되어 여러 차례 옥고를 치뤘다. 박형규는 진영에서 강성갑의 활동을 직접 목격했다.

민주화 운동에 앞장섰던 **박형규** 목사는 자서전에서 자신의 청년 시절에 가장 큰 영향을 준 사람으로 강성갑 선생을 꼽았다. 일제의 식민지로부터 해방된 이후 좌·우익의 이념 대립과 갈등 속에서 어떻게 살아야 할지, 무엇을 해야 할지 혼란을 겪고 있던 그의 눈에 비친 선생의 실천은 무척이나 특별한 것이었다.

> 해방 후 많은 젊은이들이 좌·우익의 대립과 갈등 속에서 큰 혼란을 겪고 있었다. 나 또한 그러했으나 좌익운동이나 폭력적인 농민운동에는 참여하지 않았다. 크리스천으로서 갖고 있던 신앙이 이런 것을 받아들일 수 없었기 때문이다. 아버지도 좌익운동엔 반대하는 입장을 분명히 하고 있었다. 이런 시대 상황 속에서 나의 눈길을 끈 것이 강성갑(姜成甲) 목사의 기독교 사회개혁 운동이었다. 이분은 덴마크의 사회운동가 그룬트비히(Nikolai F. Grundtvig)를 매우 존경하여 기독교의 복음정신과 농민운동 및 사회 정화운동을 결합해 점진적으로 사회를 개혁해 나가야 한다는 생각을 갖고 있었다. 연희전문학교에서 최현배 선생의 지도를 받은 한글학도이기도 했으며, 졸업후 일본 쿄오또에 있는 도오시샤(同志社)대학 신학부를 마치고 귀국하여 부산 초량교회 목사로 시무하고 있었다.
> 해방이 되자 장로교회는 신사참배 문제로 사분오열되어 주도권 다툼이 치열해졌다. 이때 강 목사는 사표를 내고 교권 싸

> 움에서 물러났다. (…) 강성갑 목사를 진영교회로 모시자고 주장한 것은 우리 어머니였다. 강목사는 진영교회에서 목회를 하면서 교육운동을 펼쳤다. 농민들이 사람답게 살려면 우선 깨우쳐야 한다며 흙벽돌로 변두리 지역에 학교를 세웠다. 그 학교들이 진영 한얼중학교의 전신이다. 해방 후의 사회적·사상적 혼란 속에서 나는 강성갑 목사의 영향을 많이 받았다.
> (박형규, 『나의 믿음은 길 위에 있다』, 창비, 2010년, 59~61쪽)

박형규 목사는 강성갑 선생의 삶과 정신을 직접 목격한 인물 중 한 사람이었다. 그는 선생의 유가족이 국가를 상대로 제기한 손해배상 소송 과정에서, 재판부에 제출한 자필 진술서를 통해 자신의 기억과 증언을 다시 한번 남겼다. 이 진술서는 선생의 교육에 대한 열정과 억울한 죽음, 그리고 그를 향한 지역 사회의 신뢰를 증언하는 중요한 자료로 평가된다.

> 나는 강성갑 목사님을 만나 기존의 사고방식을 뒤바꾸게 되었습니다. 기독교에 대한 새로운 시각을 얻게 되었고, 기존의 사회적인 관습을 깨버렸던 강 목사님의 실천 방식 등에 큰 감동을 받았지요. 특히 빈민층에 대한 관심, 그룬트비히 같은 사회활동을 통해서 기독교가 사회적으로 기여해야 된다 라는 생각이 강 목사님의 사상이었고, 그것을 몸소 실천하셨습니다.
> 저는 그런 실천에 느낀 바가 있어서 무엇이든 하려고 했습니다. 저의 아버님은 한복을 챙겨 입고 다니실 정도로 유교 생활이 강하신 분이었고, 교회나 목사를 무시하셨던 분이셨는데, 강 목사만은 존경했을 정도였습니다. 그래서 아버님도 필요할 때는 강 목사님을 도와드리곤 했지요.

> 강 목사님은 저에게는 큰 스승이셨고, 그 마음에 저의 재산을 전부 바칠 결심을 할 정도로 저한테는 결정적인 영향을 끼치신 분입니다. 그 때문에 저는 그 후로도 강 목사님이 하신 일을 계속해야 된다는 것을 느꼈고, 그 이후 민주화 운동을 하는 과정속에서 당시의 영향을 느낄 수 있습니다. (「박형규 진술서」 2012년 3월 29일)

강성갑 선생은 학교 일로 몹시 바쁜 가운데서도 강연 요청이 오면 기꺼이 시간을 내어 강단에 섰다. 그의 강연은 단지 자신의 교육 철학을 알리기 위한 자리가 아니었다. 혼란스러운 시대 속에서 "어떻게 살아야 할까?", "무엇을 위해 배워야 할까?"를 고민하던 청년들과 학생들에게, 그는 꼭 필요한 어른이었다. 선생은 단순히 지식을 전달하는 사람이 아니었다. 삶으로 말하는 교육자였고, 말보다 실천으로 감동을 주는 어른이었다. 그래서 그의 이야기를 들은 사람들은 지역이나 세대를 뛰어넘어 자발적으로 그의 교육 운동에 함께했다. 그가 걸어간 삶 자체가 가장 강한 메시지였고, 누군가에게는 격려요, 누군가에게는 방향을 보여주는 등불이었다.

선생의 강연을 듣고 큰 감동을 받은 청년들과 학생들 중에는 직접 선생을 찾아 진영으로 내려온 이들도 많았다. 이들은 학교 채플, 기독학생청년회, 기독학생 모임 등에서 선생의 강연을 듣고 그의 교육 실천이 어떤 모습인지 직접 보고 싶어 한얼중학교로 찾아온 이들이었다. 그 중에는 연희대학(현재의 연세대학교), 이화여자대학교 등 서울의 대학생들도 있었다. 이 대학생들은 방학을 이용해 한얼중학교에서 봉사활동을 하며 학생들과 어울려 이 야기를 나누고 함께 지내는 시간을 가졌다. 이 만남은 한얼중학 교 학생들에게도 큰 자극이 되었다. 서울에서 온 대학생들과 직 접 마주해 대화를 나눈 경험은 세상에 대한 눈을 넓히고, 배움과 실천이 어떻게 연결되는지를 몸으로 느끼게 해주는 기회였다. 그 이후, 한얼중학교 학생들은 더 열심히 공부했고, 자기 삶의 방향 에 대해 진지하게 고민하기 시작했다. 이처럼 선생은 말이 아닌 삶으로, 강요가 아닌 실천으로 많은 사람들의 마음을 움직였고, 그 감동은 또 다른 실천으로 이어졌다.

> 1948년 여름이었다. 서울에서 멋쟁이 대학생들 15~6명이 내려왔다. 연세대, 이화여대, 서울대, 한국신학대학 등 여러 학교의 학생들이 왔다. 그중에서도 연세대학생 김동길 선생님, 한신대의 이규호 선생님, 수원농대의 최죽송 선생님 여러분이 가장 기억에 남는다. 이분들은 그해 겨울방학 때도 다시 오셨다. 이 선생님들은 몸에 배지 않은 흙벽돌 만들기 노동을 즐겨 하시면서, 벽돌이 마르기를 기다리는 2~3일간을 이용해 우리들에게 지식과 감격을 전해 주셨다. 그분들의 「감격」을 듣고 본 우리 학생들은 새삼 감격하면서 더욱 열심히 일했다.
> 후일에 탐문(探聞)한 바에 의하면 이 대학생들은 기독교 신자들로서, 방학을 이용하여 YMCA 활동을 하던 중 승동교회에서 강성갑 목사님의 특강을 듣고 감복하여 진영으로 내려오셨다는 것이다. (한얼중고등학교 동문회 편, 『위대한 스승 강성갑 교장(그 생애와 사상)』, 한얼중고등학교 동문회, 2000년, 41쪽)

이들이 목격한 한얼중학교의 모습은 특별했다. 후일 한얼중학 교 교사로 재직하기도 했던 한신대의 이규호는 선생의 실천이 학생들 사이에서 늘 이야깃거리가 되었다고 회고하였다.

> 한얼학교의 강성갑 교장 선생님을 우리는 모두 잘 알고 있었다. 그는 매우 감상적이면서도 정열적인 그리고 바른 정신을 가지고 일을 해보겠다는 사람이었다. (…) 강성갑 교장은 외부의 원조에 의존함이 없이 자기 손으로 흙벽돌을 쌓아올려서 학교를 시작했는데, 학생들도 학교에 들어오면 자기들 손으로 교실부터 만들었다. 그래서 한얼학교에는 주로 비싼 수업료를 낼 수 없는 가난한 집 아이들이 일하면서 공부하기 위해서 찾아오곤 했다. 강성갑 교장은 이렇게 해서 근로정신과 자주정신을 젊은이들의 마음속에 심어줄 수 있다고 생각했다.
> 전쟁이 일어나기 전 해에 나는 맹군과 다른 대학생들과 함께 이 한얼학교에 가서 여름방학 동안 지낸 일이 있었다. 그래서 우리들 사이에서는 늘 한얼학교와 강성갑 교장이 이야깃거리가 되었었다. (이규호, 윤재홍 편, 『삶의 철학』, 연세대학교 출판부, 2005년, 115~116쪽)

이규호
이규호(李奎浩, 1926~2002)는 경남 진주 출생으로 한신대학교를 졸업하였고 연세대학교 교수를 거쳐 국토통일원장관, 문교부장관, 대통령 비서실장, 주일대사 등을 역임하였다. 독일 튀빙겐으로 유학을 떠나기 전에 한얼중학교 교사로 근무하였다.

이규호의 증언에 등장하는 '맹군'은 맹의순을 가리킨다. 맹의순은 한국전쟁이 발발하자 피난을 떠났고, 의지할 사람으로 강성갑 선생을 떠올렸다. 그는 한얼중학교를 향해 피난길에 올랐지만, 안타깝게도 미군에게 북한 인민군으로 오인되어 포로로 붙잡혀 수용소에 수감되었다. 그는 이후 거제도 포로수용소에서 광야교회를 세우고 포로들을 대상으로 목회하였으며, 전쟁의 한가운데서도 신앙과 희망을 나누고자 애썼다. 그러나 끝내 1952년, 병을 얻어 수용소에서 생을 마감하게 된다. 맹의순은 정연희의 소설 『내 잔이

선생에 대해 증언하고 있는 김동길 교수(2015년 8월 6일)

넘치나이다』의 실제 주인공으로, 그의 삶은 오페라로도 제작되어 세상에 알려졌다. 하지만 그가 한국전쟁 중 강성갑 선생을 찾아 피난길에 나섰다는 사실은 그동안 거의 알려지지 않았다. 그가 전쟁통에 가장 먼저 강성갑 선생을 떠올렸다는 사실은 선생이 주변 사람들에게 단순한 교사가 아닌, 의지할 수 있는 존재, 삶을 맡길 만큼 신뢰받는 사람이었다는 조용한 증언이다.

강성갑 선생을 오랫동안 기억하고, 깊은 존경의 마음을 간직했던 사람 중 한 명은 연세대학교의 **김동길** 교수였다. 그는 연희대학교(연세대학교) 재학 중, 학교에서 열린 강성갑 선생의 강연을 듣고 깊은 감동을 받았다. 그

> **김동길**
>
> 김동길(金東吉, 1928~2022)은 연희대 영어영문학과를 졸업하였고, 미국 보스턴 대학교 대학원에서 철학박사 학위를 받았으며, 귀국하여 연세대학교 교수, 교무처장, 부총장을 역임하였다. 이후 조선일보사 논설고문, 제14대 국회의원, 신민당 대표최고위원을 거쳐 자유민주연합 상임고문을 지냈으며, 민청학련사건, 김대중 내란음모사건 등에 연루되어 옥고를 치르기도 하였다.

3장 한 알의 '밀알'이 되다 - '실천'의 삶 | 243

만남은 그의 인생에 있어 하나의 전환점이 되었다. 방학을 맞아 여러 명의 대학생들과 함께 진영을 찾은 김동길은, 직접 한얼중학교를 방문해 선생의 교육 실천을 목격하고, 그 현장에서 배우며 체험했다. 이후 김동길 교수는 여러 글과 인터뷰를 통해 강성갑 선생에 대한 깊은 존경심을 꾸준히 표현해 왔다. 그의 회고는 단지 한 인물에 대한 개인적인 기억을 넘어, 실천을 통해 사람들의 삶에 변화를 일으킨 교육자의 정신을 되살리는 중요한 증언이다.

> 1949년 여름 어느 날, 연희대학교의 강당에서 조그마한 강연을 들은 일이 있었다. 연사의 이름은 강성갑. 사회자의 소개에 따르면 그는 일제하에 연희전문학교 문과를 마치고 이어 일본 동지사대학에 가서 신학을 공부하여 목사가 되었으며, 한동안 부산대학에서 독일어를 가르치다가 뜻하는 바 있어 경남 진영에 가서 조그마한 중학교를 경영하고 있다는 것이다. 크지 않은 키에 얼굴은 거무스레하고, 단단한 느낌을 주는 용모와 체구를 갖춘 중년의 시골 목사였다. 초라하다면 초라한 행색이었으나, 자그마한 눈이 유달리 반짝여서 함부로 대할 위인은 아니라는 인상을 주었다.
>
> 그런데 그가 강단에 올라서서 입을 여니 세상에 이렇게 똑똑하고 당돌하고 무서운 사람이 또 있을까 하는 생각이 들었다. 그 때는 이미 자유당의 부정부패가 걷잡을 수 없는 지경에 이르렀고 민중은 일종 체념에 가까운 무관심으로 기울어지던 때였는데, 그는 잘라서 말하기를, 대한민국은 서울 뿐이지 지방은 대한민국과는 아무런 관련도 없는 형편이라고 하여 중앙의 행정이 얼마나 시골을 업신여기고 있는가를 지적하였다. "대학을 나오고 서울 바닥에 눌러앉아 월급쟁이나 할 생각은 버리고 농촌으로 오시오. 농촌을 움직이는 사람이 결국은 조

국을 움직이게 됩니다. 한 5년이나 10년 딴 생각 말고 농촌에 묻혀 농민들을 도우며 그들과 더불어 사는 사람만이 대한민국의 주인이 될 것입니다."

그는 진영읍에「한얼중학교」라는 조그마한 학교를 세우고 교장 노릇을 하고 있는데, 그 학교는 흙벽돌로 세운 초라한 교사밖에 없지만 정신은 살아 있고 기백은 뚜렷하여서, 오랜 전통을 가졌다는 진영읍내의 공립중학교가 무서워할 정도라고 자랑스럽게 말하였다. "집집마다 찾아다니며 학생들과 함께 감나무 한그루씩을 심어주니 처음에는 우리의 동기를 의심하고 필요없다고 거절합디다. 정부에서 하는 일이 매사에 농민을 속이고 빼앗기만 하였기 때문에 이 사람이 배후에 무슨 뜻이 있어서 우리에게 이런 호의를 베푸나 생각하고 두려워 하는 것 같았습니다. 그러나 점차 불순한 뜻이 조금도 없다는 것을 알고 나서야 고마워 하며 협조를 아끼지 않았습니다. 그 감나무가 자라서 가지마다 감이 주렁주렁 열리게 될 때 비로서 이 나라는 부강과 번영을 누릴 수 있다고 믿습니다."

강연이 끝나고 나는 연사와 더불어 시내로 나오면서 계속 궁금한 문제들에 관하여 질문을 하였다. 일꾼이 필요하니 주저 말고 꼭 좀 와서 같이 일하자고 그는 내게 당부하였다. 나도 기회를 봐서 꼭 같이 일하고 싶다고 솔직한 심정을 토로하였다. 그해 겨울방학에 시내의 몇 대학에서 남녀 대학생 7~8인이 진영으로 가기로 결정되었다. 영어, 수학, 사회생활 등등 각기 전공의 분야별로 우리는 약 40일간 임시교사로 가게 된 것이었다. 우리 숙소는 낡은 일본집이었고 비교적 큰 집이라, 한끝에는 교장네 식구가 살고 서재로 쓰던 큰 방에는 책이 꽉차있어서 강(姜)교장 자신의 학문에 대한 집념이 대단하다는 것을 말하여 주는 듯하였다. 그 건물 주변에 교사들의 사택이 있었고, 학교는 교무실이나 교실이나 다 흙벽돌로 세우고 문에는 창호지를 바른 형편없는 것이었으나 오히려 한국의

> 현실에 어울리는 것 같아 일종의 위안과 자부심을 주었다. (김동길, 「같이 살기 운동의 강성갑 목사」, 『신동아』 1973년 5월, 169~170쪽)

그 외에도 선생의 실천에 깊이 마음이 움직여, 직접 진영으로 내려온 이들이 있었다. 그들이 어떻게 처음 선생을 알게 되었는지에 대한 정확한 기록은 남아 있지 않지만, 1950년 봄, 이화여자대학교를 갓 졸업한 김유선과 김성숙 두 사람은 선생의 교육실천에 큰 감동을 받고, 그 뜻에 동참하고자 스스로 진영으로 내려왔다. 이들이 기독학생 봉사대의 일원이었는지, 기독학생청년회 활동을 통해 감동을 받았는지는 확실하지 않지만, 당시의 기독교학생청년회 운동이나 선생의 강연, 또는 구전된 이야기와 글을 통해 실천의 현장을 직접 보고 싶다는 열망을 품었을 가능성이 크다.

김유선과 김성숙은 단지 방문자로 머물지 않았다. 그들은 선생이 말한 삶과 연결된 교육, 공동체를 위한 헌신의 가치를 직접 체험하고, 학생들과 함께 진영에서 생활하며 실천의 일부가 되었다. 그들의 참여는 선생의 교육이 단지 이론적 주장이나 이상적인 말에 머물지 않고, 삶의 현장에서 구체적으로 실현되는 실천임을 스스로 확인하는 과정이었다. 그리고 이 경험을 통해 진정한 교육의 의미를 깊이 깨달았다. 이들의 방문은, 진영이라는 작은 시골 마을에서 진행되던 이 교육운동이 단순한 지역 활동이 아니라, 해방 이후 한국 사회 전체가 고민하던 '새로운 교육', '새로운 나라'의 방향성과 맞닿아 있었음을 잘 보여준다. 강성갑 선생은 진영이라는 작은 공간에서 출발했지만, 그의 교육은 당대의 시대정신과 열망을 품고 있었고, 그 진심 어린 실천은 지역과 세대를 넘어 사람들을 움직이는 진정한 힘이 되었다.

> 나(김유선)는 6.25사변이 나기 바로 한 달 전인 1950년 5월에 이화여자대학교 약학과를 졸업하였다. 학창 시절에 방학 때가 되면 뜻맞는 친구들과 함께 농촌운동을 다니며 우리나라 농촌 형편이 생활하는 것이라기보다 생존에 허덕이는 현실임에 안타깝게 생각해 오던 터였다.
>
> 그 당시 경상남도 김해군 진영에 한얼중학교를 설립하고 교장으로 재직하던 강성갑 목사님의 신앙과 사상 그리고 애국심은 그 당시 우리에게 많은 감명을 주어 오던 터이기에 졸업한 뒤에 처음 가지는 직장은 바로 한얼중학교로 내려가게 되었다.
>
> 그 학교는 남학생들뿐이었다. 가난한 농촌 각처에서 모여든 학생들이 자기들 스스로의 손으로 흙벽돌을 만들어 교사를 짓고, 숙소를 마련하고, 농사짓는 일 등 여러 가지 작업을 많이 하면서 공부하는 학교였다. 농어촌의 가난한 학생들에게 공부를 할 수 있는 기회를 주려고 시작한 학교이니만치 학교는 거의 면제되어 있었으므로 경영난으로 말미암아 무척 애쓰면서도 새로운 의도로 교육을 실천해 나가는 학교였다.
>
> 그러한 산 정신과 정열에 이끌리어 나는 순수한 첫 정성을 기울여 열심히 교육을 하리라 결심했던 것이다. 이대 영문과를 졸업하고 나와 같은 한얼에 부임한 나의 가장 친했던 친구 김성숙은 영어를 가르쳤고 나는 물상 과목을 담당하게 되었다. (김희보, 『사랑을 받느니보다 사랑을 주게 하소서』, 종로서적, 2000년, 117~120쪽)

노작교육
(Arbeitsunterricht)
- 새 나라의 새로운 교육

─ 노작교육을 실시한 뛰어난 실천사례

선생의 교육 실천과 관련하여 특히 주목을 받은 것은 '노작교육'이었다. '노작교육(勞作敎育)'이란, 학생들이 손과 몸을 움직여 직접 무언가를 만들어내는 과정을 통해 인격을 기르고, 지식과 삶을 연결하는 교육 방식이다. 교육학 용어사전은 노작교육을 다음과 같이 설명하고 있다.

> 노작교육(勞作敎育, work-oriented education, Arbeitsunterricht(독일어)) 종래의 학교 교육이 주지성(主知性)을 강조하는 서적학교(書籍學校)로서 타율적이고 수동적이며 비활동적인 성격을 띠고 있었음에 반하여, 학생들의 자기 활동을 통한 노작적 학습을 전개시키려는 것을 강조하는 교육. 학생들의 노작활동을 중심으로 하는 것이므로 작업교육 또는 근로교육이라는 말로도 표현된다. 이것은 1908년 쮜리히의 페스탈로찌 기념제에서 케르센슈타이너(G. Kerschensteiner)가 노작학교라는 말을 처음으로 사용한 이후 노작학교, 노작교수의 문제가 교육계, 교육사상계의 중심 문제로 부각되었다.

> 노작교육은 크게 두 가지 관점에 따라 해석된다. 즉, 좁은 뜻으로는 신체적 활동, 주로 손의 활동을 중심으로 하는 수공적 활동(手工的 活動)을 뜻하며, 넓은 뜻으로는 신체적 활동을 주로 하는 기술상의 일이라든가 자연을 다루는 것에 그치는 것이 아니라 정신적 활동을 강조함으로써 교육의 개선을 기도(企圖)하려는 것이다. (네이버 교육학 용어사전)

노작교육은 해방 직후 한국 교육계에서 매우 중요한 교육 방식으로 주목받았다. 이는 기존의 수동적이고 암기 중심의 교육에서 벗어나, 학생들이 손과 몸을 움직이며 자발적이고 능동적으로 참여하게 하는 교육이었다. 노작교육은 단순히 기술을 익히는 훈련이 아니라, 어떻게 살아갈 것인가를 배우는 과정이었다. 정신과 신체를 함께 쓰며 작업에 몰두하는 경험은 학생들에게 삶의 태도와 공동체의 가치를 깨닫게 했다.

당시 한국 사회는 새로운 국가를 건설해야 하는 중대한 전환기에 있었다. 교육도 단지 지식 전달이 아니라, 스스로 문제를 해결하고 사회를 책임질 수 있는 시민을 길러내는 것이 그 핵심 과제로 떠올랐다. 이러한 흐름 속에서 노작교육은 특히 이상적인 교육철학으로 각광받았다. 하지만 현실은 쉽지 않았다. 가르칠 교사도 부족했고, 교육 환경은 열악했다. 한얼중학교 역시 예외는 아니었다. 학교 건물조차 없는 상황에서 시작해야 했고, 학칙에 따라 교육과정을 마련했지만 이를 그대로 실현하기는 매우 어려웠다. 전담 교사가 턱없이 부족했고, 수업을 운영할 교실도 넉넉지 않았다. 그럼에도 불구하고 선생은 주어진 조건에 굴하지 않고 자신의 교육 이상을 실현하기 위해 끊임없이 노력했다.

그의 실천은 진영이라는 지역을 넘어서 청년 학생들과 교육 당국, 학계, 사회 전반의 주목을 받게 되었다. 특히, 서울대학교 사범대학에 재학 중이던 학생들은 자신들이 해방 후 새롭게 시작된 나라의 교육을 책임져야 한다는 사명감에 불타 있었다. 당시 서울대 사범대학 학생이었던 **정원식**은, 이러한 분위기를 당연히 우리 학생들이 해야 할 일이라는 일종의 시대정신이라고 회고했다.

> **정원식**
> 정원식(鄭元植, 1928~2020)은 황해도 재령 출신으로 서울대 사범대학을 졸업한 교육자이며 철학자, 정치인으로 서울대 사범대학 교수, 문교부 장관, 국무총리를 역임하였다.

서울대 사범대 학생들은 어떻게 살아야 할지, 어떤 교육자가 진짜 교육자인지를 고민하며, 새로운 길을 실천으로 보여주는 이들을 찾고자 했다. 오늘날처럼 인터넷이나 빠른 교통, 통신 수단이 없던 시절이었지만, 진정한 스승을 찾고자 하는 이들의 열망은 굉장했다. 그리고 마침내 경상남도 김해군 진영읍에, 직접 학교를 설립하고 새로운 교육운동을 실천하고 있는 선생님이 계시다는 소식이 서울까지 들려왔다. 그 주인공이 바로 강성갑 선생이었다.

1949년 늦가을, 서울대 사범대 학생들은 강성갑 선생을 초청하여 교육 실천에 대한 강연회를 개최하였다. 정원식의 회고록에는 그날의 강연회에 대한 자세한 기억이 담겨 있다. 이 만남은 단순한 강연을 넘어, 진정한 교육의 의미를 함께 나누고, 새로운 교육을 위한 실천을 구체화하는 중요한 계기가 되었다.

어느 늦가을이었다. 교내에서 강성갑 목사의 교육실천 강연회가 열렸다. 강 목사는 목회자 신분이 아니라 교육자로서의 교육실천 경험을 전하기 위해 왔다. 그는 경남 마산 출신으로 연희전문을 졸업하고 일본 도시샤대학에서 신학을 공부했다. 그는 농민교육의 개척자로서 가난한 농촌의 학생들을 가르치기 위해 경남 진영에 노작교육(勞作敎育; 학생들의 자발적이고 능동적인 정신과 신체의 작업을 중심원리로 행하는 교육)의 실천도장인 한얼중학교를 설립했다.

강성갑 목사의 강연에 학생들은 깊게 감화되었다. 강당을 가득 메운 학생들은 한마디라도 놓칠까 봐 숨죽인 채 경청했다. 강 목사는 한얼중학교를 설립한 경위를 설명하고 흙벽돌을 구어서 농촌의 가옥을 개조하는 노작교육의 실체를 소상하게 소개했다. 강연이 절정에 다다르자 감동을 못 이긴 탄성이 여기저기서 터져 나왔다. 근 두 시간 동안의 강연이 몇 분간의 천둥처럼 느껴졌다. 강연이 끝나도 학생들은 벼락이라도 맞은 양 자리를 떠날 줄 몰랐다.

마침내 상기된 수십 명의 학생들이 강 목사를 밀다시피 빈 강의실로 모셔갔다. 강 목사에게 물어볼 게 너무 많았기 때문이다. 나 역시 그 중의 한 사람이었다. 이미 날은 저물어 어둠이 깔리고 있었다. 그래도 학생들은 강 목사를 놓아주지 않았다. 20여명의 학생들은 학업을 중단하고 강 목사를 따라 당장 한얼중학교에 가겠다고 했다. 이제 막 시작한 노작교육 실천에 참여하겠다는 뜻이었다. 강 목사는 학생들의 청을 거절하면서, 차분하게 타이르기 시작했다. "여러분이 교육을 위하여 헌신하겠다는 열정을 충분히 이해합니다. 그러나 지금은 때가 아닌 것 같습니다. 여러분들은 미래의 교육을 위해 지금은 학업에 열중해야 합니다. 그러니 서울 사대를 졸업한 후에 우리 학교에서 함께 일합시다"라는 요지였다. (정원식, 『변혁의 시대에서: 정원식 회고록』, 기파랑, 2010년, 17~19쪽)

강연을 들은 서울대 사범대 학생들 중에는 당장 학업을 중단하고 선생을 따라 진영으로 내려가고자 했던 이들도 있었다. 그만큼 선생의 실전은, 해방된 새 니라의 미래를 위한 우리 교육의 대안으로서 충분히 설득력 있고 감동적인 것이었다. 필자는 강성갑 선생에 대한 연구를 시작하면서 정원식 전 총리를 직접 만난 적이 있다. 그 자리에서 무엇보다 궁금했던 것은 이것이었다. 진영이라는 한적한 시골에서 학교 하나를 세웠을 뿐인데, 인터넷도 없고 교통도 불편하던 그 시절, 서울의 대학생들이 어떻게 그에 대해 알게 되었을까? 정 전 총리의 대답은 간단했다. "그 당시에 새 나라의 교육에 관심이 있는 사람이라면, 다 알고 있었습니다." 필자는 다시 물었다. "그렇다면 당시, 학생들이 그렇게 따르고 배우고자 했던 다른 교육자도 있었습니까?" 정 전 총리는 망설임 없이 답했다. "강성갑 선생님 외에는 없었습니다."

그의 대답을 들으며 필자는 부러움과 동시에 묵직한 질문을 떠올렸다. 지금 우리의 청년들, 오늘의 학생들은 과연 누구를 그렇게 찾고 있을까? 학업을 미루면서까지 함께하고 싶어질 만큼 가슴을 뜨겁게 하는 교육자, 그와 함께 이상을 실현해 보고 싶은 스승이 오늘 우리 곁에도 있을까? 도대체 선생의 노작교육이 어떤 실천이었기에 해방 직후 대학생들의 마음을 움직였던 것일까? 이제 그 실천의 구체적인 내용을 살펴보려 한다.

一 노작교육의 의미
- 우선 나 자신부터 행복해야 한다

　선생이 실천했던 노작교육은 무엇보다 먼저 학생 스스로의 행복한 삶을 위한 교육이었다. 선생은 교육의 목적을 학생들의 자립에 두었다. 누구의 눈치도 보지 않고, 자기 힘으로 당당하게 살아갈 수 있도록 하나 이상의 전문기술을 익히는 것, 그가 말한 '장이'를 만드는 교육이 바로 노작교육이었다. 그는 교육은 이웃이나 국가를 위한 봉사 이전에, 우선 나 자신을 위한 것이어야 한다고 보았다. 내가 행복하지 않은데, 이웃을 위한다는 말은 위선일 수 있다는 것이다. 그래서 그는 교육의 방향을 크게 두 가지로 구분하였다. 하나는 자기 자신의 행복을 위한 교육, 또 하나는 우리 모두를 위한 교육이다. 그리고 그는 자기 자신의 행복을 위한 교육, 곧 '노작교육'을 교육의 출발점으로 삼았다. "모든 사람이 반드시 자기 생존을 위해, 누구에게도 부담을 주지 않고 살아가게 하려면, 한 사람당 하나의 기술은 꼭 익혀야 한다." 이것이 선생이 노작교육을 통해 실천하고자 했던 핵심이었다.
　한얼중학교의 교과목과 일과표에는 반드시 노동 시간이 포함되어 있었다. 학생들은 정해진 시간표에 따라 몸으로 일하며, '노동은 신성하다'는 가르침을 삶 속에서 익혔다. 이러한 교육방식을 잘못 이해한다면 학생들의 노동력을 착취하는 교육으로 오해할 수도 있다. 하지만 선생은 누구보다 앞장서서 땀 흘리며 일했고, 학생들에게 명령하거나 지시하는 교장이 아니라 함께 실천하는 동료이자 모범이었다. 그의 말은 말로 끝나지 않았다. 직접 흙벽돌을 만들고, 건물의 기초공사를 하며, 어깨를 함께 부딪치며, 삶 자체로 교육의 진실함을 보여준 사람이었다.

흙벽돌을 구워 학교 건물을 짓는 과정은 한얼중학교 노작교육의 출발점이었다. 학교를 세우는 일이 곧 교육이 되었고, 그 실천이 교육의 내용이자 방법이었다. 학생들은 삽을 들고 흙을 이겨 벽돌을 만들고, 그 벽돌을 하나하나 쌓아 교실을 지어 나갔다. 이 모든 과정은 단순한 노동이 아니라, 배움과 성장이 함께하는 교육이었다. 학교 교사(校舍)의 신축이 마무리된 이후에도 선생은 여기서 멈추지 않았다.

그는 한얼중학교에서의 건축 실습을 통해 익힌 흙벽돌 건축법을 전국적으로 보급하고자 하는 계획을 세우고 있었다. 단지 한 학교의 자립을 위한 것이 아니라, 당시 교육 기반이 취약했던 한국 사회 전체의 현실을 바꾸는 데 기여하고자 했던 것이다. 부족한 자재와 재정 속에서도 학교를 세울 수 있다는 가능성을 보여준 이 실천은, 교육을 통해 자립을 이루고자 했던 선생의 비전을 상징적으로 드러낸다. 건축 그 자체가 교육이 되고, 배운 기술이 다시 다른 공동체의 변화로 이어지는 순환, 바로 이것이 선생이 꿈꾼 노작교육의 지향점이었다.

> 지금 학교에서는 학교 건물을 짓고 있는데, 이 일이 끝나면 다음에는 학교 주변의 모든 주택을 흙벽돌 양옥으로 고치려고 합니다. 그렇게 하기 위한 학교로써의 준비는 집 한 채를 지을 대지만 구하면 됩니다. 그 대지에다 날씬한 흙벽돌 양옥을 지어놓고 그 마을에서 제일 빈곤한 가정을 찾아가 이사케 하고, 그 대지를 고루어 또 그곳에 흙벽돌 양옥을 지어 둘째로 못사

> 는 가정을 이사케 하는 식으로 해 나가면 학생들의 건축 실습장은 없어지지 않을 것이며 마을은 흙벽돌 양옥으로 변해 갈 것입니다. 그리고 우리 학교의 졸업생이 전국 각지에 퍼지면 흙벽돌 양옥 건축법이 전국적으로 보급되어 드디어는 우리나라의 농산어촌의 모든 가옥이 흙벽돌 양옥화 되지 않겠습니까? (심진구, 「향토교육의 선구자 강성갑에 관한 사례연구」, 『인천교대논문집』 3, 1968년, 277쪽)

선생의 노작교육에서 특히 의미있는 것은 기술을 가르치는 '장이' 선생님들에 대한 존중이었다. 선생 자신은 대학을 나온 지식인이었지만, 어떤 직업이 더 높고 낮다는 식의 구분은 철저히 부정했다. 모든 사람은 그 자체로 존중받아야 하며, 기술자 또한 존엄한 직업인이라는 것을 교육을 통해 몸소 보여주었다. 한얼중학교에는 성냥공장, 기와공장, 목공장이 있었고, 그곳에서는 전문 기술자들이 학생들을 직접 지도하였다. 선생은 모든 학생에게 이 기술자들을 '선생님'이라고 부르게 했고, 그들의 월급은 자신인 교장의 월급과 동일하게 책정했다. 그는 말로 주장하는 것만이 아니라, 실제 기술자를 존중하는 문화를 실현한 것이다.

실습 시간 동안 학생들은 다양한 기술을 경험하면서 자신에게 맞는 분야를 찾아갔다. 그리고 어느 한 기술이 적성에 맞다고 느껴지면, 그 기술을 더욱 깊이 연마하여 일류 기술자가 될 수 있도록 스스로 노력하였다. 이러한 노작교육은 단순히 기술을 익히는 데서 그치지 않았다. 그것은 자립과 존엄, 그리고 서로를 존중하는 공동체 정신을 바탕으로 한 전인교육이었다. 노동이 고된 일이 아니라, 자기를 찾고 세우는 고귀한 과정이라는 것을 선생은 가르치고자 했고, 무엇보다 그것을 자신의 삶으로 증명해 보였다.

> 우리 학교에서는 지금 성냥공장, 기와공장, 인쇄소, 목공장, 석공장, 이발소, 미용원 등의 실습장을 마련하고, 각종의 기술자를 두어 학생들을 지도하게 하고 있습니다. 그런데 이런 기술자란 훌륭한 기술을 가지고 있으면서도 표현이 서툴러서 이론적으로 지도하는데 서툴다든가, 교사로써의 외형적 권위를 갖추지 못하는 것은 부득이한 일이지마는, 학생들로 하여금 그 분들을 마음으로 존경하게 하고 꼭 선생님이라고 부르게 합니다. 학생들은 실습시간을 통해서 각양의 기술을 학습하다가 그중에서 자기의 적성에 맞는 기술을 발견하게 되면 그 기술만은 더욱 연마를 하여 일류 기술자가 되게 합니다. 훌륭한 기술자는 이력서를 가지고 다니면서 남에게 머리 숙여 예속되기를 애원하지 않아도 됩니다. 얼마든지 자립해서 일할 수 있습니다. (심진구, 「향토교육의 선구자 강성갑에 관한 사례연구」, 『인천교대논문집』 3, 1968년, 277쪽)

선생의 노작교육 실천 가운데 특히 인상적인 부분은 교육의 실제 적용이었다. 단지 교과서 속 이론이 아니라, 삶 속에서 스스로의 손과 몸으로 배우는 교육을 실현하고자 했던 그의 철학은 학교 곳곳에서 구현되었다. 그의 제자 중 한 명은 당시의 기억을 다음과 같이 증언했다.

> 중학 2학년 때 한얼산업에서 생산되는 성냥통을 조눌에서 온 장영조란 친구와 걸머지고 보리 가을 농번기 가정 실습 때 장사치로 나서 행상을 해본 것인데, 농사철이라 성냥을 살 사람도 없고 집집마다 집보는 애녀석들이나 있을까 빈집 들이었고, 한 집을 가니 머리를 길게 땋은 처차가 보고 학모를 눌러

> 쓴 머슴애 녀석들이 가련해서였던지 혹은 그녀의 수줍은 연정으로였던지 성냥 한 통에 보리를 덤뽁 자루에 넣어 주어서 본전을 사게 되었는데, 두 놈이 번갈아 들고 고개를 넘어 오다가 요절복통을 하고 우리는 장사는 못할 놈들이다 하며 장사하고는 인연을 끊어 버렸습니다.
>
> 그런데 저의 위에 한해 선배되는 귀환동포 말더듬이 H란 친구가 있었는데 참 불쌍한 사람이었습니다. 평소에는 머저리같은 녀석이 성냥곽을 걸머지고 기차에만 올라타면 기차게 청산유수같이 늘어놓고는 말끔히 팔고 왔던 것입니다. 지금도 간혹 진영을 지나다 보면 장가도 가지 않고 런닝 조각을 걸머지고 장사치로 한세상을 사는 것 보니 그렇게 장사에 미쳐도 별것 아니다 생각되곤 했습니다. (문희봉, 『두무산 민들레』, 형설출판사, 1980년, 95쪽)

한얼중학교의 노작교육은 단순히 기술을 익히는 차원을 넘어서 있었다. 학생들은 실습을 통해 실제로 물건을 만들어냈고, 그것이 곧 교육의 과정이자 결과가 되었다. 선생은 학생들이 직접 성냥을 생산한 뒤, 이를 지역사회에 판매하여 자신들의 학비로 사용하게 하였다. 이 과정 하나하나가 모두 교육의 장이었다. 성냥을 만드는 일은 곧 화학 수업이 되었고, 생산된 성냥을 들고 마을과 시장에 나가 판매하는 과정은 실질적인 상업 및 유통 교육이 되었다. 그리고 자신이 만든 물건을 팔아 얻은 수익으로 학비를 충당하는 일은 경제와 금융에 대한 이해를 자연스럽게 익히게 하는 교육이 되었다. 이는 어느 누구도 쉽게 생각해 내기 어려운, 삶과 교육이 긴밀하게 연결된 교육 방식이었다. 단순히 책상에 앉아서 지식을 배우는 것이 아니라, 손으로 익히고 몸으로 실천하며, 삶과 연결된 배움 속에서 자립과 책임을 체득하는 교육이었다. 결국, 선생의 노작교육은 단순한 노동 중심 교육만은 아니었다. 그것은 무엇보다도 학생들이 자기 삶의 주인이 되어, 주체적인 인생을 살아가도록 격려하는 교육이었다. 현실의 벽 앞에서 좌절하지 않고, 다시 앞으로 나아갈 수 있도록 위로하고 용기를 북돋는 교육이었다.

당시 한얼중학교에 모여든 학생들은 대개 뜻은 있었으나 가진 것이 없었고, 공부를 시작한 지 얼마 되지 않아 학업 성취도 또한 높지 않았다. 그러나 선생은 이들에게 "부족한 것이 불편할 수는 있어도, 결코 부끄러운 것이 아니다"라고 분명하게 가르쳤다. 가난이 죄책감이 되어서는 안 되며, 지금 비어 있는 것을 부끄러워하기보다는 그것을 채워가기 위한 삶의 의지와 태도가 중요하다는 메시지를 전한 것이다.

선생은 제자들이 모두 행복하고, 잘 먹고, 잘 사는 사람이 되기를 진심으로 바랐다. 단지 출세라는 말이 자신만을 위해 누군가를 밟고 올라서는 것처럼 오해되기 때문에 꺼려질 뿐, 본래의 의미에서 자신과 이웃을 함께 살리는 출세는 오히려 적극 권장되어야 할 일이었다. 그는 다른 사람을 이용하여 자기만 잘 살겠다는 태도를 비판했을 뿐, 스스로의 실력과 노력으로 삶을 풍요롭게 만드는 것은 마땅한 일이라고 가르쳤다. 따라서 선생이 보기에 학생들의 행복한 삶은 단지 가능성의 문제가 아니라, 반드시 실현되어야 할 당위의 문제였다. 그는 제자들의 앞날을 단순한 희망으로 바라보지 않았다. 반드시 이루어야 할 현실적 과제로 보았다. 그것이 바로 그의 교육이 지향하던 진정한 의미였다.

─ 인공지능 시대의 노작교육
　 － 의심하고 질문하는 법

　선생이 학생들에게 기술을 가르치고, 흙벽돌을 구워 학교를 지었던 가장 중요한 이유는 단순히 기술을 익히기 위한 것이 아니었다. 그것은 스스로 자신의 삶을 책임지는 태도, 다시 말해 자립, 책임, 존중, 협력을 몸으로 배우는 교육이었다. 단순한 기능 습득이 아니라, 인간이 어떻게 살아야 하는가에 대한 깊은 성찰을 담은 그 시대에 적합한 실천이었다. 이 정신은 지금 우리가 살아가는 AI(Artificial Intelligence, 인공지능) 시대에도 여전히, 아니 오히려 더 절실히 요청되는 교육의 중심 가치다.

　오늘날 AI는 인간보다 더 빠르고, 더 많이, 더 간결하게 정보를 제공할 수 있다. 그러나 왜 그 답을 인용해야 하는지, 어떤 문맥에서 유효한지, 무엇이 신뢰할 수 있는 정보인지를 판단하는 일은 여전히 인간의 몫이다. 따라서 AI 시대의 노작교육은 더 많은 지식을 가르치는 것이 아니라, 의심하고 질문할 줄 아는 인간을 기르는 것이어야 한다. 챗GPT는, AI 시대를 살아가는 학생들이 반드시 갖추어야 할 핵심 능력은 단순히 기술을 사용하는 능력이 아니라, AI를 도구로 삼아 주체적으로 사고하고 실천할 수 있는 힘이라고 응답했다.

　챗GPT는 그 핵심 능력을 첫째, 비판적 사고력(Critical Thinking)

으로 설명한다. 즉 AI가 제공하는 정보나 답변을 그대로 수용하지 않고 출처, 맥락, 의도, 윤리적 쟁점을 분석하고 평가할 수 있는 능력이 필요하다는 것이다. 둘째, 질문력, 프롬프트 역량(Prompting Skill)이다. AI에게 원하는 정보를 얻기 위해 명확하고 구체적인 질문을 구성하는 능력을 말한다. 질문이 곧 사고의 깊이와 방향을 결정한다. 셋째, 해석력과 판단력(Interpretation & Judgment)이다. AI가 제시한 수많은 정보와 해답 중 무엇을 선택할지, 어떻게 사용할지를 결정하는 능력을 말한다. 넷째, 자기주도성(Agency / Self-Directedness)이다. AI의 지시를 따르기만 하는 수동적 태도가 아니라 스스로 목표를 세우고, 필요에 따라 AI를 도구로 활용하는 태도이다. 마지막은 디지털 윤리의식과 책임감(AI Literacy & Ethics)이다. AI를 사용할 때 발생할 수 있는 편향, 저작권, 개인정보, 차별 등 윤리적 문제를 인식하고 실천적으로 대응하는 능력을 말한다. 챗GPT가 정리한 다섯 가지 능력은 모두 '질문하는 인간', '스스로 책임지는 인간'을 만드는 교육의 핵심이다.

따라서, AI 시대의 경쟁력은 기술이 아니라, 그 기술을 어떻게, 왜 사용할지를 결정하는 인간의 능력이다. 이러한 능력은 새로운 것이 아니다. 이는 바로 강성갑 선생이 노작교육을 통해 길러내고자 했던, 삶을 책임지는 인간형과 정확히 겹친다. 노벨문학상을 수상한 한강 작가는 자신의 글쓰기를 이렇게 설명한다.

> 저에게 소설들은 계속해서 이어지는 어떤 것입니다. 이야기가 이어진다기보다는 질문들이 이어지는데요. 어느 시기에든 골몰하는 질문이 있고, 그 질문을 진척시켜 보는 방식으로 소설을 쓰게 됩니다. (…) 대답을 찾았다기보다는 그 질문의 끝에 다다랐다고 느낄 때 다음 질문으로 넘어가게 되고요. (『매일경제』 2024년 10월 11일, 「한강 단독 인터뷰, "고단한 날, 한 문단이라도 읽고 잠들어야 마음이 편안해집니다"」)

자신의 소설은 질문들이 이어진다는 한강 작가의 말은 오늘날 교육의 본질이기도 하다. 교육은 완성된 답이 아니라, 질문을 품고, 계속해서 질문을 던지는 과정이다. 결국 AI는 도구일 뿐, 그 도구를 어떤 방향으로 어떻게 활용할지 결정하는 것은 질문하는 인간의 역할이다. 정재승 카이스트 교수는 "AI 시대에는 아무리 노력해도 75점짜리 답을 쓰는 사람은 생계가 위험해질 수 있다"고 경고했다. 그는 "'미드저니', '달리' 같은 이미지 생성형 AI가 만든 작품을 보고 예술적 감동을 하진 못해도 80점 정도의 답안지는 된다는 느낌이었다. 챗GPT에 물어봐도 75점 이상의 답을 얻을 수 있다면 굳이 인간이 아닌 AI에서 답을 찾게 될 것"이라고 말했다. "결국 AI시대에는 80점부터 시작해서 95점, 96점을 만들 수 있는 인간이 필요하게 될 것이고 그들이 세상에서 중요한 역할을 하게 될 것"이라고 강조했다.

> 정 교수는 "인간은 스스로 질문을 통해 해결책을 탐색하는 존재인데 AI는 수많은 해결책을 우리에게 보여 주는 일을 앞으로 하게 될 것"이라고 말했다. 정 교수는 "소설을 쓰는 작가가 이야기 소재를 AI에게 주면 순식간에 2만 개쯤 되는 결과

> 를 내놓을 테고, 이 중 기발하다고 생각하는 이야기를 선택할 수 있을 것"이라고 말했다.
> 　정 교수는 결국 AI 시대에는 '질문하는 능력'을 갖춘 사람이 경쟁력을 가질 것이라고 강조했다. 정 교수는 "AI에게 그냥 질문을 주고 답을 하라고 하면 틀리지만, '천천히 잘 생각해 봐'라고 알려 주고 다른 사람이 푼 답을 보여 주면 AI가 학습하고 정답에 도달할 수 있다. 다시 말하면 AI에게 어떻게 질문하느냐에 따라 답을 얻을 수도 있고, 얻지 못할 수도 있다. 질문하는 인간의 능력이 점점 중요해질 것"이라고 밝혔다. (『서울신문』 2023년 10월 25일, 「AI 시대, 75점짜리 답 쓰면 생계 위험… '질문하는 능력' 갖춰야」)

　정 교수는 AI가 수많은 해결책을 제시해줄 수는 있지만, 그중 어떤 것이 가치 있고 창의적인지 선택하는 판단은 여전히 인간의 몫이라고 강조했다. 즉, AI를 잘 활용하는 인간은 단순히 지시하는 사람이 아니라, 스스로 질문하고 선택할 수 있는 사람이라는 것이다. 이런 맥락에서 바라볼 때, 선생이 실천한 노작교육은 단순한 기술 습득의 교육이 아니었다. 그것은 기술을 통해 나를 세우고, 공동체와 연결되는 방식으로 교육을 재구성한 실천이었다. AI는 글을 쓰고, 그림을 그리고, 질문에 답할 수 있다. 그러나 "내가 왜 이것을 하려는가"라는 근본적인 물음에 답하는 능력, 즉 자기 삶의 방향을 스스로 묻고 정하는 힘은 인간만이 가질 수 있는 영역이다. 따라서 AI를 잘 쓰는 법은 곧 나 자신을 잘 아는 법이며, 그 출발점은 선생이 강조했던 스스로의 삶을 책임지는 자세에 있다. 선생의 노작교육은, 지금 이 시대에도 여전히 유효한, 의미있는 교육실천이다.

국민신앙
(빌둥, Bildung)
- 새 나라의 새로운 교육

━ 선생의 기독교 신앙과 국민신앙

 선생이 실천한 교육 가운데 특별히 주목해야 할 지점은, '국민신앙'이라는 이름의 독자적인 교과를 통해 삶의 방향과 가치를 함께 고민하도록 했다는 점이다. 그는 내가 행복하지 않은데 이웃을 생각한다는 것은 위선이라고 단언하며, 무엇보다도 먼저 나 자신의 행복을 위해 먼저 노작교육을 강조하였다. 개인이 자신의 삶을 책임지고, 행복을 추구할 수 있는 힘을 길러야 이웃을 진정으로 돌볼 수 있다는 것이 그의 생각이었다. 그러나 인간은 사회적 존재이기에, 다른 사람들과 단절된 개인의 행복은 성립할 수 없다. 결국 나의 행복을 위해서라도 우리 모두가 함께 행복해야 한다. 선생이 노작교육을 통해 개인이 자신의 삶을 책임질 수 있는 실력을 쌓는 것을 강조했다면, 국민신앙 교육은 그 실력을 어떻게 우리 모두의 행복으로 확장시킬지를 고민하게 하는 교육이었다.

 선생은 기독교인이었기에 성서(Bible)를 국민신앙 과목의 교재로 사용했고, 그의 표현에는 기독교적 언어가 녹아 있었다. 하지만 그는 기독교라는 종교를 전파하려는 것이 아니라, 예수의 가르침인 "네 이웃을 내 몸같이 사랑하라"는 보편적 가치를 실천하고자 했다. 서로 다른 사람들을 틀린 사람으로 보지 않고, 다름을 인정하고 존중하는 태도를 가르치고자 했던 것이다. 그가 강조한 사랑의 실천은 나의 입장에서 하는 행위가 아니라, 상대의 입장에서 진심으로 이해하고 공감하는 태도였다. 해방공간 좌·우익의 격렬한 이념 대립 속에서 그는 누가 옳고 그르냐는 논쟁보다, 지금 고통받는 국민들의 삶을 먼저 돌아보자고 호소했다. 이념은 수단일 뿐이며, 인간의 행복이 목적이라는 것이 그의 철학이었다.

국민신앙 교육의 목적은 주체적으로 선 인격이 공동체를 위해 무엇이 옳고 의미 있는지를 스스로 묻고 답하게 하는 데 있었다. 그는 우리 민족이 일제의 식민지로 전락한 이유를 치열하게 성찰했고, 다시는 그런 역사를 되풀이하지 않기 위해 민족의식과 공동체 정신을 갖춘 시민을 길러내는 것을 목표로 삼았다. 국민신앙은 선생이 주창한 기독교적 교육관에서 애천(愛天)의 정신과 연결되어 있다. 그는 덴마크의 그룬트비처럼 기독교 정신을 바탕으로 민족의 의식을 개혁하고자 했지만, 우리나라는 기독교가 국교가 아닌 데다 기독교 신자도 소수에 불과해 오해와 비판에 직면할 수밖에 없었다. 덴마크처럼 기독교가 민족의 문화로 그들의 생활에 깊이 자리 잡고 있는 국가와 달리, 한국 사회에서 국민신앙이라는 명칭은 종교적 편향으로 보일 위험이 있었다. 그러나 선생에게 국민신앙은 기독교라는 종교를 넘어, 인간에 대한 사랑과 공동체를 위한 책임 의식이라는 보편적 가치를 담고 있는 것이었다. 비기독교인에게도 공감을 줄 수 있는 철학적 토대 위에 세워진 이 교육은, 선생이 말한 삶을 책임지는 교육의 정신을 가장 잘 보여주는 실천이었다.

선생이 주창한 국민신앙을 보다 깊이 이해하기 위해서는 그의 기독교 신앙이 지닌 특징을 살펴볼 필요가 있다. 선생은 안수를 받은 목사였으며, 그의 교육과 실천의 바탕에는 분명한 기독교 신앙이 자리하고 있었다. 그러나 그는 기독교 '신앙'과 기독교 '가치'를 구분한 인물이었다. 선생에게 신앙은 교회 안에만 머무는 것이 아니라, 교회 밖의 삶 속에서도 실현되어야 할 가치였다. 종교의 유무와 관계없이 모든 사람과 함께 나누고 실천해야 할 사랑과 정의, 공동체 정신이야말로 참된 기독교 신앙의 열매라고 믿었다. 따라서 그는 단순히 예수를 믿는 것을 넘어서, 예수처럼 살기 위해 애써야 한다고 생각했다.

선생의 신앙은 청소년기에 독립마산예수교회에 출석하며 시작되었고, 연희전문학교와 일본의 도시샤대학에서 기독교 정신과 신학을 배우며 자라났다. 해방 후에는 경남재건노회 활동 등을 통해 신앙을 더욱 구체화하고 실천으로 연결해 갔다. 한신대학교 교수였던 제자 장일조는 스승 강성갑에 대해 "생활 그 자체가 교육이었으며, 그의 이념은 곧 행동으로 나타났다"고 회고했다. 장 교수는 선생의 설교에 대해 "아버지가 자식에게 이야기하듯 자연스럽고 평범한 말들이었지만, 설교보다 삶으로 더 깊은 가르침을 주셨다"고 회상했다. 선생의 목회관은 제도권 교회로부터는 종종 비판을 받았지만, 진영교회 교인들에게는 어렵고도 존경스러운 삶의 본이 되었다. 장 교수는 이후에도 "강성갑 선생 같은 분을 다시는 만나지 못했다"며, 그를 '진정한 크리스천'으로 기억하고 있다.

그의 실천적 신앙을 가장 상징적으로 보여주는 일화는 진영역 화장실 청소였다. 선생은 항상 청결과 정돈을 강조했다. 그는 흐트러진 몸은 단정하지 못한 마음의 표현이라고 말하며, 몸가짐부터 단정히 하라고 가르쳤다. 또한 더럽고 낙후된 환경, 사회악은 모두 이기적이고 타율적인 인간의 마음에서 비롯된다고 강조했다. 매일 아침 교사 조회는 성서 낭독과 기도로 시작되었다. 그러나 그는 주일의 예배보다 "이웃을 위해 봉사하는 삶이 하나님께 더 큰 영광이 될 수 있다"고 말하곤 했다. 주일예배를 마친 후에는 학생들과 함께 진영읍 시가지로 나가 거리 청소를 하기도 했다. 특히 가장 더럽고 냄새나는 장소였던 진영역 공중화장실 청소는 의미가 컸다. 청소를 마치고 돌아온 학생들에게 선생은 이렇게 말했다. "깨끗한 곳을 찾아다니는 사람이 되지 말고, 더러운 곳을 가장 깨끗하게 만드는 사람이 되어야 한다." 이러한 실천은 당시에 적지 않은 비판을 받았다. 주일을 '범했다'는 이유로 교계 일부에서는 격한 반발이 일기도 했다. 그러나 그에게 주일은 단지 예배의 날이 아니라, 말씀을 행동으로 옮기는 날이었다.

선생의 실천적 신앙은 많은 제자들에게 깊은 인상을 남겼다. 제자 문희봉 목사는 신학교 면접에서 "강성갑 교장을 어떻게 생각하는가?"라는 질문을 받았을 만큼, 그의 영향력은 교육계를 넘어

신학계 안팎에도 잘 알려져 있었다.

> 나는 신학 입학을 할 때 구두 시험을 치루면서 홍반석 교수님에게서 강성갑 교장에 대해서 어떻게 생각하느냐고 질문을 받았습니다. 훌륭하고 존경하는 스승이라고 답변을 했습니다. 우리 보수 진영에서는 그 분을 퍽 경계하는 인물로 보아 왔던 것입니다. 그 이유는 그는 진보적이며 대단히 비약하는 분이었으며 그의 식견이나 조리있는 이론이나 신념에 찬 의지를 꺾을 사람이 없었습니다. 어릴 때 노회의 소식을 들을라치면 강성갑 목사의 독무대로 발언이 강하고 고집이 세었던 것입니다. (문희봉, 『두무산 민들레』, 형설출판사, 1980년, 87쪽)

선생이 진영교회에서 전한 설교 가운데 특별히 남아 있는 원고는 없지만, 그의 제자들이 기억하는 설교가 있다. 바로 "와서 보라"는 제목의 설교다. 이 설교는 요한복음 1장 38~39절을 본문으로 하여 전한 것이며, 제자들은 이 말씀을 선생의 삶과 연결해 더욱 깊이 기억하고 있다. 선생은 "예수를 믿는다면, 예수를 본받아 살아야 한다"고 거듭 강조했다. 그리고 자신이 한 설교의 내용을 삶으로 살아내기 위해 누구보다 애썼다. 그는 단지 말로 가르치는 사람이 아니라, 스스로 그 말씀을 따라 실천하고자 했던 교육자이자 신앙인이었다. "와서 보라"는 설교는 그가 삶으로 보여준 신앙의 길, 곧 말보다 삶으로 전하는 복음의 핵심을 잘 드러내는 상징적인 메시지였다.

> 요한복음 1장 38절: 예수께서 돌이켜 그 따르는 것을 보시고 물어 이르시되 무엇을 구하느냐 이르되 랍비여 어디 계시오니이까 하니 (랍비는 번역하면 선생이라) 39절: 예수께서 이르시되 와서 보라 그러므로 그들이 가서 계신 데를 보고 그 날 함께 거하니 때가 열 시쯤 되었더라.
>
> "와서 보라(Come and See!)"는 제목의 요한복음 1장 38~39절 설교를 요약하면 예수를 믿는다는 것은 예수를 따른다는 것이며, 예수를 따르는 사람은 예수를 본받아 산다는 뜻이다. 그러므로 예수를 믿는 사람은 예수와 같이 누가 언제 와서 보더라도 부끄럽지 않게 살아야 된다는 뜻이다. (「심사수 진술서」 2012년 3월 29일」

따라서 선생이 지닌 기독교 신앙의 핵심은 예수의 사랑을 삶 속에서 실천하는 것이었다. 그 사랑은 곧 이웃 사랑이며, 더 나아가 민족을 사랑하고 나라를 사랑하는 것으로 확장되었다. 그렇다고 해서 다른 나라나 다른 민족을 배제하거나 무시하는 것은 아니다. 선생에게 있어 사랑은 추상적이거나 관념적인 개념이 아니었다. 그것은 구체적인 삶의 자리에서 실천되어야 하는 것이었다. 그는 먼저 내 곁에 있는 이웃, 내 민족, 내 나라를 사랑하는 것에서 출발했다. 물론 그 사랑은 더 확장되어 인류 전체로 나아갈 수 있는 것이었지만, 실체 없는 추상적 사랑보다는 지금 당장 손을 내밀 수 있는 가까운 이웃을 향한 구체적인 사랑이 더 중요하다고 여겼다. 그리고 그 사랑은 단순한 감정이나 말이 아니라, 내가 가진 좋은 것을 기꺼이 나누는 봉사와 희생을 통해 드러나야 한다고 보았다. 이러한 믿음을 바탕으로, 선생은 예수의 명령을 자신이 먼저 몸소 실천할 뿐 아니라, 그 정신을 실천할 수 있는 제자를 길러야 한다고 믿었다. 그에게 교육은 곧 애국이었고, 애국은 하나님의 명령에 응답하는 길이었다. 그래서 선생이 가장 즐겨 부른 찬송가는 「삼천리 반도 금수강산」이었다.

  선생은 설립 취지서 첫머리에서 인용했던 성서의 한 구절, "한 알의 밀이 땅에 떨어져 죽지 아니하면 한 알 그대로 있고, 죽으면 많은 열매를 맺느니라"(요한복음 12:24)를 학생들에게 자주 이야기하곤 했다. 이 말씀은 단지 신앙적인 가르침을 넘어, 선생 자신의 삶을 관통하는 근본적인 신념이자, 해방 이후 새로운 나라를 세우기 위해 어떤 인재가 되어야 하는지를 말해주는 기준이기도 했다. 누군가 이웃을 사랑하고, 민족을 위해 살며, 인류를 위해 헌신하겠다고 말한다면, 그 사랑이 진실한 것이 되기 위해서는 반드시 자기 자신을 내어놓는 희생이 전제되어야 한다는 것이 선생의 확고한 믿음이었다. 그리고 그는 그것이 특정한 종교에 따라 다르게 적용되어야 할 문제가 아니라고 보았다. 진실한 사랑이라면, 그 실천은 누구에게나 공통된 인간의 과제라는 것이다.

  선생은 학생들에게 이러한 희생의 의미와 가치를 보다 쉽게 이해시키기 위해 청도터널 이야기, 두 사람의 등산가 이야기 등을 들려주었다. 그것은 이론이 아니라, 삶의 이야기였고, 마음을 움직이는 교육이었다. 이처럼 선생은 자신의 삶으로 가르쳤고, 그가 말한 희생은 그저 감동적인 미덕이 아니라, 함께 살아가기 위한 가장 구체적이고 실천적인 선택이었다.

> 강 목사님은 가끔 서울에 다녀 오셨다. 다녀 오신 뒤에 청도 터널을 말씀하셨다. 당시에 진영-서울 간의 교통로는 경부선 철도 뿐이었다. 목사님은 청도터널을 지나실 때 마다 "내가 이 길을 기차를 타고 편안하게 지날 수 있기 위서는 얼마나 많은 사람들이 이 터널을 뚫기 위해 땀 흘리고 다치고 죽었겠느냐 라고 생각하니 너무나 고마울 뿐이었다"고 감격해 하셨다.
> 두 사람의 등산가가 히말라야 설산에 올라갔다가 내려오는 길이었다. 아차 하는 순간 빙산의 크레바스가 점점 넓어지고 있었다. 이제 그 크레바스는 그냥 뛰어넘기 힘들 정도로 넓어졌다. 한 사람이 재빨리 등산 지팡이로써 크레바스의 저쪽 편을 치면서 엎드리면서 "빨리 나를 밟고 건너가라!"고 외쳤다. 한 친구는 목숨을 건졌고, 한 친구는 돌아오지 못했다. (「심사수 진술서」 2012년 3월 29일)

무지와 가난, 질병이 만연한 사회에서는 기적을 바라는 사람들이 많기 마련이다. 해방 직후의 우리나라가 바로 그러한 상황이었다. 1946년에는 콜레라가 유행하여 한때 경부선 열차 운행이 중단되기도 했다. 절망과 고통이 일상화된 그 시기, 병을 고치는 능력으로 이름을 알린 박재봉 목사는 부흥 집회를 통해 수많은 이들을 모았고, 많은 기독교인들이 그의 집회를 따라다니며 병이 낫기를 간절히 원했다. 이처럼 당시 기독교인들에게 기적이란 병이 낫는 일, 고통이 사라지는 일이었다.

그러나 선생에게 있어서 기독교 신앙의 진정한 기적은 그것과는 달랐다. 그는 예수를 믿고 인격이 변화되는 것이야말로 가장 위대한 기적이라고 보았다. 예수를 믿는 신앙이 삶의 방향을 바꾸고, 자기를 넘어서 이웃을 위한 삶으로 나아가게 하는 것이야말로 참된 신앙의 열매이자, 신앙인이 보여 줄 수 있는 최고의 기적이었다. 그에게 있어 기독교인의 사명은 단지 병을 고치고 위로를 받고, 천국에 가는 것에 머무는 것이 아니었다. 그것은 더 나아가 배고픈 사람을 먹이고, 병든 사람을 돌보며, 고통받는 이웃의 상처를 싸매는 삶을 살아가는 것이었다. **선한 사마리아인의 비유**처럼, 곁에 있는 이웃의 고통을 모른 체하지 않고, 손 내밀줄 아는 신앙인이 되는 것, 바로 그것이 바로 선생이 추구한 신앙의 본질이었다.

> **선한 사마리아인의 비유**
>
> 선한 사마리아인의 비유는 '내 이웃이 누구인가'를 묻는 율법학자에게 예수가 들려준 이야기로, 강도를 만나 쓰러진 사람을 제사장과 레위인은 외면하지만, 유대인들이 멸시하던 사마리아인은 그를 돌보고 끝까지 책임지는 내용을 담고 있다. 이 비유는 진정한 이웃은 신분이나 출신이 아니라 고통받는 사람을 보고 행동하는 자임을 강조하며, 사랑은 말이 아니라 실천임을 가르치는 대표적인 예수의 교훈이다.

> 예수 믿는 사람에게 있어서 병 고치는 기적도 아주 중요한 것이지만, 더 중요한 기적은 의사가 고칠 수 없는 마음의 병을 고치는 일입니다. 자기중심주의, 이기심에 끌려 남을 이용하고 해치면서 지옥으로 향해 수직 낙하하던 사람이 예수를 믿고 인격이 변화되어 방향이 완전히 바뀌어 천국으로 향해 수직 상승하는 인생으로 바뀌게 된다면 이것이야 말로 참 기적, 기적 중의 기적일 것입니다. (「심사수 진술서」 2012년 3월 29일」)

선생의 국민신앙 교육은 바로 이러한 신앙의 실천 위에 세워진 것이었다. 그는 국민신앙 교육을 통해 인간의 자기중심성을 넘어서고, 함께 살아가는 이웃을 존중하며, 이념의 대립을 넘어 모두의 행복을 지향하는 삶의 자세를 가르치고자 했다. 국민신앙은 특정 종교를 믿도록 강요하는 과목이 아니었다. 그것은 신앙을 삶으로 실천하는 태도, 다시 말해 일상 속에서 진실하고 정의로운 사람으로 살아가는 길을 묻는 교육이었다. 종교적 교리를 전달하는 것이 아니라, 신앙의 정신을 바탕으로 공동체와 더불어 살아가는 법을 배우는 교육이었다. 그래서 선생의 국민신앙은 기독교적 가치에 뿌리를 두고 있으면서도, 기독교라는 울타리에 갇히지 않았다. 기독교를 넘어선, 모두를 위한 신앙, 우리 사회 전체를 위한 의식의 성찰이자 실천의 길이었던 것이다.

국민신앙 교육의 재조명
- 빌둥(Bildung)의 실천

선생이 주창한 국민신앙은 덴마크의 그룬트비 목사가 실천한 빌둥(Bildung)의 정신을 한국적 현실 속에서 재해석한 것이었다. 덴마크를 성공한 농업국가와 행복한 나라로 만든 지도자는 그룬트비 목사였다. 로마클럽의 보고서로 채택되어 지난 2020년 출간된 『빌둥에서 배운다』에 의하면, 빌둥(Bildung)은 도덕적, 정서적 성숙을 의미한다. 덴마크의 그룬트비 목사는 부르주아지(유산시민, 자본가) 계층을 넘어서 농민에게도 빌둥이 필요하며, 이를 위해 포크빌둥((민중 교양교육)을 주창하고, 새로운 종류의 학교인 폴케호이스콜레를 구상하여 덴마크 국민들의 정신적인 기초를 쌓았다. 덴마크가 행복한 나라인 것은 이러한 과정을 통해 기독교의 윤리와 도덕이 신뢰를 바탕으로 한 덴마크인들의 삶의 태도에 견고하게 자리잡고 있기 때문이다.

흥미로운 것은 이러한 덴마크 모델에 대한 관심이 오늘날에만 새롭게 떠오른 것이 아니라는 점이다. 실제로 1920년대부터 1960년대까지 약 50여 년간 한국의 기독교 농촌운동은 덴마크를 배워야 한다는 공감 속에 전개되었다. 교회를 중심으로 시작된 이 관심은 1960년대 이후에는 사회 전반으로 퍼져나갔으나, 1970년대 산업화가 본격화되면서 빠르게 잊혀졌다. 이후 2010년대에 들어서 덴마크는 다시 행복한 나라로 주목받기 시작했다.

그러나 한 가지 물어야 할 것이 있다. 과거 그토록 관심을 모았던 덴마크 모델이 왜 우리 사회의 구조적인 변화를 이끌어내지 못했는가? 그리고 오늘날에도 우리는 폴케호이스콜레라는 제도나 형식에만 주목하고, 그것이 가능하게 한 기독교 윤리와 도덕, 신뢰의 문화에 대한 관심은 여전히 부족하지 않은가? 제도는 정신을 담는 그릇일 뿐이다. 그 그릇을 온전히 채우는 실천적 내용 없이는 결코 행복한 사회로 이어질 수 없다. 바로 이 지점에서 강성갑 선생의 실천은 오늘의 우리에게 깊은 통찰을 제공한다. 선생의 실천으로부터 우리는 교훈을 찾아야 한다.

선생은 한얼중학교라는 지역사회학교의 모범을 통해 진영 지역의 문제를 실천적으로 해결하고자 하였고, 더 나아가 국민신앙 교육을 통해 해방된 새 나라, 특히 농촌의 재건과 부흥을 꿈꾸었다. 그는 단지 가르치는 것으로 멈추지 않고, 자신의 삶 전체를 통해 기독교 정신을 실천하며 국민신앙의 가치를 몸소 증명해냈다. 그가 남긴 글이나 설교문은 거의 없지만, 그의 삶 자체가 메시지였기에, 특별한 연구 없이도 수많은 이들의 기억 속에 살아 있는 인물로 남을 수 있었다.

그는 사람들을 설득하기 위해 말로 다가가는 것이 아니라, 늘 먼저 행동했다. 집집마다 학생들과 함께 감나무를 심으며, 그 나무가 자라날 미래를 함께 기대하자고 이웃을 격려했다. 처음엔 그의 뜻을 의심하던 농민들도, 어느새 그의 진심 어린 봉사에 감동하고 기꺼이 마음을 열었다. 또 그는 진영읍의 기관장 회의에 참석해, 가로수로 감나무를 심자는 주장을 굽히지 않았다. 유력 인사들이 "감이 익기도 전에 따먹을 테니 안 된다"고 반대하자, 그는 오히려 "배고픈 사람들이 따먹는 게 탈나지만 않으면 무슨 문제냐"며 오히려 그들을 일깨웠다. 이 한 마디는 단순한 말이 아니라, 이웃을 향한 그의 실천적 신앙을 상징하는 장면이었다.

그의 실천은 종교의 울타리를 넘어 사람들의 마음을 움직였다. 박형규 목사는 다음과 같이 회고한다.

> 저의 아버님은 한복을 챙겨 입고 다니실 정도로 유교 생활이 강하신 분이었고, 교회나 목사를 무시하셨던 분이셨는데, 강 목사만은 존경했을 정도였습니다. 그래서 아버님도 필요할 때는 강 목사님을 도와드리곤 했지요. (「박형규 진술서」, 2012년 3월 29일)

이처럼 선생의 실천은 기독교라는 종교를 넘어, 시대와 지역을 초월해 많은 이들의 존경을 받는 힘이 되었고, 오늘날까지도 선한 영향력을 남기고 있다. 김동길 교수는 학생 시절 강성갑 선생에게서 직접 들었던 한마디를 오랫동안 마음에 간직하고 있었다. "말로만 복음을 전하던 시대는 이미 지나갔습니다. 우리는 우리의 생활로, 행동으로 복음의 진리를 입증해야 합니다." 이 말은 그에게 깊은 인상으로 남았고, 수십 년이 지난 뒤에도 선명하게 기억되었다. 그는 강성갑 선생이야말로 말보다 삶으로 복음을 증언한 사람이었다고 회고했다.

> "말로만 복음(福音)을 전하던 시대는 이미 지나갔습니다. 우리는 우리의 생활로 행동으로 복음의 진리를 입증해야만 합니다." 그렇게 주장하던 목사는 "나는 대통령이 되기를 바라는 사람이 아니라 이 나라의 사환이 되기를 바라는 사람입니다. 그러나 아무도 어떤 권력도 나를 업신여기지는 못할 것입니다." 그에게 있어서 이런 말은 허세도 아니고 과장도 아니었다. 사실 그는 독하고 무서운 사람이었다. 그는 죽음을 각오한 사람만이 가지는 독특한 표정을 지니고 있었다.
> 그의 뒤를 이을만한 투지와 신념의 지성인은 진영에 뿐 아니라 아직 이 나라 어디에도 나타나지 아니하였다. 나는 가끔 죽음을 각오한 듯한 어떤 비장함이 어리던 강성갑 목사의 얼굴 표정을 회상하면서, 나 스스로의 갈길에 대해서 일종의 격려를 받는 것도 사실이다. 그는 한국인으로는 예외적인 존재로서, 죽음과의 대결, 죽음과의 숨바꼭질에 모종의 희열을 느끼고 살았던 것 같다. 그렇지 않고서야 사람이 그렇게까지 열렬하게 삶의 에너지를 불태우며 뛰지는 않았을 것이다. (김동길, 「같이 살기 운동의 강성갑 목사」, 『신동아』 1973년 5월, 170~171쪽)

선생은 단지 교실 안에서만 가르친 교육자가 아니었다. 그는 자신의 삶으로 실천하며, 농촌에서 평생을 일에 지쳐 살아가던 농민들에게도 일의 가치와 존엄을 일깨워 주고자 했다. 삶의 무게에 눌려 당연하게 여겨졌던 노동을, 인간다운 삶을 이루는 고귀한 실천으로 끌어올리려 한 것이다. 그는 강연을 통해 새로운 세상에 대한 희망을 나누었고, 그 희망을 말이 아닌 실천으로 보여주었다. 농민들과 함께 일하고, 그들의 삶에 깊이 들어가며, 선생은 교육이 교실에 머무르지 않고 삶 전체로 확장될 수 있음을 몸소 증명해 보였다.

이러한 그의 실천은 지역 사회에 깊은 울림을 주었다. 학부모들은 그의 진심과 헌신에 감동해 진심으로 존경했고, 지역의 농민들과 뜻 있는 유지들은 그의 동지로 함께했다. 그는 어느새 한얼중학교 학생들만의 선생님이 아니라, 동료 교사들의 스승이었고, 지역 주민들의 정신적 길잡이이자 삶의 스승이 되었다. 진영이라는 작은 농촌 마을 안에서, 강성갑 선생은 그 자신이 주창한 국민신앙을 삶으로 증명하며 살아낸, 모두의 선생님이었다.

특별한 졸업장 – 여기 있으나, 머물러 있지 않은 제자들

한얼중학교의 첫 번째 졸업식은 1949년 7월에 거행되었다. 일제 강점기에는 4월에 입학하고 다음 해 3월에 졸업식을 치렀지만, 해방 이후 미국식 학제가 도입되면서 지역별, 학교별로 다소 차이가 있었다. 선생은 학생들의 첫 졸업식에 특별한 의미를 담고 싶었다. 그래서 학생들을 위해 특별한 졸업장을 준비했다. 당시 대부분의 학교들이 한문으로 된 전통적인 졸업장을 발급하던 것과 달리, 한얼중학교는 모든 내용을 한글로 표기하고, 사진이 삽입된 옵셋 인쇄 방식으로 제작하였다. 이는 당시로서는 매우 획기적인 시도였다.

원래 계획은 교장인 선생과 졸업생 한명 모두의 사진을 각각 따로 인쇄하는 것이었으나, 예산과 인쇄 여건 등의 문제로, 선생의 사진과 함께 만든 학교 건물 사진은 인쇄해 넣고, 각 학생의 사진은 따로 오려서 하나하나 붙이는 방식으로 졸업장을 완성했다. 이처럼 공을 들여 만든 졸업장은 단순한 기록물이 아니었다. 졸업생들에게 자긍심과 자존감을 심어주기 위한 선생의 교육적 배려이자 격려였다. 당시만 해도 시골의 무명 중학교 졸업장이 세상에서 큰 의미를 가지기란 어려웠다. 하지만 선생은 제자들이 이 나라의 주인공이 될 사람들이라는 뜻을 졸업장을 통해 전하고자 했다. 선생의 사진이 졸업장에 삽입된 것도 교장인 자신의 권위를 드러내기 위함이 아니었다. 아무도 알아주지 않는 농촌 학교의 졸업생일지라도, 이들이 가장 훌륭한 선생님에게 배운 가장 훌륭한 제자임을 잊지 말라는 당부였고, 그것이 이 졸업장에 담긴 교육의 정신이었다. 졸업사진을 찍을 당시 사정상 참석하지 못한 학생은 나중에 따로 얼굴을 찍어 전체 졸업사진에

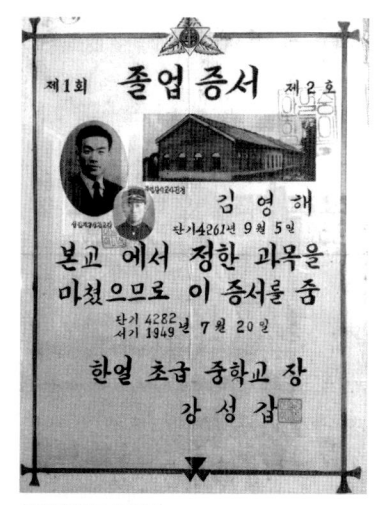

한얼중학교 졸업장

한얼중학교 제1회 졸업기념

합성해 넣었다. 이것은 한얼중학교가 강조했던 공동체 정신, 즉 우리는 함께이며, 누구도 배제되어서는 안 된다는 철학을 실천한 사례였다.

선생은 졸업생들에게 이렇게 말했다. "우리는 지금 여기에 있지만, 여기 이곳에 머물러 있어서는 안 됩니다." 여기서 '지금 여기'란 진영이라는 작은 농촌 마을, 그리고 가난하고 열악한 현실을 뜻하는 것이었다. 하지만 선생은 분명히 했다. 그것이 이들의 삶을 결정짓는 것은 아니라는 사실을. 비록 지금은 가진 것이 없고, 세상의 중심에서 멀리 떨어져 있는 듯 보일지라도, 한얼중학교에서 함께 배우고 익힌 실력과 가치, 공동체 정신을 바탕으로 스스로 삶의 주체가 되어 앞으로 나아가야 한다고 강조했다. 선생이 보기에, 학생들은 아직 어리고 미성숙할 수 있으나, 언젠가는 '할 수 있는 일'을 하는 사람에서 '해야 할 일'을 기꺼이 감당하는 성숙한 사람으로 성장해 나아갈 존재였다. 바로 그런 믿음 속에서 그는 제자들을 바라보았고, 제자들의 가능성을 조금도 의심하지 않았다.

그래서 선생은 졸업생들에게 다음과 같이 가르쳤다. "진정한 자존감이란, 남을 배제하거나 무시하는 데서 오는 것이 아닙니다. 자존감은 함께 더불어 살아가려는 마음, 다른 이들을 끌어안는 데서 생기는 진짜 힘입니다." 이러한 말은 단지 훈화가 아니라, 선생 자신의 삶으로 증명한 신념이었고, 제자들에게 남긴 가장 깊은 격려이자 당부였다.

선생은 한얼중학교에 이어서 고등학교 및 대학 설립을 목표로 하고 있었으나, 제1회 졸업식이 있을 때까지 고등학교 설립은 이루어지지 못했다. 이에 따라 졸업생 40여 명 중 15명이 한 해 더 학교에 남아 연수과(중학교 4학년) 과정을 이수하게 되었다. 1950년 6월, 한국전쟁이 발발하기 직전, 선생은 이 연수과 졸업생 10명을 5개 조로 나누어 2인 1조로 구성된 농촌봉사대를 편성하였다. 김해군 녹산면 등 농촌 오지로 출발하기 전에 학생들은 "우리가 가서 무엇을 해야 합니까?"라고 물었고, 선생은 이렇게 답했다. "나도 그곳에 무엇이 필요한지는 모른다. 그러나 여러분은 그분들보다 더 많이 배웠다는 것은 분명하다. 낮에는 일손을 돕고, 밤에는 글을 가르쳐라. 아기 볼 사람이 없으면 아이를 봐주고, 일이 필요하면 일을 도와줘라. 그분들과 함께 살아가며, 그들의 필요를 배우고 채워 주면 좋겠다." 하지만 제자들은 다시 선생을 만날 수 없었다. 같은 해 8월, 선생은 억울한 죽음을 맞게 되었고, 학교는 극심한 혼란에 빠졌다. 고등학교 설립은 미뤄졌고, 결국 한얼고등학교는 1951년 12월에서야 문교부 인가를 받고, 1952년 개교하게 된다.

한 알의 밀알, 땅에 떨어지다
- 억울한 죽음과 그 이후

─ 전쟁 중의 억울한 죽음과 특별한 장례식(1950. 8)

 1950년 8월 1일 밤, 진영읍은 깊은 정적에 잠겨 있었다. 그러나 그날 밤, 선생의 집 앞에는 낯선 발걸음 소리가 들려왔다. 진영지서장 김병희와 두 명의 무장한 경찰이 들이닥쳐 아무런 이유도 설명도 없이 선생을 강제로 연행했다. 한얼중학교를 설립하는 과정에 적극적으로 참여했던 최갑시 선생도 함께 끌려갔다. 그들은 두 사람을 낙동강변, 수산교 아래로 끌고 갔다. 그곳은 말 그대로 죽음의 장소였다. 그리고 그곳에서 총살이 실행되었다. 그러나 믿기 어려운 기적이 일어났다. 총에 맞은 최갑시는 강물 속으로 몸을 던져, 어둠 속을 헤엄쳐 극적으로 살아남았다. 그는 선생의 마지막 순간을 증언할 수 있는 유일한 생존자가 되었다.

 최갑시 선생이 전한 선생의 마지막 모습은 놀라움과 경외로 가득 차 있었다. 총을 겨눈 경찰 앞에서도 선생은 두려워하지 않았다. 오히려 조용히 입을 열었다. "잠깐만, 기도하겠습니다." 그는 무릎을 꿇고 두 손을 모았다. 마지막으로 드린 기도는 짧았지만 깊고, 담담했으며, 평화로웠다. 선생의 마지막 기도를 최갑시는 다음과 같이 전했다. "그냥... 성서 그대로야. 복을 달라고... 이 분들에게... 이 사람들이 몰라서 그렇습니다. 학교 살뇌게 해주시고, 이 나라가 참된, 아버지가 원하는 나라가 되게 해주십시오."

기도가 끝나자, 총성이 울렸다. 선생은 자신의 마지막 순간까지도, 자신을 죽이려는 이들을 위해 기도했다. 원망이나 증오가 아닌 축복으로 생을 마감했다. 그 삶의 마지막은 그가 평생 말로만이 아닌 삶으로 가르쳐 온 참된 교육자, 참된 신앙인, 그리고 참된 시민의 모습이었다. 그의 죽음은 단지 한 사람의 억울한 희생이 아니었다. 그것은 이 나라가 어디로 가야 하는지를 보여준, 마지막 수업이었다.

선생과 함께 끌려갔다가 기적처럼 살아남은 최갑시 선생은 그 마지막 순간을 이렇게 증언하고 있다.

> 그 사람은 성자였다. 왜 성자냐고 묻는다면, 그날, 그 자리에 함께 있었던 나는 말할 수 있다. 아직도 나는 그를 존경한다. 나보다 나이는 어렸지만, 후배였지만, 마음 깊이 고개가 숙여지는 사람이다. 죽음을 앞두고, 우리는 강가에 세워졌다. 강 목사와 나, 둘 다. 총구는 우리를 향해 있었다. 이제 곧 발포가 있을 참이었다. 내가 먼저 기도를 하려 했다. 그런데 그가 조용히 말했다. "최 선생, 기도는 우리가 둘 다 할 수 있는 일이지만, 그래도 내가 목사라는 이름이 있으니 먼저 하게 해 주시오." 그의 기도가 시작되었다. 나는 숨을 죽였다. 그는, 우리를 겨누고 있는 군인과 경찰관들을 위해 기도했다. "아버지시여, 이들에게 복을 내려 주옵소서. 이들이 몰라서 이런 짓을 하고 있습니다."

> 나는 말문이 막혔다. 나는 그 자리에서 그 기도를 할 수 없었다. 총부리 앞에서, 우리를 죽이려는 자들에게 복을 빌 수 있는 사람은 드물다. 예수는 그렇게 했다고 하지만, 실제로 그렇게 하는 사람은 거의 없다. 그 순간, 나는 확신했다. 그는 진짜였다. 말로만 성서를 읊는 사람이 아니었다. 허투루 믿는 사람도 아니었다. 입이 아니라, 삶으로, 그 순간으로 성경을 증명한 사람이었다. 나는 끝내 기도하지 못했다. 그처럼 말할 수 없었고, 그처럼 빌 수 없었다. (「최갑시 구술증언」 1982년 1월 31일)

경찰의 손에 선생이 희생당했다는 충격적인 소식은 진영 지역에 빠르게 퍼졌다. 그해 여름, 전쟁의 혼란 속에서 진영 일대는 극도로 억압적인 분위기였다. **보도연맹**원이나 의심스러운 자라는 이름으로 수많은 민간인이 재판도 없이 죽어나갔다. 그러나 선생의 죽음만큼은 달랐다. 그는 단지 한 마을 목사가 아니었다. 학교를 세우고, 길을 만들고, 모두의 삶을 바꾸려 했던 사람이었다. 그래서였을까, 그의 죽음은 사람들에게 공포가 아니라 분노를 안겼다.

> **보도연맹**
>
> 보도연맹(保導聯盟)은 1948년 12월 「국가보안법」 시행 이후, 좌익 전향자를 보호·지도한다는 명분으로 정부가 조직한 단체로, 이들을 정부가 직접 관리·통제하기 위한 목적에서 창설되었다. 설립 당시 정부는 전향자들을 계몽하여 대한민국 국민으로 받아들이겠다고 밝혔으나, 실제로는 이들을 효율적으로 통제하고 남은 좌익 세력을 와해시키려는 정치적 목적이 컸다.

총살로부터 약 일주일 뒤, 선생의 시신은 낙동강 수산교에서 2km쯤 떨어진 대산면 모산리 강가에서 발견되었다. 큰아버지로부터 시신 발견 소식을 들은 선생의 아들은 어머니와 함께 현장으로 달려갔다. 선생의 시신이 발견되었다는 소식이 전해지자 수많은 이들이 강가로 모여들었다. 그날, 흰옷을 입은 수천 명의 인파가 모산에서 진영까지 이어지는 긴 운구 행렬을 따라 걸었다.

반닫이에 시신을 모시고, 흰 천으로 묶어 상여를 대신한 장례였다. 관도 없고, 장례위원도 없었지만, 누구도 시키지 않았고 누구도 빠지지 않았다. 한얼중학교 학생들이 운구를 맡았고, 그 뒤를 마을 사람들, 학부모들, 교사들, 그리고 한 번이라도 선생에게 가르침을 받았던 사람들이 따랐다.

그 누구도 "그는 공산주의자였다"고 말하지 않았다. 아니, 오히려 "그는 진정한 선생이었다"고, "이 나라에 꼭 필요한 사람이었다"고 입을 모았다. 경찰도 그 행렬을 막지 못했다. 그저 길 옆에서 지켜볼 뿐이었다. 선생의 시신은 그가 평소 자주 오가던 길을 따라, 자기 집을 지나고, 총살당했던 수산다리 아래를 지나 한얼중학교로 옮겨졌다. 그곳에서 많은 이들이 지켜보는 가운데 학교장(學校葬)으로 장례가 치러졌다. 그리고 그의 유언대로, 한얼중학교 교정에 조용히 묻혔다.

그가 남긴 유산은 거의 없었다. 손때 묻은 책 몇 권, 설교집 몇 묶음이 전부였다. 일부 학생들은 선생의 가족에게 생활비를 지원해야 한다고 재단 측에 요구했지만, 선생은 생전에 학교를 결코 개인의 소유로 여기지 않았다. 학교는, 그의 철학처럼, 모두의 것이었다. 당시는 한국전쟁이 한창이던 시기였다. 억울하게 희생된 수많은 사람들은 대부분 가족도 모르게 사라졌고, 장례는 커녕 시신조차 수습하지 못한 경우가 허다했다. 그런 상황에서 선생처럼 공공연히 장례를 치르고, 수천 명이 애도 속에 배웅한 일은 극히 이례적이었다. 그것은 단지 슬픔의 표시가 아니었다. 선생이 결코 공산주의자가 아님을, 그리고 그의 삶이 얼마나 많은 이들에게 깊은 울림과 빛이었는지를 증명하는 역사적 사건이었다.

죽음 이후 열린 특별한 재판(1950. 10)

선생이 경찰의 손에 살해된 사건은 이후 진영살인사건으로 알려졌다. 단순한 개인적 비극이 아닌, 전쟁이라는 극한의 혼란 속에서 우익 진영 내부의 권력다툼과 부패, 그리고 민간인의 생명이 어떻게 희생될 수 있는지를 보여주는 사건이었다. 선생의 죽음에 대한 소문은 빠르게 퍼졌고, 그 억울함에 대한 지역 주민들의 분노는 쉽게 가라앉지 않았다. 이러한 여론을 의식한 듯, 1950년 10월 1일 경남지구 계엄사령관 김종원은 사건의 진상을 공식 발표했다. 그는 강성갑 선생이 분명한 우익 진영의 인물이었으며, 그런 그를 일부 세력이 금품과 권력을 위해 공산주의자로 몰아 경찰을 매수하고, 진영지서장 김병희가 살해한 것이라고 발표했다. 김종원은 이 사건을 "우익을 가장한 자들이 세력과 금품에 눈이 멀어 저지른 천인공노할 범죄"라고 단정했다.

이어 10월 3일, 계엄사령부는 이 사건에 대한 고등군법회의를 부산에서 개최했다. 재판은 경남지구 계엄사령부 법정에서 4일간 진행되었고, 재판장 김태청 육군 중령을 비롯한 3인의 심판관, 법무사, 검찰관, 변호인 등으로 구성된 이례적인 규모였다. 한국전쟁이라는 비상시국에서 이 정도의 절차적 구성과 정식 군법회의가 이루어진 일은 극히 드문 일이었다.

이 재판의 쟁점은 단순히 사건의 경위를 따지는 데 그치지 않

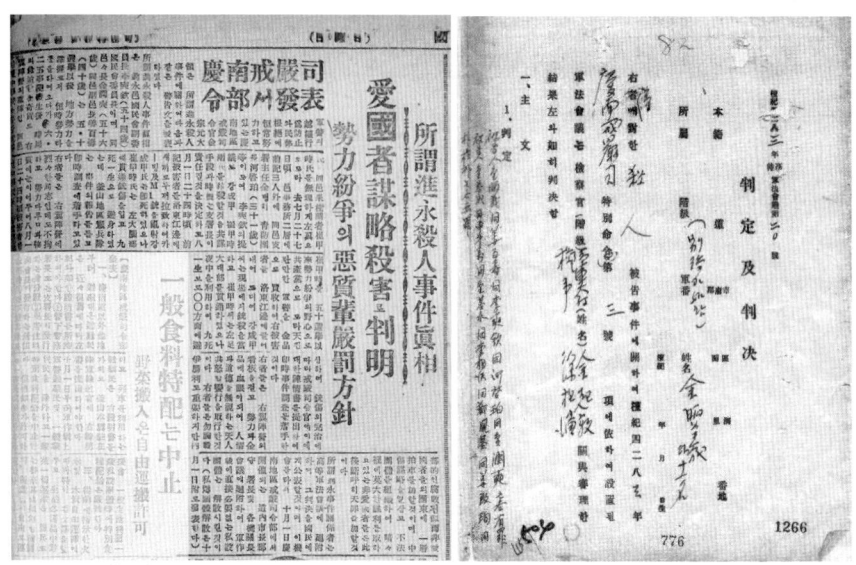

『국제신보』 1950년 10월 1일   고등군법회의 판결문

『국제신보』 1950년 10월 8일

았다. 피고 측은 선생이 기독교 사회주의를 신봉하는 좌익 인사였다고 주장하며 살해의 정당성을 강변했다. 그러나 검찰 측은 이를 강하게 반박했고, 결국 재판부는 강성갑 선생이 공산주의자라는 주장은 근거 없다고 판단했다. 진영지서장 김병희에게는 사형이 선고되었고, 진영읍장 등 가담자들에게는 징역 10년형이 내려졌다. 재판장 김태청 중령은 판결을 내린 이후 다음과 같이 지적했다. "이 사건은 단지 한 사람의 생명을 빼앗은 것이 아니라, 정부에 대한 국민의 신뢰를 무너뜨리고, 충성스러운 국민을 오히려 공산주의자로 몰아 국가와 민족에 큰 해를 끼친 사건이다."

한국전쟁 당시에는 제대로 된 조사나 재판조차 없이 목숨을 잃은 경우가 허다했기에, 강성갑 선생의 사건이 정식 군법회의를 통해 가해자가 처벌된 것은 이례적이고 상징적인 일이었다. 그러나 공식 재판 결과가 있음에도 불구하고, 선생의 명예는 오랫동안 회복되지 못했다. 전쟁이라는 격변의 소용돌이 속에서 사건에 대한 오해와 왜곡이 이어졌고, 공산주의자라는 낙인은 쉽게 지워지지 않았다. 당시 사람들 사이에는 이 재판이 정치적인 형식 절차에 불과했다는 의심도 퍼져 있었다. 진실을 알고 있었던 이들조차 두려움에 침묵을 선택했던 시기였다. 그럼에도 불구하고, 진영살인사건은 한국전쟁이라는 비극의 시대에도 정의는 가능했다는 사실을 보여준 의미있는 사례 중 하나로 기억되어야 한다. 선생의 억울한 죽음과 그에 대한 뒤늦은 정의는, 우리가 반드시 기억하고 되새겨야 할 역사적 교훈이다.

그의 죽음이 많은 사람을 살리는 계기가 되다 (1950. 12)

당시 상황에서는 있을 수 없는 진영살인사건 고등군법회의가 열릴 수 있었던 이유는 복합적이었다. 선생의 장례식에 자발적으로 모여 함께 슬퍼했던 지역 사람들의 여론과 선생과 함께 끌려갔다가 구사일생으로 살아난 최갑시의 폭로, 미국 심리전 G-2의 민간 고문 자격으로 부산에서 활동 중이었던 그의 스승 원한경의 노력, 미국의 선교단체와 국제연합 한국통일부흥위원단에서 문제를 제기한 것 등이 종합적으로 작용한 결과였다.

진영살인사건 고등군법회의는 1950년 8월 중순 경 인민군 환영을 준비한다는 죄목으로 구속되었던 부산지역 신문기자들의 재판과 비교된다. 부산일보 전임수 기자는 연행 당일 고문으로 사망했으며, 자유민보 이광우 기자는 경남계엄사령부 군법회의에서 사형을 선고받았다. 이광우 기자는 군정재판에 대해 다음과 같이 회고하였다.

> 군정재판을 받게 되었는데, 재판이라면 검사가 있고 형식적이라도 변호사가 있고 판사가 있어야 하는 건데, 육군 중령 한 사람이 달랑 나왔다. 혼자서 인정 심문하고, 아니라고 주장해도, "알았어, 사형."하고는 '사형'이라고 쓰고는 넘겨버렸다. 아무리 계엄하의 군정재판이라도 그런 재판이 세상에 있을 수는 없었다.
> (이광우,『이광우 회고와 추억』, 미출간 도서, 2003년, 113~114쪽)

문화공작대 사건으로 사형을 선고받았던 이광우 기자는 10월 말쯤 다시 재판을 받기 시작했고, 12월 중순 무죄로 석방되었다.

그는 『뉴욕타임스』에 실린 기사로 인해 이승만 대통령이 재판을 명령한 것으로 기억하고 있다. 이광우 기자의 기억에 의하면 기사 내용은 "한국은 전쟁과 학살을 혼동하고 있다. 적도 그 자리서 총을 쏴서, 죽지 않고 살아 있으면 적십자에 보내 수용하는 건데, 하물며 전쟁 상대도 아니고, 단지 자기와 생각이 다르다고 해서 죽인다는 것은, 이건 학살이다. 그것도 재판절차도 없이."였다. 이러한 외국의 여론과 진영살인사건 재판 결과 등을 계기로 국제연합 한국통일부흥위원단은 적법 절차 없이 이루어지고 있는 민간인 학살을 막기 위해 한국정부와 협의를 시작하였다. 위원단은 1950년 12월 21일 다음과 같은 성명을 발표하였다.

> 사형 집행된 사람은 한국의 일반 혹은 군사재판소에 의하여 살인, 방화 및 태업과 같은 법에 규정된 특정범죄로 판결되던 것입니다. 대한민국 정부는 본 위원단에게 관계 법령이 적용될 사람에 관련하여 다음의 표준을 채택하기로 결정하였습니다.
> 1. 대통령은 12월 23일에 그의 헌법상 권한에 따라서 제일 흉악한 성질의 범죄일 경우를 제외하고 모든 사형선언을 유기금고로 경감할 것임. 10년 혹은 그 이하의 형기를 언도받은 피고는 면죄(免罪)될 것임. 모든 기타의 선언은 형벌을 경감할 목적으로 재심될 것이며 부인 및 소년 범죄자에 대하여 특별한 고려가 부여될 것임. 동일한 원칙은 현재 재판을 대기 중인 피고들에게 적용될 것이며 검찰관은 그와 같이 훈령받을 것임
> 2. 장래에는 모든 사형 집행은 개별적으로 실시될 것이며, 집단적으로는 실시하지 않을 것임. 피고인의 근계(近系) 가족들은 사형 집행이 되기 전에 통고받을 것이며, 또한 시체를 요구함이 허용될 것임. 각 사형 집행이 검찰관 및 의사를 입회시킬 것을 현행규정수속(現行規定手續)에 추기(追記)하였다. 피고

> 는 그가 선택하는 목사를 회견함이 허용될 것이며, 또는 그가 원하는 경우에는 목사를 사형 집행에 출석토록 함이 허용될 것이나.
> 3. 현재 혹은 장래에 부과될 모든 사형도 이를 적용, 심사위원에 재심하기 위하여 별도 심사위원회가 창설될 것임. (『국제신보』 1950년 12월 26일, 「사형집행에 협의, 한국 부흥위서 성명」)

정부는 12월 23일 위 내용을 근거로 특별사면을 단행하였다. 한국전쟁 발발 이후 「비상사태하 범죄처벌에 관한 특별조치령」에 따라 기소된 사람 중 10년 이하의 유기형을 선고받은 자는 형을 면제받았다. 이 조치로, 징역 10년형 등의 중형을 선고받았던 진영읍장 등 진영살인사건의 가해자들 역시 얼마 지나지 않아 풀려나게 되었다. 군법회의에서 가해자들에게 적용된 법률이 「비상사태하 범죄처벌에 관한 특별조치령」이었기에, 이들 역시 12월 23일의 특사 대상에 포함되어 형 집행을 면하게 되었고, 이후 진영에 계속 거주하였다.

─ 선생의 추모동상 제막식(1954. 5)

윤효중
윤효중(尹孝重, 1917~1967)은 경기도 장단출신으로 동경미술학교 조각과에서 목조를 전공하였으며 홍익대학 교수를 역임하였고 예술원 회원으로 뽑혔다. 4·19 혁명 때 파괴된 이승만 동상, 민충정공상, 최제우 상 등의 동상과 해병대충혼탑, 우장춘기념비 등을 제작하였다.

한국전쟁이 끝난 후 1954년 5월 27일 한얼중학교 교정에서, 함태영 부통령과 이상룡 경남도지사 등이 참석한 가운데 강성갑 선생의 추모동상 제막식이 성대하게 거행되었다. 선생의 추모동상은 유명한 조각가 **윤효중**이

제작하였으며, 동상의 탑신 아래에는 선생의 유해가 안치되었다.

> 한얼중·고등학교는 이제 큰 학교가 되고 자리도 잡히니 강성갑 목사의 동상을 건립해야 한다는 얘기가 본격화됐다. 그 일을 반대할 사람은 아무도 없었다. 그러나 그 일은 큰돈이 필요한 일이라 걱정을 하기도 했다. 그런데 그때 마침 서울 홍익대 미술대학장인 윤효중 선생이 진해에 와 있어서 조향록 교장과 함께 찾아가 강성갑 목사에 대한 얘기를 하고 그분의 동상 제작을 부탁했다. 우리의 설명에 감동된 그분은 즉석에서 실비만 받고 강 목사님의 동상을 제작해 줄 것을 약속해 모두 크게 기뻐했다. 곧 강성갑 목사 동상건립위원회가 조직되고 윤효중 조각가에게 제작을 의뢰하기로 결정이 됐다. 모금도 시작했다. (이상철, 『블라디보스토크에서 토론토까지열린 세계를 가진 나그네』, 한국기독교장로회출판사, 2010년, 114쪽)

『마산일보』는 '한얼교의 강 교장, 27일 동상 제막식'이라는 제목의 기사에서, 선생을 '진영「한얼」학교의 설립자이며 진실로 교육자다운 종교인'으로 소개하였다.

> 진영 한얼학교의 설립자이자, 참된 교육자이며 종교인이었던 고 강성갑 선생의 업적을 기리고 그 숭고한 정신을 오래도록 남기기 위해, 한얼학교를 중심으로 동상 건립이 추진되어 왔다. 이에 따라 오는 5월 27일 오전 10시 30분, 한얼학교 교정에서 강성갑 선생의 동상 제막식이 거행될 예정이다. 이날 제막식에는 각지에서 선생의 생전 뜻을 추모하는 많은 인사들이 참석할 것으로 보인다. 한편, 교정에 우뚝 서게 될 동상은 앞으로 농촌 청년들에게 존경과 감동의 대상이자, 교육에 대한 무언의 메시지를 전하는 상징으로 남게 될 것이다. (『마산일보』1954년 5월 18일, 「한얼교의 강교장, 27일 동상제막식」)

한얼중·고등학교 학생들은 동상제막식을 기념하여 27일 진영극장에서 예술제를 개최하고, 연극 '한얼의 밀알이 땅에 떨어져'를 공연하는 등 스승 강성갑을 추모하였다. 추모동상은 최근 보수 공사를 거쳐 현재 진영고등학교 교정에 그대로 남아있으며, 추모동상의 뒷면에는 선생을 기리는 글이 다음과 같이 새겨져 있다.

> **한얼의 설립자 강성갑 선생**
>
> 1912년 6월 21일 의령땅에 나서
> 1950년 8월 2일 낙동강변에 쓰러졌다.
> 이 백성에게 예수의 복음을 전한 설교자
> 가난한 농민의 아들 딸을 위해서 피와 땀으로
> 학교를 세운 위대한 이 겨레의 스승
> 끝까지 서러운 자의 벗으로 이 민족을 섬기고
> 동족의 흉탄에 넘어진 한 알의 밀알
> 그는 싸워서 바르게 살고
> 힘써 하나님과 이웃과 흙을 사랑하였다.
> 그의 아름다운 마음 이 백성위에 영원히 빛나라.
> 1954. 5. 14

추모동상 제막식에 참여한 함태영 부통령

추모동상 제막식(1954년 5월 27일)

추모 동상제막식(1954년 5월 27일)

3장 한 알의 '밀알'이 되다 - '실천'의 삶

4장

에필로그 (Epilogue)

일제 강점기 경남 의령에서 태어난 강성갑 선생은 해방과 한국전쟁이라는 격동의 시대를 지나, 낙동강 강가에서 38년의 짧은 생을 마감하였다. 해방 이후 3~4년 사이에 그의 실천은 집중적으로 이루어졌고, 일제 강점기는 그 실천을 위한 준비의 시간이었다. 선생은 해방을 맞아 일제 강점기를 단순히 청산할 대상으로 보지 않고, 새로운 나라를 만들기 위해 극복해야 할 현실로 받아들이며 실천에 나섰다.

해방 이후, 국민 대다수를 차지하던 농민들은 이제야 사람답게 살 수 있으리라 기대했다. 그러나 토지개혁을 비롯한 사회적 과제들은 곧 '사람의 문제'에서 '이념의 문제'로 바뀌었고, 우리 사회는 좌·우로 갈라지며 격렬한 대립 속에 남북 분단과 한국전쟁으로 이어졌다. 이처럼 정치적 대안을 둘러싼 이념 갈등이 격화되던 시기, 강성갑 선생은 일제의 식민지 노예교육을 철폐하고 해방된 나라의 주인이 될 민주시민을 길러내는 교육에 힘썼다. 그는 이웃의 아픔에 공감하고 모두가 행복한 새 나라를 만드는 길을 모색했다. 그에게 진정한 대안이란 시대의 과제를 '공감'으로 받아들이고, 존중과 인정 속에서 함께 고민하고 꿈꾸며 우리 스스로 만들어 가는 것이었다. 선생은 그런 대안을 '만들고 실천할 사람들'을 길러내는 데 온 힘을 기울였다.

 모두가 행복한 새 나라를 만든다는 것은 결코 쉬운 일이 아니다. 누군가는 먼저 손해를 감수하고, 기꺼이 내려놓을 때 비로소 진정한 변화가 시작된다. 강성갑 선생은 바로 그렇게 살았다. 그는 "한 알의 밀알이 땅에 떨어져 죽으면 많은 열매를 맺는다"는 성서의 말씀처럼, 스스로 새로운 나라를 위한 '한 알의 밀알'이 되겠다는 확신을 품었다. 그리고 그 신념을 말이 아닌 삶으로 실천했다. 선생은 자신의 모든 것을 내려놓고 먼저 행동했다. 학생들과 함께 벽돌을 나르고, 밥을 먹으며, 삶을 나누었다. 그는 교실에서의 가르침이 아닌 삶 자체로 교육을 실천했다. '개천에서 용이 나는' 특별한 성공을 쫓기보다, 서로 다름을 인정하는 가운데 모두가 사람답게 살아갈 수 있도록 돕는 교육을 실천한 것이다.

 그의 실천은 서울이 아닌 경남 진영에서, 일부 명망가가 아닌 평범한 사람들과 함께 자발적인 연대와 협력 속에서 이루어졌다. 그래서 그는 단지 지역에서 한 학교를 세운 인물이 아니라, 해방 이후 새로운 나라를 꿈꾸던 이들에게 하나의 대안이자 희망의 상징이었다. 미군정의 군정장관을 역임했던 안재홍이 한 신문 사설에서 한얼중학교와 강성갑 선생의 실천을 언급한 것은, 그의 존재가 시대의 주목을 받았음을 보여주는 분명한 증거다. 그의 실천을 확인하고자 진영을 찾은 많은 청년과 지식인들은, 그에게서 새로운 교육과 사회의 가능성을 보았다.

1950년에 발발한 한국전쟁은 수많은 것을 앗아갔다. 강성갑 선생과 진영의 학생들, 지역 주민들이 품었던 꿈도 예외는 아니었다. 선생은 자신이 믿고 주장한 대로 실았고, 그렇게 생을 마감했다. 전쟁 중임에도 불구하고, 특별한 기적이 일어났다. 공산주의자로 몰려 경찰에 의해 희생당했지만, 학생들과 지역 주민들은 뜻을 모아 당시로서는 상상하기 어려운 장례식을 치렀다. 그의 억울한 죽음을 밝히기 위한 특별한 재판도 부산에서 열렸다. 전쟁이 끝난 뒤인 1954년, 한얼중학교에서 열린 추모 동상 제막식은 그의 뜻을 기리고 계승하자는 사회적 다짐의 자리였다. 한 알의 밀알은 땅에 떨어졌지만, 열매를 맺지 못한 채 시간이 흐르며 선생은 점점 잊혀져 갔다.

역사 속에서 기억되고 연구되는 인물들은 대부분 자신의 사상을 글로 남긴 사람들이다. 그러나 강성갑 선생은 남긴 글이 거의 없어 오랫동안 연구의 대상이 되지 못했고, 그의 삶은 제자들과 지역 사람들의 기억 속에만 머물러 있었다. 당시의 분위기 속에서 공산주의자로 몰려 희생된 사람이 그 누명을 벗는다는 것은 상상하기 어려운 일이었다. 특별한 재판이 있었음에도 그의 죽음은 이념의 문제로 치부되며 결국 역사 속에서 잊혀졌다. 하지만 선생의 실천이 열매를 맺지 못하고 잊힌 이유는 단지 이념 때문만은 아니었다. 그는 우리나라의 중심인 서울이 아닌, 멀리 떨어진 경남 진영에서 활동했다. 모든 것이 서울로 집중되던 시대에, 진영으로 많은 청년과 학생들이 그를 만나기 위해 찾아왔다는 사실은 상상하기 어려운 일이었다. 더욱이 그는 특별한 명망가들과 함께한 것이 아니라, 지역의 평범한 사람들과 뜻을 모아, 우리 지역만이 아닌 온 나라를 바꾸겠다는 황당하지만 큰 꿈을 꾸었기에 더욱 주목받기 어려웠다. '특별한 영웅이나 지도자'가 필요하다는 일반적인 생각 속에서, 지역의 평범한 사람들이 세상을 바꾸겠다고 마음을 모아 실천했다는 사실은 쉽게 받아들여지지 않았다.

그의 실천이 열매를 맺지 못한 가장 큰 이유는, 그의 삶과 뜻이 너무나도 특별했기 때문일 것이다. 한국전쟁 이후 우리 사회는 오랫동안 가난과 고난 속에 놓여 있었고, '어떻게 살아야 하는가?'라는 질문보다는 '어떻게든 살아야 한다'는 결론이 더 절실하게 여겨졌다. 우리는 한국전쟁 이후의 척박한 현실 속에서 '어떻게든' 살아남는 데 집중하느라, '어떻게' 살아야 하는지를 묻는 질문을 잊고 있었다. 가끔 그를 기억하던 이들이 논문을 쓰거나 글을 남기기도 했지만, 선생의 삶과 실천은 여전히 오해와 왜곡 속에 갇혀 있었다.

일제 식민 지배로부터 해방된 지 80년, 우리는 많은 것을 이루었지만 동시에 많은 것을 잊었다. 우리는 산업화와 민주화를 이루었지만, 그 목적이었던 '인간의 행복'을 잊고 말았다. 선생의 삶은 우리가 잊고 지낸 소중한 가치들을 되새기게 한다. 그는 이념보다 인간이 더 중요하다는 사실을 삶으로 증명했다. 그의 실천은 갈등과 혼란 속에 놓인 오늘날 우리 사회에 깊은 통찰을 전해준다. 선생에게 대안이란 누군가에게 맡기는 것이 아니라, 우리 스스로 만들어가는 것이었다. 존중과 인정 속에서 함께 고민하고 꿈꾸는 것, 그것이 바로 그가 말한 대안이었다. 그렇기에 선생의 이야기는 단지 과거의 잊힌 이야기가 아니라, 지금 우리에게 던지는 살아 있는 물음표다. 모두가 인정하는 대안은 가능한가? 만약 대안이 있다면, 우리는 왜 그것을 실천하지 못하는가? 이런 질문에 답을 찾아야 하는 오늘, 선생과 함께 새 나라를 꿈꾸고 실천했던 많은 이들의 이야기는 "우리가 했다", "우리도 할 수 있다"는 역사적 교훈일 뿐만 아니라, 지금 "우리가 해야 한다"는 강력한 울림을 준다.

따라서 이 책은 단순한 강성갑 선생의 전기가 아니다. 이웃의 아픔에 공감하고 모두가 행복한 나라를 만들고자 했던 그의 꿈이 이제 현실화되어야 한다는 선언이며, 그 꿈이 열매를 맺어야 한다는 주장의 기록이다. 지금 우리 사회는 다양한 문제에 직면해 있지만, 공감에 기반한 해결은 여전히 부족하다. 해방공간의 혼란처럼, 오늘의 혼란도 갈등만 깊어지고 있다. 그렇기에 오늘 우리에게 필요한 것은, 끝내 이루지 못했던 강성갑 선생의 '꿈'을 다시 꺼내는 것이다.

> 오늘 우리의 과제는 '이웃의 문제와 아픔에 공감하고 함께 살아가는, 모두가 행복한 사회를 어떻게 만들 것인가?'하는 것이다. (…) 오늘 우리에게 필요한 것은 강성갑이 끝내 이루지 못했던 그의 '꿈'을 되살리는 것이다. 강성갑의 '꿈'이 현실적으로 의미 있는 대안이어서가 아니라, 그의 '꿈' 자체가 대안으로서 의미가 있기 때문이다. (…) 시대의 대안은 '꿈'에서 출발하고, 토론으로 확산되며, 공감을 통해 실천의 추동력을 얻기 때문이다. (홍성표, 『한얼의 밀알이 땅에 떨어져』, 도서출판 선인, 2020년, 299~300쪽)

강성갑 선생은 우리 역사에서 좀처럼 찾아보기 어려운 특별한 유형의 인물이다. 지금까지 우리가 떠올리는 위인은 대개 부담스럽고, 뭔가를 가르치려 하며, 나와는 다른 넘볼 수 없는 존재였다. 그러나 강성갑 선생은 말과 행동이 일치하고, 사랑을 실천한 '진정한 어른'이었다. 선생은 해방된 새 나라의 주인공이 되어야 할 청년·학생들에게 공부의 기술(Skill)보다 태도(Attitude)가, 동정(Sympathy)보다 공감(Empathy)이 더 중요하다는 것을 자신의 삶으로 가르쳤다. 그의 실천을 직접 목격하고 감동한 해방공간의 많은 청년과 학생들은, 이후 각자의 삶에서 깊은 영향을 받았다. 그래서 선생은 특별한 위인이기보다는, 따뜻하고 좋은 어른이다.

선생은 학생들을 '위해서'가 아니라, 학생들과 '함께' 꿈을 꾸고 그 꿈을 이루고자 했다. 학생들이 던진 "어떻게 살아야 하는가?"라는 질문에 대한 그의 대답은, 함께 꿈꾸고, 희망을 품고, 격려하고, 믿어주는 것이었다. 그에게 중요한 것은 추상적인 '학생들'이 아니라, 지금 '여기'에 있는 구체적인 한 명 한 명의 학생들이었다. 그들은 단지 현재에 머물러 있는 존재가 아니라, 성장하고 성숙해져 자신의 행복한 삶을 이루어갈, 세상에서 '가장 뛰어난 제자'들이었다.

> 세상을, 제도를 바꾸는 것은 쉽지 않다. 그러나 여러분은 지금 여기 있다. 그것이 가장 중요하다. 여러분 자신을 위해 무엇보다 먼저 자신을 존중해야 한다. 먼저 자신을 믿고 일어서야, 가야 할 길이 보이기 시작한다. 각자의 방향과 능력은 모두 다르다. 나의 역할은 여러분들이 일어서서 앞으로 나아갈 수 있도록 돕는 것이다.

4장 에필로그 (Epilogue)